Índice

CONTRACUBIERTA
BOOKTACA,
servicios literarios S.L.
Noviembre 2025
Número 4

DIRECCIÓN
Elvira Rivero
Víctor M. Martín

ILUSTRACIÓN DE CUBIERTA
Esther García Peces

MAQUETACIÓN
Divergente84

IMPRESIÓN
Editorial Ledoria

AGRADECIMIENTOS
Toledo Olvidado

Depósito Legal: TO 366-2025
ISBN: 9788419887832

Vender o no venderse

Hace poco me enteré de lo que significaba la expresión "desde el río hasta el mar", y eso que una cree que está en el mundo y que se preocupa por lo que hay a su alrededor y que, porque lee y lee mucho, está al tanto de todo.

Hace tiempo que decidimos posicionarnos frente a la puerta de nuestra librería y pedir santo y seña, además de referencias, a los libros y las editoriales que pretendían ocupar nuestras sacrosantas estanterías, que para ello una se ha hecho librero de gafas de culo de vaso.

A algunos como los de autoayuda, de pseudo-ciencias, de astrología y esoterismo, de vida sana o de recetas del airfryer, solo les dejamos entrar con la condición de ocupar la estantería de los pedidos y que se comprometan a callar sin rechistar que, cuando alguien pida un libro para el mal de amores en nuestra receta conste como cura "El amor en tiempos del cólera" o "La librería del Señor Livingstone". O si un lector aquejado de burnout, aparece reclamando bálsamo para sus quemaduras, la profilaxis se basa en la lectura de "American Psycho" o "Las uvas de la ira". También tendrán que oír y callar, cuando a los opositores a nuevos ricos les listemos para memorizar "El gran Gatsby" o "El talento de Mr. Ripley" o si por casualidad un despistado nos pide un libro de astrología para conocer el sistema solar, le pongamos sobre el mostrador un ejemplar de "Bomarzo" o el "Picatrix", y resignarse a que con la mano derecha encarguemos copias de "Las Meditaciones" y con la izquierda de "El capital".

También parapetados en la entrada, hemos dejado de obsesionarnos con que todos los noviembre el repartidor de los "Planeta" pase de largo de nuestra librería -no saben cómo ha penado el Librero K- porque como nos explicaba otro más listo, el Cor.. Ing.. Am... y la Ca... del Li... tenían que rellenar más estanterías que nosotros (a estas empresas no las nombro, no por temor, que una ya tiene años, sino porque la publicidad en esta revista se paga y ellos no lo han hecho).

También hemos bajado el cierre a los fascistas y a los que cantan loores a los genocidas, a los machistas, a los negacionistas, a los que escriben cronicones, a los mentirosos, a los terraplanistas y a Jiménez Losantos, que lo encarna todo.

- Y entonces ¿a quienes dejan entrar? -Seguro que se preguntan.

-Pues a todos los demás- respondo yo- que ya son muchos.

Porque esto es una librería señores, dónde vendemos libros, sin vendernos (mucho) y Palestina será libre desde el río hasta el mar.

El librero de gafas de culo de vaso

Presunción de ignorancia

POR VÍCTOR M. MARTÍN

ILUSTRACIÓN DIVERGENTE₈₄

La lectura y los libros, ¡¡¡ah!!! Cuántos clichés, cuántos estereotipos, cuántas frases hechas, cuántos lugares comunes a costa de este hermoso hábito. Que si la lectura te hace libre, que si los libros son ventanas al mundo, que si la lectura alimenta el alma, que si leer es crecer, que si leer es vivir la vida de otro... Miren que soy un lector empedernido, pero qué difícil resulta ser original hoy si queremos hablar (en positivo, claro) de la lectura sin caer en el elogio edulcorado y superficial. Voy a intentar desbrozar qué hay detrás de uno de los más populares de todos, ese que dice que leer te hace mejor, o las versiones similares con leves retoques que en los últimos días a buen seguro que han podido leer y escuchar en los nuevos media del siglo XXI.

Como buen señor mayor que soy, el mundo de las redes sociales cada vez me resulta más inhóspito, incomprensible y repulsivo. Para que se hagan una idea, soy de la generación que vio nacer **Instagram** como red social fotográfica, para subir fotografías con una voluntad más o menos creativa y artística. En lo que ha degenerado me pierdo completamente, pero más arcano me parece aún el funcionamiento de **Facebook** o la ahora llamada **X**, en las que me aparecen publicaciones de gente que no sigo, y sin embargo, no me aparecen nunca las de aquellos a los que sí sigo. Dicen que es cosa del algoritmo. Estamos en sus manos.

Partiendo de la premisa de la ininteligibilidad de su funcionamiento para mí, sí tengo la sensación que una de las claves para

7

que tu publicación se vuelva viral y tengas cientos, miles o millones de visitas es, sobre todo, decir algo polémico, algo políticamente incorrecto y dejar que las redes exploten. Que hablen de mí, aunque sea mal.

El pasado 1 de septiembre, para inaugurar el otoño meteorológico, una popular *influencer* cuyas siglas iniciales de su nombre y apellido responden a **M. P.** desató la tormenta de todas las tormentas cuando subió un video a la red social **TikTok**, respondiendo a un comentario que le había hecho algún seguidor. M. P. empieza el vídeo diciendo lo siguiente: *"Lo voy a decir. Creo que hay que empezar a superar que hay gente a la que no le gusta leer y encima, no sois mejores porque os guste leer"*. Estas treinta palabras y ciento ocho caracteres provocaron todo tipo de reacciones, la inmensa mayoría contra la ínclita M. P. Hay que decir también, para hacer justicia, que justo después de tan terrible afirmación, M. P. sigue diciendo *"Ahora en serio"*, con lo que cabe esperar que la aseveración inicial no era tan trascendente como la comunidad virtual española creyó. Pero ya daba igual. M. P. consiguió su objetivo: todo tipo de intelectuales le contestaron a través de artículos, entrevistas, perfiles en redes, más de 1.600 comentarios (muy pocos positivos), casi un millón de reproducciones de su vídeo, y su caja registradora haciendo *clinclin*. Y mientras los lectores de lengua hispana ardían por dentro y por fuera, intentando asumir la afrenta humillante a la que habían

"...asumo parte de la culpa de este todo este debate, porque es cierto que a veces me he sorprendido a mi mismo enjuiciando "por de dentro" a alguna persona por lo que lee o por lo que no lee."

sido sometidos, hay que decir que este vídeo no está entre los más vistos del canal de M. P. en TikTok. En el momento de la redacción de este artículo, lleva más de 55.000 *"me gusta"*. Quizá para dar la razón a la *influencer*, la inmensa mayoría de estos 55.000 seguidores no se molestaron en escribir un comentario, por breve que fuera, sino que apostaron todo al corazoncito rojo. Las denostaciones las dejamos para los lectores, que son lo que sí respondieron al polémico vídeo.

Después de haber **soportado** el vídeo dos o tres veces (sí, el verbo es soportar: cada visionado se me hacía más largo que el anterior, y eso que sólo dura 3 min. y 54 seg.), después de haber transcrito cuidadosamente todo lo que M. P. va diciendo y leerlo con más atención si cabe (no querría que mi comprensión auditiva ni lectora quedara en entredicho, cosa que seguramente sucederá), tengo que decir que nuestra *querida amiga*... creo que tiene parte de razón. De hecho, la influencer no hace en ningún momento proselitismo de la no lectura, como la han acusado desde diferentes frentes y trincheras (qué mundo este, donde ha desaparecido la figura del adversario para dar todo el protagonismo a nuestro enemigo). Incluso, como la inmensa mayoría de los padres, aspira a que sus hijos adquieran el hábito que ella no tiene. Tampoco la he oído decir que no sirva para nada. Lo que sí creo es que mucha gente se la ha cogido con papel de fumar y queriendo defender la lectura, la ha hecho un flaco favor, porque nuestra competencia de escucha ha quedado seriamente bajo sospecha, por no hablar de algunos de los comentarios que ha recibido la polémica **No Lectora**, a la altura del gañán más grande del reino, y que, curiosamente, vendría a dar parte de razón a esta lánguida criatura.

Volvamos a la premisa inicial. Decía que M. P. creo que tiene parte de razón. El problema, o parte de él, recae en una interpretación un tanto generalista de semejante aseveración. Hay gente a la que no le gusta leer. Mucha. No sé si más o menos que a los que NOS gusta leer, pero son muchos. Hay gente a la que no le gusta practicar deporte, la leche, el queso, las películas de terror, las comedias románticas tontorronas,

las matemáticas o los ciudadanos que se manifiestan contra las injusticias. Habrá que saber convivir con ellos, digo yo. **Daniel Pennac**, escritor francés y también docente, comienza su ensayo *Como una novela* (**Anagrama**, 2006) con una frase demoledora: *El verbo leer no soporta el imperativo*. Y es una gran verdad. Yo preguntaría a los grandes pedagogos de este país de que ha servido el "lee", pronunciado como si fuera la segunda enmienda de la Constitución estadounidense, como una orden o mandato de inexcusable cumplimiento, penado con el castigo más terrible que uno pueda imaginarse *(¡¡¡Para mañana, cinco capítulos, en vez de dos!!!)*

Como lector irredento que soy y también padre, me hubiera

encantado que mis hijos leyeran tanto o más que yo. Lo intenté de todas las maneras (qué gran leyenda urbana esa de "*si te ven leer, leerán*"...). Hubo momentos que pensé que iba a conseguirlo. Me equivoqué. Y debo decir que desde que leí el citado libro de Pennac y asumí la frase que he reproducido unas líneas más arriba, vivo mucho más tranquilo. Hay que aceptar y asumir realidades incontestables: no soy George Clooney, no mido 1,86, tampoco peso 70 kilos y sí conozco a muy buena gente que no le gusta leer. No por ello son peores o más tontos que yo. Porque la polémica que ha generado M. P. viene por el final de su frase "*y encima no sois mejores porque os gusta leer*". También conozco a gente que se cree mejor que el resto porque lee. Los hay, de verdad. No sé qué porcentaje sobre el total de la población lectora de España representan, pero no tengo ninguna duda que hay lectores, y no uno, ni dos ni tres, que se sienten mejores que las personas que no leen. ¿Qué son los menos? Ojalá, pero mi sospecha se dirige a pensar que son más de los que podamos imaginar. La cifra, en cualquier caso, me parece irrelevante.

Siempre he defendido que ante el ataque generalizado del profesor, el alumno que se molesta es aquel que se da por aludido. Y el que se da por aludido, sus razones tendrá. Yo no me siento representado en ese "*no sois mejores*" porque ya sé yo que no soy mejor, y no me enfado con ella (sí me molesta que se haya comprado *El principito* en **Zara Home**, pero eso es otra historia). Sé qué no va por

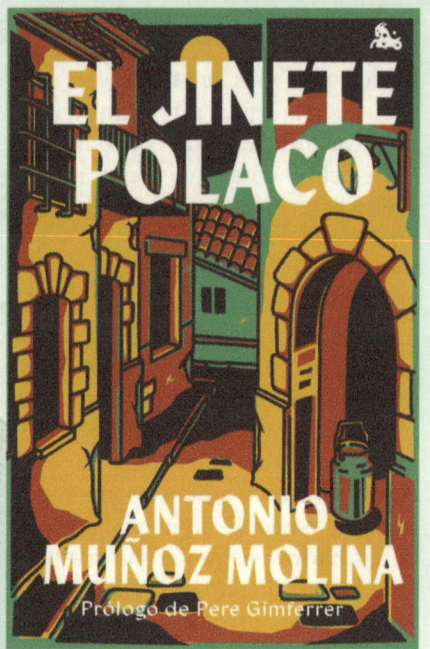

mí. Pero buena parte de aquellos que se han lanzado virtualmente sobre ella sí que saben que va por ellos (o por ellas).

Pero no sólo veo la apuesta de M. P. sino que la subo. No todo acaba aquí, en esa impresión, falsa o verdadera, de que los lectores nos creemos mejores que los que no lo son. Es que dentro de la categoría social de lectores, también los hay de escalas o rangos superiores. Si usted lee a **Faulkner**, a **Cartarescu** o a **Muñoz Molina** es mejor lector que si lo que devora compulsivamente es el *maldito* **Premio Planeta**, novelas románticas o sanguinolentas obras de presunto terror. Tampoco sé cuál es el porcentaje de lectores *buenos* y lectores *malos* que se reparten por la geografía española, y no creo que eso sea lo importante. Pero créanme cuando les digo que hay lectores que se sienten de primera y que hacer sentir (o así lo piensan ellos) a otros como lectores de segunda o de tercera.

Voy a engarzar esta maravillosa polémica que, en cualquier caso, ha servido para glosar y enumerar todas las bondades y presuntos beneficios que aporta la lectura (no olviden, por ejemplo, que **Adolf Hitler**, **Iósif Stalin** o **Slobodan Milošević** fueron, también, grandísimos lectores), con un artículo que publicó el diario **El País** el pasado **12 de agosto**, titulado *¿Qué leen en verano Dua Lipa o Reese Witherspoon? Las recomendaciones de agosto de los clubes de lectura de siete famosas*, en su sección de **Gente y estilo de vida**.

En dicho artículo se repasa como algunas celebridades del mundo de la canción, la moda, el periodismo o el cine han sabido forjar una comunidad de lectoras mundial gracias a la vieja receta del *club de lectura* en sus variadas modalidades que hoy día se pueden organizar. Sobra decir que la mayor parte de las veces, dichas recomendaciones terminan entrando en la lista de los libros más vendidos, lo cual, como todo el mundo sabe, es la primera causa de demonización literaria de una obra.

Las famosas que se asoman al artículo que firma **Andrea Insa** son **Dua Lippa**, **Dakota Johnson**, **Oprah Winfrey**, **Reese Witherspoon**, **Emma Roberts**, **Natalie Portman** y **Jenna Bush Hager**. Siendo un artículo interesante (todo aquello que me remita o dirija a libros que no conozco o de los que no haya oído hablar me atrae especialmente), lo más *divertido* son los comentarios, presuntamente de lectores estupendos e indignados por este tipo de artículos.

Si nos fiamos de los pseudónimos o nombres de los firmantes de dichos comentarios, la mayor parte de ellos son hombres. Curioso dato. Y han perdido veinte o treinta segundos de sus existencias (vista la calidad de sus textos, no creo que hayan tardado mucho más en llegar a tales disquisiciones) en verter unas líneas que, en el mejor de los casos, sonrojan y abochornan a partes iguales. Entrar al análisis pormenorizado de ellos requeriría dedicar toda la paginación de esta revista a estos descerebrados, miembros casi todos ellos, del grupo del que hablé algún párrafo más arriba: lectores de primerísimo nivel (o eso creen ellos) cuyo ego (y también ignorancia, como acreditan en sus mensajes) es infinito. Intentaré resumir las críticas que estas lumbreras formulan al artículo y a las recomendaciones de las famosas.

1.

¡¡¡¡**Son todo libros anglosajones!!!!** A ver, el artículo habla de siete celebritis extranjeras. No debe sorprender a nadie que ninguna de ellas recomiende a **Ana María Matute**, **Vila-Matas** o **Miguel Delibes**. Seguramente no sepan de su existencia, de la misma manera que nosotros no sabemos de la existencia de autores estadounidenses, británicos, franceses, italianos... que nunca han sido traducidos al castellano. ¿Inquietante? Quizá, pero a mí me habría sorprendido lo contrario: que alguna de ellas hablara de un libro escrito en español. La pregunta sería (para la periodista) por qué no aparece ninguna famosilla o *influencer* española de este palo que tenga un club de lectura nacional, plurinacional o como sea, abierto a todos aquellos dispuestos a leer *La península de las casas vacías* desde la cómoda distancia de su sillón. Quizá porque no la haya. Lo desconozco. Alguno, incluso, se enfada porque todos los libros son anglosajones, pero en cambio, da por buena la recomendación de **Pérez Reverte** de *La máscara de Dimitrios*, libro que ha publicado **Edhasa** juntamente con **Zenda** (la publicación digital del cartagenero) y que, por si ese lector no lo sabía, también se escribió en inglés.

2.

Buena parte de estos ilustrados cree que los libros de los que habla el artículo son basura (o "*basurilla*", literalmente). Aparte de ilustrados, me parecen un poco vagos, porque al menos, de los siete títulos recomendados, dos están traducidos al castellano: *El puente de los suspiros* (**Alfaguara**, 2008), de **Richard Russo** (recomendado por **Oprah Winfrey**) y *La casa de los lamentos* (**Libros del KO**, 2018), de **Helen Garner** (recomendado por Dua Lipa) y ambos son libros más que notables. De entrada, Russo es un novelista extraordinario al que debemos libros como *Ni un pelo de tonto* (**Anagrama**, 1995), *El*

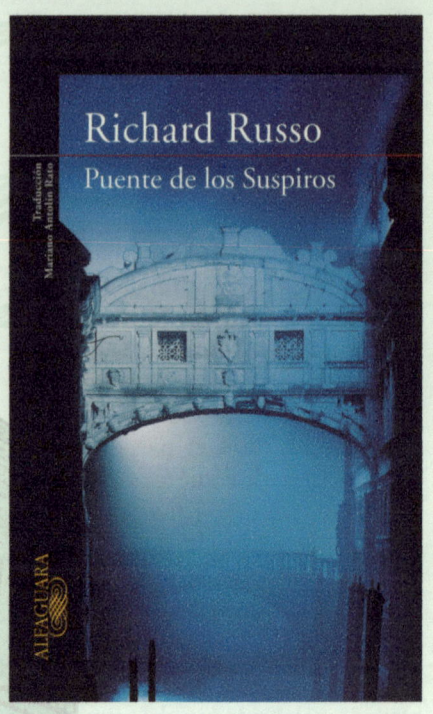

Richard Russo
Puente de los Suspiros

verano mágico de Cape Cod (**Alfaguara**, 2010) o *Empire Falls* (**Emecé**, 2003) y hablar de él en esos términos denota la ignorancia de sus detractores. Helen Garner es menos conocida en España pero tanto el libro citado como *Historias reales* (**Libros del Asteroide**, 2018), o *Habitación de invitados* (**Salamandra**, 2010), son libros que merecen la pena ser leídos. Como librero que soy, ya quisiera yo que estos títulos y autores marcaran el mínimo de calidad literaria de lo que nos llega semanalmente a la librería. Desgraciadamente, no es así. La prueba del algodón definitiva de su presunta calidad: casi todos están descatalogados. Buena señal. Y no es sarcasmo, que diría **Sheldon Cooper**.

3.

Déjate de novedades, acude a los clásicos. Ya está. Nunca falta en estas fiestas y saraos el gran defensor del canon en el sentido más rancio del término, como si más allá del año 2000, o de 1980, si me apuran, no se ha escrito nada que merezca ser leído. Tampoco queda claro qué consideran estos tipos por clásicos, porque títulos, lo que se dice títulos, más allá de los que aparecen en el cuerpo del artículo, brillan por su ausencia. Pero dar la espalda sistemáticamente a lo que se publica hoy les habrá negado la posibilidad de conocer a *La amiga estupenda*, de **Elena Ferrante** (**Lumen** 2016), *Las correcciones*, de **Jonathan Franzen** (**Salamandra**, 2012), *2666*, de **Roberto Bolaño** (**Anagrama**, 2004), *La maravillosa vida breve de Óscar Wao*, de **Junot Díaz** (**Alfaguara**, 2008), *La carretera*, de **Cormac McCarthy** (**Mondadori**, 2007), *Las asombrosas aventuras de Kavalier y Clay*, de **Michael Chabon** (**Random House**, 2012), *No digas nada*, de **Patrick Radden Keefe** (**Reservoir Book**, 2020), *Las benévolas*, de **Jonathan Littell** (**RBA**, 2007) o *Un caballero en Moscú*, de **Amor Towles** (**Salamandra**, 2018), por citar sólo algunos de los mejores libros publicados en este primer cuarto de siglo.

4.

Son mujeres, guapas y famosas, y por lo tanto, como es bien sabido, estúpidas, tontas e

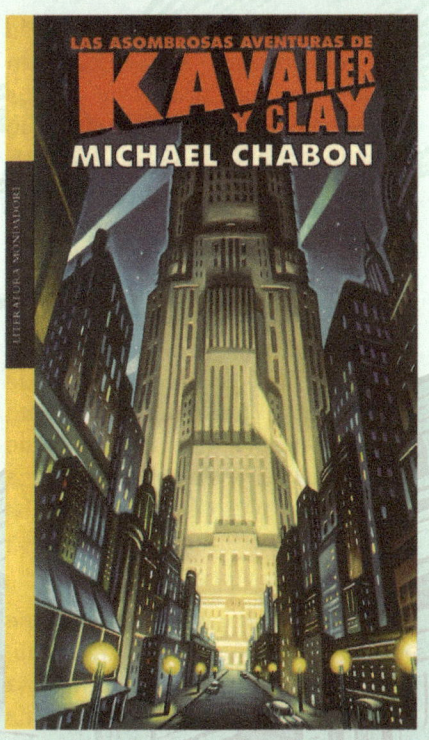

imbéciles. Con suerte no han salido con el libro boca abajo en las fotos. El machismo rancio que destilan la mayor parte de los comentarios es bochornoso, negando a todas ellas la capacidad de tener una personalidad propia a la hora de elegir sus lecturas. Si te llamas Dua Lipa, puedo decir que *"me la suda lo que lea"* (firmado por un tal F. G., omito el nombre completo, si están interesados, busquen el artículo de marras) o bien *"me importa una higa las recomendaciones de estas sensacionales expertas"* (de M. A. L., mujer, ojo al dato) o *"Lipa lee compulsivamente el prospecto de laroprazol"* (de S. A.). Me queda la impresión más que evidente que lo peor de estas recomendaciones no son los libros, porque la mayor parte de los comentaristas los desconocen ni se han molestado en buscar información de ellos, sino el hecho de que sean **MUJERES**, **GUAPAS** y **FAMOSAS** las que recomienden esos libros. ¡¡¡Quiénes se han creído que son!!! Como cualquier recomendación, en nuestra mano está aceptarla o no, pero no me parece intelectualmente muy solvente la descalificación *perse*, por venir de quien viene, sin tener en cuenta ninguna otra argumentación, que por otra parte, brilla por su ausencia en la mayor parte de las opiniones: insultos, descalificaciones, prejuicios y nada más.

Llegados a este punto, me pregunto porque toda esta gente perdió unos minutos de su valiosa existencia en leer un artículo que no engaña a nadie desde el título. Y sobre todo, la mala baba, como no podía ser de otra manera, que se aprecia en la mayor parte de los comentarios. Pues bien, todos estos iluminados son los aludidos por la polémica frase de M. P. Ellos se creen mejores que nosotros (y por supuesto, que ellas), y como lo son, tienen la facultad de poder despreciar sin ningún pudor lo que otros lectores, claramente PEORES que ellos, aconsejan. Ninguno de ellos se moja con recomendaciones, todo son ataques cobardes, gratuitos y vacuos de contenido. Tan solo **Lala López** (a esta sí me apetece citarla tal y como firma) recomienda un libro (extraordinario), *Leer a Lolita en Teherán*, de **Azar Nafisi** (**El Aleph**, 2003; **Duomo**, 2011), y no hace ningún comentario sobre si las recomendaciones de marras le han parecido buenas, malas o regulares.

Resumiendo, soy lector, me gusta leer, moriré leyendo con las botas puestas, pero asumo parte de la culpa de todo este debate, porque es cierto que a veces me he sorprendido a mí mismo enjuiciando *"por de dentro"* a alguna persona por lo que lee o por lo que no lee. Claro que los que leemos no somos mejores que los que no leen. Y claro que la lectura tiene muchos beneficios, como lo tiene el deporte, comer sano o no ver el telediario. Libre albedrío, queridos. En el mejor de los casos, los no lectores se lo pierden. Atribuyen al maestro **Borges** la frase *"La lectura debe ser una de las formas de la felicidad y no se puede obligar a nadie a ser feliz"*. No hay más preguntas, señoría.

15

LOST IN TRASLATION

Not(e) in Translation

POR ESTHER CRUZ

ILUSTRACIÓN DIVERGENTE$_{84}$

«Es tremendo lo que cuesta escribir una nota de traducción hasta que la información no se sedimenta totalmente. Luego, cuando ya lo tienes claro, se escribe sola».

Alicia Martorell

Call me Galadriel. Imagino con verdadero espanto[1] que me toca traducir una novela con ese comienzo. El escalofrío que me recorre el espinazo no nace únicamente de pensar en cómo lo trasladaría a mi idioma, sino también, y sobre todo, de la evidente amenaza que se cierne sobre mí: ¿tendría que poner una nota al pie? ¿Ahí? ¿En la primerísima frase del libro? Todo el mundo sabe que el principio de una obra es crucial, que un buen comienzo puede encumbrar una novela o echar a perder el interés que se tenga por ella; de inicios mediocres está el cementerio literario lleno. ¿En qué lugar me dejaría poner una nota nada más empezar? ¿Y de verdad sería necesaria? ¿No tengo otra manera de contar lo que hace falta contar? Para responder a esto, primero hay que tener claros otros factores que influyen en todas las decisiones de traducción: cuál es el público objetivo del texto (si es que hay uno en concreto), de qué época es el libro, quién lo ha escrito, con qué intención y en qué contexto... No es que siempre vayamos a disponer de esta información, pero desde luego es el tipo de datos que nos ayuda a elegir qué caminos traductológicos tomar.

---

[1] Nótese que esto es una exageración. El espanto me lo reservo para cuestiones más serias (como la precariedad de nuestra profesión, el creciente desprecio por la cultura y por el conocimiento científico o los genocidios).

En muchísimas ocasiones, la traducción de un libro es una pregunta constante, o más bien una sucesión de preguntas encadenadas. Cuando te surge una duda mientras traduces, lo más probable es que automáticamente aparezcan otras pocas más, en vez de una respuesta directa y clara. Y, por supuesto, entre esas incertidumbres omnipresentes suele estar la pertinencia de las notas de traducción, que mucha gente (dentro del gremio y fuera de él) considera una intervención demasiado agresiva, producto, además, de la incapacidad para encontrar una solución de traducción satisfactoria. De ahí las palabras del mismísimo Umberto Eco que dieron lugar a la frase «una nota es una derrota».

Antes de continuar, y para ahorrarnos disgustos, debo adelantar que en este texto no voy a desvelar ninguna gran verdad ni voy a descubrir teorías revolucionarias sobre el tema que nos ocupa (ni sobre ningún otro, para el caso). Las notas de traducción son objeto de debate desde tiempos inmemoriales, y existen numerosos artículos y ensayos teóricos que abordan el asunto con gran profundidad y análisis. Por el contrario, lo que sigue no es ni más ni menos que una recopilación de reflexiones que normalmente me acompañan en el ejercicio de mi profesión como traductora. Soy de natural indecisa, y dedicarme a la traducción me da carta blanca para, cada dos por tres, pararme a pensar qué estoy haciendo, y por qué.

Las notas de traducción son objeto de debate desde tiempos inmemoriales

Es este paso, el de pararme a pensar, el primero que doy en cuanto me topo con un elemento que dispara la alarma de «nota de traducción a la vista». Y ya que estamos ahorrando disgustos: sí, soy traductora-anotadora. Sí, me gustan las notas de traducción. Y sí, me refiero a su uso en narrativa, poesía y demás textos de ficción (más allá de las ediciones críticas, que son harina de otro costal); no hablo únicamente de ensayos o textos de carácter científico, en los que considero este recurso, por lo general, imprescindible. A mi parecer, las notas son una herramienta que permite establecer un diálogo precioso entre dos universos: el del texto origen y el del texto meta, universos conformados por las personas que escriben ambos textos, quienes los leen, el espacio cultural, social y geográfico que ocupan y muchos elementos más.

Pero ¿qué hace saltar esa alarma anotadora? Por mi experiencia, demasiadas cosas. Puede ser la mención de un personaje real o ficticio, de un producto comercial, de una canción u otro tipo de obra artística que deban mantenerse sí o sí inalterados para que se comprenda bien un fragmento o historia y que, a pesar de ser muy conocidos en el contexto del libro original, al público lector de mi traducción le resulten del todo ajenos; o quizá la aparición de una cita, de un refrán o de una frase hecha cuyos elementos, por algún motivo, haya que conservar (*it's raining cats and dogs* en un ensayo sobre vidas de gatos, por ejemplo); o bien la inclusión de un chiste o juego de palabras para los que no exista un equivalente satisfactorio y que no puedan modificarse libremente sin afectar al sentido último del texto. Esa imposibilidad de alterar elementos es uno de los motivos que me obligan a veces a descartar el resto de recursos de traducción existentes[2] y me dejan a las puertas de una nota (otro motivo puede ser una limitación de espacio impuesta por el original, como ocurre en los cómics).

Una vez que la alarma está sonando, mi mecanismo para resolver la duda sobre la pertinencia de la nota consiste en no resolverla. Lejos de decidir algo, lo que suelo hacer es incorporar un comentario en el que me explico a mí misma todos los detalles relevantes y añado una primera redacción de la nota, para luego seguir traduciendo. Mis notas avanzan junto con mi traducción, y eso implica que primero debo completar una versión embrionaria de todo el texto y después hacer una revisión cotejada con el original y una corrección en papel, hasta acabar con una tercera (y quizá una cuarta) lectura del texto «final» en pantalla (diría que traduzco igual que me tomo el café: prolongando al máximo su conclusión y procurando que me quede poso). Con cada repaso-relectura, reflexiono sobre los diferentes aspectos que rodean a mi traducción, notas incluidas: su idoneidad, su contenido, su estilo, su extensión... Y entonces, antes de la

---

[2] No quiero convertir este artículo en un microseminario sobre mecanismos de traducción, entre otras cosas porque ya se han escrito páginas y páginas al respecto, e infinitamente mejores de lo que pueda ofrecer yo (un saludo a Walter Benjamin, Amparo Hurtado Albir, Salvador Peña Martín, Vicente Fernández González, Ioanna Nikolaidou, María López Villalba y Noam Chomsky). De todos modos, me parece pertinente mencionar por encima cuáles son algunos de esos recursos: búsqueda de un equivalente válido (en el caso del refrán mencionado más arriba, podría ser «llover a cántaros»); uso de un genérico o de un personaje conocido en ambas culturas y similar al mencionado (si se habla de una marca concreta de refrescos, decir sencillamente «un refresco»; o, en la traducción de un libro alemán, convertir a Hilda Krüger en Marlene Dietrich); breve explicación integrada en el texto, comúnmente llamada «morcilla» (siguiendo el segundo ejemplo del paréntesis anterior, introducir algo como «la actriz alemana Hilda Krüger»); modulación (convertir un chiste de béisbol, que traducido quizá no se entienda por ser ese un deporte más desconocido, en un chiste de baloncesto); o neutralización con compensación (aceptar que desaparezca un juego de palabras imposible de trasladar y usar otro más adelante en el texto, para que se conserven el estilo y la intención del original).

última lectura, llega el momento de decidir, ahora sí, qué notas pasarán a pie de página, cuáles permanecerán en comentarios para debatirlas con la editorial y cuáles se perderán como lágrimas en la lluvia.[3]

Nota incognita

A riesgo de caer en explicaciones muy básicas, creo que, llegado este punto, conviene aclarar de qué hablamos cuando hablamos de «notas de traducción», y qué mejor que hacerlo a través de más y más preguntas:

¿Para qué sirven las notas? Respuesta corta: para lo mismo que un puente. Entre un texto original y su traducción puede haber muchos abismos (o como mínimo barrancos) que salvar. Los más importantes suelen ser los referidos a diferencias en usos lingüísticos, momentos temporales, espacios histórico-geográficos, realidades sociopolíticas y contextos culturales. A veces esas diferencias o distancias son fáciles de cubrir, porque existe un conocimiento compartido entre las distintas culturas o lenguas; sería el caso, por ejemplo, de tener que traducir del inglés al español una novela protagonizada por un brigadista irlandés que viniese a combatir el fascismo durante la Guerra Civil y luchase junto al bando republicano.

En otras ocasiones, sin embargo, una referencia cultural, geográfica o lingüística ha podido quedar asentada y conservada en un idioma o una cultura pero no en otros. Muy seguramente, una escocesa que lea un cómic en inglés y se tope con la expresión «down the rabbit hole» entenderá su significado y además captará todas sus connotaciones y referentes. No obstante, si al traducir ese pasaje me limito a buscar una expresión equivalente que traslade su significado, como «caer en un pozo», quien lea mi texto se estará perdiendo la referencia a *Alicia en el país de las maravillas*; si los otros recursos de traducción que podrían servirme no tienen cabida por alguna cuestión (en este caso, el de un cómic, puede ser el espacio limitado), lo mejor quizá sea incluir una nota. Mi nota de traducción serviría para salvar un abismo concreto: al explicar que la expresión original ha quedado asentada en el idioma inglés como frase hecha, derivada del relato de Carroll (Alicia cae en la madriguera y se ve inmersa en un embrollo de difícil solución), permito al público lector de mi traducción disfrutar del significado de la expresión y también de sus referencias y connotaciones. Eso sí, rebobinando[4] un poco, antes de incluir mi nota debo tener muy claro si el elemento de *Alicia en el país de las maravillas* es imprescindible en el texto y en ese pasaje en

---

[3] Ni que decir tiene que cualquier aspecto que haya podido considerar definitivo en cualquiera de mis traducciones se convierte en volátil y cuestionable en el mismo momento en el que doy por acabado mi trabajo. Es mi eterno retorno profesional.

[4] ¿Necesitaría este verbo nota al pie a estas alturas del siglo xxi?

concreto. En muchas ocasiones, las connotaciones o referencias culturales concretas no aportan nada y son sustituibles. Cuando se utilizan expresiones y fórmulas de uso común sin que su origen ni su contexto guarden ninguna relevancia para la comprensión de lo que se dice (no siempre que decimos «morralla» es importante su vinculación con el mar), muy seguramente la nota de traducción será superflua, porque podremos servirnos de otros recursos.

¿Cómo se redacta una nota de traducción? Para contestar a esto, nada mejor que la palabra preferida en el universo traductológico: depende; pero como aquí hemos venido a jugar, intentaré dar otra respuesta. Por un lado, hay que plantearse qué información incluir y qué datos hacen falta para salvar un abismo determinado, sin olvidar nunca la contención y la brevedad. En general, es aconsejable tratar de incorporar algo más allá de lo que pueda encontrarse mediante una búsqueda facilona en internet, aunque tampoco hay que caer en el enciclopedismo ni extenderse hasta el punto de provocar una desconexión con el libro y su lectura.

Por otro lado, conviene pensar en el estilo, especialmente cuando se está ante una obra muy marcada por algún motivo, ya sea porque se trata de un ensayo científico, objetivo y aséptico, o por todo lo contrario, porque se esté trabajando con una novela muy irónica, un texto de misterio o un poema. Si en la redacción de una nota se respeta el estilo y se sigue el mismo tono que el original, se contribuirá a la fluidez de la lectura y a la integración de ese elemento añadido en el conjunto del texto. Ante todo, no debe olvidarse que las notas no son las protagonistas de la página ni han de serlo, sino guarniciones que van a complementar la traducción y acercar su mensaje, sus intenciones y su mundo referencial a los del original.

¿Dónde colocar las notas de traducción?[5] En el mundo de las notas en general hay todo un universo de posibilidades de ubicación; bueno, no tantas, pero sí es cierto que las notas pueden situarse, por ejemplo, a pie de página, o al término de cada capítulo o sección, o al final del libro. Existen asimismo notas introductorias más amplias que explican aspectos globales del texto y llegan a ocupar hojas y hojas. Poniendo el foco en las

---

[5] *¿Y las llamadas a nota? ¿Dónde se insertan? Ríos de tinta pueden escribirse sobre esto. En mi cabeza, las llamadas deberían ir pegadas al término, expresión o fragmento a los que afecten las notas. Prescindiría de aplicar un criterio cerrado de ubicación (siempre después de punto, siempre pegadas a una palabra previa al signo de puntuación, etcétera) y optaría por utilizar un criterio de lógica semántica. No es que pueda defender este método a capa y espada (soy consciente de sus carencias y de lo problemático que sería), pero soñar es gratis.*

notas de traducción, por lo general lo más útil, en mi opinión, es ubicarlas a pie de página, porque, como ya he comentado, su finalidad última es tender un puente de información que cobra pleno sentido en un momento puntual del texto, no despistar ni apartar a nadie de la lectura, sino todo lo contrario. Siempre hay excepciones, por supuesto. En el caso de la poesía, habría que plantearse si sería mejor incluir la nota al final del poema; y al trabajar con cómics, quizá nos encaje que la nota aparezca al pie de una viñeta o de un grupo de viñetas, más que al final de la página, o incluso en un margen de la hoja. Algunas veces se hace necesario colocar notas un poco camufladas; por ejemplo, cuando hay que incluir una información adicional dentro de lo que ya es una nota al pie en el libro original, creando así una suerte de «metanota» si por cuestiones editoriales o de otro tipo no se ve conveniente insertar una nota independiente para ello (desde luego, si se recurre a esa metanota, habrá que dejar bien claro cuál es la parte añadida en la traducción).

Tal y como acabo de apuntar, al trabajar con algunos libros surge la necesidad de hacer una «enmienda a la totalidad» a modo de nota de traducción. Me refiero a esas notas que no van al pie, sino al inicio de una obra, y que pueden ocupar cierta extensión porque pretenden explicar con un poco más de detalle un conjunto de criterios (por ejemplo, cómo se ha decidido traducir una jerga, una serie de nombres propios o topónimos, una particularidad lingüística o idiomática del original, etcétera). Por supuesto, aquí también entra en juego el estilo literario: lo ideal es que esa nota vaya en consonancia con el tono, el ritmo y el ánimo del texto original, para que no desentone y contribuya a la inmersión en la lectura.[6]

¿Notas son derrotas?

Dentro del gremio, hay quienes nos empecinamos en negar esa frase tan sonora que mencioné al principio: *«una nota es una derrota». No. Imposible. Este texto* a mí no me ha ganado. ¡Ni derrota ni derroto! Sin embargo, a veces en la vida es importante saber asumir las pérdidas y aprovechar para aprender y crecer en lo profesional (o en lo personal).[7] Porque sí, en un gran número de casos una nota implica aceptar una derrota: la de no haber logrado integrar en el cuerpo del texto la traducción ideal, esto es, la que aporte todos los aspectos del original que es necesario trasladar. De todos modos, la propia nota compensa esa derrota, porque, como ya he dicho, salva un abismo que no ha sido posible cubrir de otra manera.

---

[6] Hace no mucho utilicé este recurso en un cómic y logré incluir la frase «Toronto entero» en mi nota explicativa. Y ahora me pregunto: ¿se ha dejado de contar ese chiste? ¿Sería necesario acompañar mi nota con una nota al pie que lo aclarase?

[7] Perdón, yo tampoco tengo muy claro cuándo se ha convertido este artículo en un panfleto de autoayuda.

Dicho esto, hay ocasiones en las que las notas de traducción son victorias y, lejos de perderse nada, se gana algo con ellas; ocurre cuando una está traduciendo un texto y, en el proceso de documentación sobre un término, referencia o expresión, hace un descubrimiento y se siente como mexicana desenterrando las primeras piedras del centro de Tenochtitlán en pleno *Zócalo*.

En cierta manera, la incorporación de notas de esta índole o con este tipo de contenido es una especie de reivindicación de nuestra figura como profesionales de la traducción. *Más allá del ego, en última instancia la autoría de la obra traducida también es nuestra*. Quienes trasladamos un texto de un idioma a otro también hacemos una labor de investigación, de análisis, de estudio, de documentación y de creación, por lo que no siempre son válidos los argumentos que terminan por menospreciar todo ese trabajo o intentar relegarlo a un discreto último plano. No. A veces, está bien que esa tarea aparezca en un plano que se deje (a)notar.

Hace unos años, traduciendo el *Diario rural* de Susan Fenimore Cooper (obra escrita a finales del siglo XIX), pude experimentar de primera mano una de esas pequeñas victorias. Disfruté como pocas veces al poder explicar, en notas al pie, que algunas especies de aves mencionadas en aquellas páginas habían cambiado de nombre científico, que había variado su clasificación dentro de la ornitología, porque el paso del tiempo había supuesto una evolución muy importante en esta disciplina. Al mismo tiempo, y aunque fuese igual de satisfactorio en lo profesional, sentí una pena enorme al tener que anunciar en algunas de mis notas la extinción de un par de especies sobre las que la autora hablaba en su diario. ¿Y por qué decidí contar todo esto? Porque la realidad había cambiado y se hacía necesario salvar un océano y un siglo de distancia. A la autora original le era ya imposible hacer esas correcciones o apuntes en su libro y, si no surgía una nueva edición anotada que enmendase esas cuestiones, mi tarea era intervenir para evitar que esas variaciones derivadas del paso del tiempo pudieran interpretarse como errores de Fenimore Cooper. Así, otra de las labores de quien traduce es la de cubrirle las espaldas al original, cuando sabe que *él* ya no tiene posibilidad de hacerlo.

Nota mental

Muchas notas de traducción solo llegan a existir en mi cabeza; o, como ya he mencionado, a veces existen primero en mi cabeza, luego brevemente en un comentario del archivo con el que trabajo y al final vuelven a quedar recluidas en mi mente. Decidir incluir una nota no es tan sencillo y, en ocasiones, hasta que no se tiene una visión global real del libro traducido, no es posible determinar si una nota es de verdad adecuada. No es fácil lidiar con ese yo interior que te dice: «Tía, acabas de descubrir este dato tan guay sobre este *pub* que se menciona en este libro y que no tiene ningún tipo de importancia, ¿cómo no lo vas a poner en nota, con lo que mola? ¿A quién va a hacerle daño?». Daño, lo que se dice daño, no creo que pueda provocarlo una nota (siempre y cuando no vaya redactada a mala leche y que respete los derechos humanos básicos, claro). No obstante, hay que cuidarse mucho de añadir a una traducción informaciones adicionales que no tengan ninguna relevancia para el libro ni se refieran a un conocimiento de verdad generalizado en la comunidad lectora del original, que sean solo datos absurdos, por curiosos que nos parezcan. Debe prevalecer siempre el respeto al contenido y al espíritu del texto de partida.

Admito que me parece una pena que en los libros no haya espacio para estas notas mentales de traducción, una suerte de anexo en el que una pudiese incluir la gran cantidad de datos e información que encuentra mientras traduce un libro y que enriquecen la experiencia; quizá un código QR de consulta opcional, que remitiese a una lista de las anécdotas, connotaciones, historias, personajes, etcétera que surgen en paralelo a la lectura-traducción de un libro.

Nota bene

Una de las principales críticas que se hacen a las notas de traducción es que solo son una muestra de las ansias de «asomar la patita» de quien traduce, una manera de hacerse visible, de decir «aquí estoy yo y este texto también es mío». Y es cierto (ya lo he advertido antes) que se corre el peligro de que el ego se cuele en nuestro trabajo, de que a una le puedan las ganas de demostrar cuánto sabe o lo lista que es por haber descubierto una referencia o una cita. Por lo tanto, antes de considerar una nota como definitiva, conviene someterla a un tercer grado y que responda con contundencia a las siguientes preguntas:

1. ¿Aportas algo necesario para entender plenamente el texto y que no pueda incorporarse de otro modo?

2. ¿Añades algo que enriquezca la experiencia lectora y se haya perdido en la versión traducida?

3. ¿Aclaras algo que sea evidente para quienes leen el original, pero se escape al conocimiento de quienes leen la traducción?

A no ser que la respuesta a estas preguntas sea un sí rotundo, mi consejo es replantearse la pertinencia de la nota, de su contenido o de su mera existencia. Y cuidado, porque puede ocurrir todo lo contrario. Me refiero a dar por hecho que una nota es superflua solo porque una conoce de primera mano la referencia en cuestión, sabe identificar de quién es una cita o entiende todas las implicaciones de un refrán o juego de palabras. Uno de los peligros que se corren al traducir es creer que se tienen certezas, y otro peligro muy ligado a ese radica en considerar dichas certezas como conocimientos ampliamente extendidos. La combinación de ambos peligros resulta explosiva. En traducción, la duda es fundamental, como también lo son leer mucho, investigar, documentarse y profundizar en la cultura propia y en la de origen.

Para evitar estos peligros, es fundamental, entre otras cosas, apoyarse en el resto de profesionales que contribuyen a la publicación del libro que se está traduciendo. Si bien las notas de traducción son, como su propio nombre indica, de quien hace la traducción, las demás personas que corrigen y editan un texto tienen una mirada lectora distinta que puede contribuir a dilucidar muchos aspectos, entre ellos, las notas. A veces, como traductora, me sumerjo demasiado en un libro y adopto de manera inevitable una mirada que me desenfoca la visión y la objetividad, por lo que siempre agradezco contar con otros pares de ojos profesionales. Esos otros ojos experimentarán el libro desde una posición diferente, pero igual de implicada, que quizá consiga quitarnos notas-pájaro de la cabeza.[8]

*

En uno de esos «pararme a pensar» que me llevaron a escribir este artículo, se me ocurrió que las notas (las de traducción, sí, pero también las de edición, las del texto original, las que puedan ponerse en un prólogo, y más) en el fondo son como el queso feta, o como el buen orégano en una pizza o el pepino en el gazpacho: quizá no siempre puedan considerarse ingredientes imprescindibles para que un plato exista, pero si se añaden, si se elige una buena materia prima y se incorpora en su justa medida, desde luego acabarán por ser lo que le dé la calidad al conjunto. No me atrevería a afirmar que, después de todo lo dicho, he llegado a alguna conclusión definitiva, como las que ponen la guinda en textos seminales de traductología y sirven para resumir un pensamiento teórico o un planteamiento innovador. Nada que ver. De hecho, cuando hablo de traducción (o cuando les doy vueltas a mi trabajo, a mi profesión, a nuestra situación laboral y a tantas otras cosas), en general me cuesta sacar conclusiones; tal y como he dejado caer antes, soy más de permanecer en el terreno de la duda. Con todo y con eso, a modo de cierre, quisiera terminar este texto reiterando mi postura: soy #TeamNotas.[9]

---

[8] Incluyo en esos otros ojos a las amigas. Menos mal que están las amigas traductoras a las que poder consultarles todo sin ningún reparo y que siempre saben darte una visión objetiva y profesional que te saca de cualquier atolladero.

[9] Nota para el futuro: muy probablemente, esta expresión, #TeamNotas, necesitará una nota al pie dentro de cinco años.

Y, ya que estoy confesando mis querencias y lanzándome al barro traductológico, añado que, además de defender las notas: defiendo el gerundio y los adverbios acabados en -mente; me gustaba mucho tildar el solo; soy de las que abogan por no leer los libros antes de traducirlos (detesto renunciar al factor sorpresa); me niego a poner «pizza» en cursiva; creo que «otro genérico es posible» distinto al masculino; y pienso seguir usando «chico» en el sentido de «pequeño» y «mandado» con el significado de «recado».

Nota bibliográfica

Para quienes se hayan quedado con ganas de leer más (y mejores) reflexiones sobre el uso de las notas en traducción (y no solo), dejo aquí un lista muy brevísima de fuentes que aportan mucho al debate y me han servido como base para este artículo.

Como textos de aproximación, destacaría dos artículos breves que abordan las notas de traducción desde varios puntos de vista: el primero es *«Las notas a pie de página»*, de Ricardo Bada, defensor de las buenas notas en general y opositor declarado a ellas en el caso de la narrativa y de la poesía (en *El Trujamán*, 30 de marzo de 2016, disponible en https://cvc.cervantes.es/trujaman/anteriores/marzo_16/30032016.htm). El segundo texto es «Notas al pie: nota del autor, nota del traductor, notas del editor», de María José Furió, que se centra en las posibles ubicaciones de las notas dentro de la obra (en *El Trujamán*, 18 de mayo de 2015, disponible en https://cvc.cervantes.es/trujaman/anteriores/mayo_15/18052015.htm).

Existen muchísimos textos de traductología en los que se habla sobre las notas, aunque destacaría los siguientes, por su capacidad de síntesis y de contextualización, por facilitar una bibliografía más amplia y por gusto personal, lo admito:

«La pertinencia de las notas a pie de página. Traducción de un ensayo de Sakaguchi Ango», *de* Lucía Hornedo Pérez-Aloe, que hace una reflexión más que interesante partiendo de un caso de traducción concreto (en *Estudios de Traducción*, vol. 12, 2022, pp. 195-207, disponible en https://revistas.ucm.es/index.php/ESTR/article/view/78591/4564456560888).

«De la invisibilidad a la subversión : la nota del traductor en "Nota al pie", de Rodolfo Walsh», *de* Esther Gimeno Ugalde, en el que podemos acercarnos a una perspectiva bastante diferente que coloca a las notas como medio de visibilizar la labor de traducción y de reivindicar la autoría de quienes traducen (en *Quaderns. Revista de Traducció*, n.º 30, 2023, pp. 127-138, disponible en https://revistes.uab.cat/quaderns/article/view/v30-gimeno/105-pdf-es).

«¿Qué hay tras las 'notas del traductor'?», de Carmen Toledano Buendía, que analiza las notas abordando distintos aspectos de su naturaleza y su relevancia como paratextos (en *Lengua, traducción, recepción: en honor de Julio César Santoyo*, vol. 1, 2010, pp. 637-662).

*

No podía no mencionar el libro que da origen a la muy repetida expresión «una nota es una derrota»: *Decir casi lo mismo. La traducción como experiencia*, de Umberto Eco (Lumen, 2003). En concreto Eco afirma: «Hay algunas pérdidas que podríamos definir absolutas. Son los casos en los que no es posible traducir: cuando se dan casos de este tipo, pongamos, en el curso de una novela, el traductor recurre a la *ultima ratio*, la de poner una nota a pie de página (nota que ratifica su derrota)». Según el cristal con el que se mire, digo yo.

*

La cita que introduce este artículo, a modo de epígrafe, está sacada del artículo «*D*iario de traducción: *La invasión del mar*, de Jules Verne, y II», segunda parte de una exquisitez escrita por Alicia Martorell para contar sus experiencias durante la traducción de la obra mencionada en el título (en *Vasos comunicantes*, n.º 74, verano de 2025, disponible en https://vasoscomunicantes.ace-traductores.org/2025/06/09/diario-de-verne-la-invasion-del-mar).

*

Para terminar, este artículo nunca podría haber dado comienzo sin la triada formada por *Lost in Translation*, *Moby Dick* y *El señor de los anillos*.

Esther Cruz Santaella. Traductora
Málaga, agosto de 2025

Con el miedo a cuestas

Una aproximación a las leyendas de terror en Toledo

POR JAVIER MATEO ÁLVAREZ DE TOLEDO

AGRADACEMIENTO A TOLEDO OLVIDADO

INTROITUS

A Toledo le sienta bien el gris. La penumbra de sus callejones, las plazuelas imposibles, los callejones retorcidos o los inesperados rincones que surgen en cada paseo, ofrecen un escenario perfecto para historias, personajes o fantasías que han ido calando en el imaginario toledano sin importar demasiado si ocurrieron o no.

Bajo el pomposo epígrafe de "leyendas", la tradición toledana mezcla con entusiasmo hechos históricos más o menos deformados, brujas y hechiceras, amores imposibles, batallas a orillas del Tajo, reyes y reinas, nigromancia, alquimia, inquisición, encantamientos, fantasmas, milagros, vírgenes y cristos, diablos, santos y santas, venganzas.... y en muchos casos, además, con ciento y una versiones diferentes que quien las cuenta defiende la suya como la única y verdadera.

A partir del siglo XIX, se empieza a poner un poco de orden y se publican tradiciones orales y nuevos relatos conformando poco a poco el catálogo de lo que hoy conocemos como *leyendas toledanas*. Revistas como *Toledo*, o los libros y apuntes de Moraleda y Esteban, Eugenio Olavarría y muchos más, van pertrechando muchas de las versiones que hoy se cuentan y escriben en la ciudad. Al final del artículo se ofrece una brevísima bibliografía.

No soy yo mucho de géneros literarios, lo aviso antes de empezar. Más allá de facilitarle el trabajo a los libreros y profes de literatura, creo que distraen al lector, favorecen los prejuicios, encasillan injustamente autores y provocan eternos, absurdos y aburridos debates que no aportan nada y desvían la atención de la lectura y el disfrute de los libros. Dicho queda.

El terror, entendido como género literario canónico o narrativo ocupa también una pequeña parte del inventario legendario de la ciudad. Es verdad que la mayor parte de las leyendas se difunden a mayor

gloria de reyes, milagros divinos o simplemente persiguen inocular moralejas y avisos al pueblo llano, pero también disponemos de un variado elenco de fantasmas, apariciones, crímenes sangrientos y hasta zombis. Faltaría más.

Intentaré trazar un breve itinerario por estas leyendas y tradiciones toledanas aportando los nombres y argumentos de algunas de ellas e intentando animar a su lectura completa en los numerosos libros que las recopilan. No se las voy a contar, para eso están los libros y algunos (pocos) buenos narradores, pero intentaré hacer un breve recorrido por las temáticas que las abordan o, por entrar en materia, por las terribles fuerzas que las inspiran.

La selección de las leyendas y el arriesgado índice en el que las distribuyo es totalmente arbitrario y no responde nada más que al reto personal de faltarle un poco el respeto a lo académico y lo inamovible. Vamos allá.

REQUIEM ATERNAM

Ni siquiera es necesario ser un seguidor fiel y constante del terror literario o cinematográfico para saber de la obsesión casi enfermiza de este género por traer de vuelta al mundo de los vivos a aquellos que ya lo dejaron. Fantasmas, zombis, no-muertos, apariciones, espantajos, espectros, aparecidos, ánimas, esqueletos... y hasta con mil y un sustantivos, sinónimos o metáforas hemos bautizado a lo largo de la historia a los presuntos regresados

de la muerte que nos visitan y que casi siempre lo hacen con intenciones poco sanas y perjudiciales para el visitado.

La obsesión atávica del ser humano por creer que la muerte, como dice la canción, no es final, da para mucho más que un sencillito artículo sobre leyendas toledanas y ya se ocupan de ello filósofos, antropólogos o siquiatras y, por supuesto, teólogos y clérigos varios, que han conseguido vertebrar en torno a la muerte y la resurrección seculares y lucrativas religiones.

Como hemos apuntado en la introducción, el objeto principal de las leyendas toledanas es el amor con final trágico o feliz o lo relativo a adornar con milagros e intervenciones divinas las callejuelas de la ciudad, pero como cualquier tradición narrativa – oral o escrita– que se precie, algunos fantasmas, espectros y regresados del infierno pululan por nuestros relatos. Incluso, disponemos del privilegio de disfrutar de una fantasma mujer, algo poco habitual y muy escaso. *La fantasma de San Servando*, relato recogido por primera vez por el escritor, poeta y militar Leopoldo Aguilar de Mera en 1917, refiere la historia de Don Nuño Alvear, un templario que hacía guardia nocturna en el castillo señalado en el título al que se le presenta una fantasma que, tras recordarle los

desmanes en guerras y cruzadas, le quita la vida con tormentos y angustias para hacerle pagar por las injusticias cometidas. La parte más horrible del relato tiene que ver quizá con el momento en el que se rememoran los crímenes del tal Nuño que con la aparición en sí, pero para una fantasma que tenemos, no íbamos a dejar de mencionarla.

Por mera curiosidad (y porque en el fondo me resulta graciosa), cito también el relato conocido como *La tertulia de los muertos*, aparecido en la revista *Toledo* en 1889. Nos traslada a 1808, año en el que el cabildo de la Catedral de Toledo encarga al maestro de cantería toledano Luciano Martín Forero la reforma y arreglo de la Capilla de Santiago, donde reposan los restos del condestable Álvaro de Luna, su esposa, Doña Juana de Pimentel y Juan, el hijo de ambos. Cuando los trabajos de albañilería lo requirieron, el maestro cantero y algunos más, descendieron a la cripta donde contemplaron con asombro y estupor que los féretros de los finados estaban vacíos y que sus osamentas se encontraban sentadas a una mesa como si de una animada tertulia se tratara.

Resumida así me temo que no produce demasiado terror (lo siento y animo a leerla en alguno de los libros que recopilan las leyendas de Toledo), pero lo realmente curioso son la cantidad de interpretaciones, más o menos interesadas, que se han realizado de la misma para ilustrar rutas, paseos y hasta congresos de lo oculto. Como es habitual, se mezclan sin pudor datos históricos con elucubraciones místicas que permiten al narrador terminar trenzando la más absurda de las fábulas. No lo critico, la fantasía lo aguanta (casi) todo, será por eso que no es lo mío. Es verdad que en este caso los hechos históricos son jugosos y dan pie a la inventiva (Álvaro de Luna fue mandado decapitar en junio de 1453 por orden de Juan II y su esposa, Doña Juana de Pimentel, resistió en su castillo el asedio de las tropas reales), pero de ahí a ponerlos en animada charla familiar con su hijo en la cripta donde reposan... Mi consejo: más allá del relato, no deje de visitar la girola de la Catedral donde se sitúa la aludida Capilla de Santiago; eso sí que te transporta a otro mundo.

Pero de todas las que interrumpen el descanso supuestamente eterno de los que ya no están y alguien los trae de regreso a casa, mi leyenda preferida es sin duda *La dama de los ojos sin brillo,* que habitualmente se cuenta en la encantadora calle de los Aljibes antes de adentrarse a la zona de conventos y cobertizos toledanos. La he contado cientos de veces en esa misma calle y por alguna razón que se me escapa, siempre causa impresión y asombro entre las personas que la escuchan.

En las decenas de versiones que circulan sobre ella hay variaciones en torno al nombre del protagonista, el contexto histórico en el que se desarrolla o el motivo de su visita a Toledo, pero la trama y el desenlace final permanecen invariables.

Don Sancho de Córdova (insisto, los nombres varían según versiones)

visita Toledo por asuntos de estado y participa en una animada fiesta en el palacio de unos conocidos condes. Aburrido del parloteo protocolario e insustancial propio de estos eventos, se propone ausentarse de forma discreta justo en el momento en el que una dama hace su aparición sin que nadie haga gesto alguno ante su llegada. El tal Sancho queda prendado de su belleza y trata de entablar conversación con ella ante la indiferencia del respetable. Tras varios intentos de una charla que no pasa de monólogo, la acompaña a casa después de ofrecerle su capa para evitar el frío.

Al día siguiente, visita su casa con la excusa de recoger la capa y la enlutada madre de la dama le informa que lo cuenta es del todo imposible, que su hija (a la que reconoce en un enorme cuadro del salón) falleció hace meses y que no ha podido asistir a fiesta alguna.

"- Señora, decidme, por Dios ¿Quién es esa dama que aparece en el cuadro?- interrogó Don Sancho.

- La hija que os acabo de decir que abandonó este mundo hace ya dos meses- respondió la señora extrañada.

- ¡Os juro que es ella! ¡No hay duda, esta es la dama a la que acompañé anoche!

- Soñáis, caballero, eso no es posible, sois presa de una alucinación.

Don Sancho salió del Palacio de los Orsino sin entender absolutamente nada, llegó a su casa y tuvo que permanecer en cama varios días por una extraña fiebre.

El sonido de la campanilla de su casa lo sobresaltó. Se enfundó un ropaje y abrió la puerta a un zascandil que le entregaba la capa de aquella noche.

- He sabido que era vuestra por el escudo que lleva bordado en el hombro- balbuceó el niño.

- ¿Dónde la hallaste?- preguntó con ansiedad Don Sancho.

- En el cementerio, encima de la sepultura de la Condesa de Orsino"

La trama no es especialmente original. Podríamos incluso bromear con que en realidad asistimos una especie de "precuela" de la *Chica de la curva* por citar tan sólo un ejemplo de las innumerables historias parecidas que corren por toda nuestra geografía en forma de relatos, leyendas, tradiciones o historias que algunos aseguran reales. A pesar de ello, sigue siendo una de las más aplaudidas allá donde se cuenta, no hay libro de leyendas que no haga una referencia a ella e incluso corre por *youtube* una versión dramatizada de un conocido programa de televisión sobre este suceso.

Leyendas y relatos toledanos en los que se cede el tétrico protagonismo a personas fallecidas que de otra forma nos visitan, hay muchas más y, con mayor o peor fortuna, forman ya parte de los paquetes turísticos que se ofrecen a los visitantes. Eso garantiza que no se perderán en el olvido, pero me temo que también les resta frescura y magia. El tiempo nos dirá.

DIES IRAE

El castigo celestial airado y casi siempre violento a los presuntos herejes o pecadores que se atreven a cruzar la línea que les separa de lo divino, que blasfeman o pecan por encima de la media o que, simplemente, olvidan su condición de humanos y ningunean al Cristo o la Virgen de turno, conforman uno de los contextos habituales en los que se desarrollan este tipo de leyendas.

Casi siempre deslizan un poder divino que castiga porque no le queda más remedio, de forma automática, casi como si activara un burocrático protocolo establecido que el pecador, casi siempre hombre, viola y debe, por tanto, asumir las terribles consecuencias de su blasfemia, delito o atrevimiento, pero sin demasiada sangre, estruendo o violencia. Como quien no quiere la cosa.

Al acabar con la vida o la cordura del protagonista de forma públicamente trágica, el relato refuerza el poder divino y difunde el repetitivo y machacón mensaje que toda religión o creencia sobrenatural que se precie trata de inocular en sus fieles: recuerda cuál es tu sitio, pobre mortal, y no te atrevas a pasar los límites.

"Santos, monjas, ángeles, demonios, guerreros, damas, pajes, cenobitas y villanos se rodeaban

y confundían en las naves y en el altar. A sus pies oficiaban, en presencia de los reyes, de hinojos sobre sus tumbas, los arzobispos de mármol que él había visto otras veces inmóviles sobre sus lechos mortuorios, mientras que arrastrándose por las losas, trepando por los machones, acurrucados en los doseles, suspendidos de las bóvedas, pululaban, como los gusanos de un inmenso cadáver, todo un mundo de reptiles y alimañas de granito, quiméricos, deformes, horrorosos. Ya no pudo resistir más. Las sienes le latieron con una violencia espantosa; una nube de sangre oscureció sus pupilas; arrojó un segundo grito, un grito desgarrador y sobrehumano, y cayó desvanecido sobre el ara.

Cuando al otro día los dependientes de la iglesia le encontraron al pie del altar, tenía aún la ajorca de oro entre sus manos, y al verlos aproximarse, exclamó con una estridente carcajada:

—¡Suya, suya!

El infeliz estaba loco".

La Ajorca de oro, de Gustavo Adolfo Bécquer puede ser un buen ejemplo de este tipo de relatos cuya trama se resuelve con un nefando escarmiento disfrazado de milagro de consecuencias aciagas y violentas para un protagonista que, en realidad, sólo aspiraba a conseguir el favor de su amada. Ni siquiera el amor, por puro que sea, es razón para que un simple mortal se acerque demasiado y cruce la línea.

María Antúnez confiesa una tarde a su enamorado, el toledano Pedro Alfonso (no me digan que no suena a culebrón) que nunca podrá ser feliz del todo si no luce en su brazo, una de las joyas que adornan la talla de la Virgen del Sagrario de la Catedral de Toledo. La mente simplona del embelesado Pedro Alfonso ata cabos rápidamente y elucubra que si consigue el dichoso brazalete y se lo regala, esto está hecho. Y ya está, tragedia montada.

Una tragedia, eso sí, contada y escrita por el autor de forma genial y precisa. Bécquer busca casi siempre de forma casi obsesiva retratar unos sentimientos a los que da más importancia que los hechos que narra y que le sitúan por derecho propio en la historia de la literatura, ocupando un lugar especial en el imaginario toledano.

El relato vio la luz en 1861 en el periódico madrileño "El contemporáneo", y recoge una deliciosa y aterradora descripción del interior de la catedral que Bécquer utiliza de forma magistral para lograr la inquietante y angustiosa atmósfera que conduce con acierto al desenlace final.

Como cualquiera puede imaginar, relatos en los que Dios (Él o cualquier miembro de su vasto equipo) imparte justicia divina con rayos, truenos, apariciones o milagros, abundan no sólo en la tradición toledana sino en cualquier recóndito lugar del mundo al que alguna religión haya llegado. Era una forma simple y efectiva de inculcar mediante moralejas, llamas infernales y avisos de castigo eterno al pueblo llano de la necesidad vital de respetar dogmas y mandamientos.

Y claro, si quién las incumplía era además de pecador, devoto de otra confesión, la autoritaria reacción del único y verdadero dios era más que obligada. Un planteamiento tan versátil, que es aplicable a cualquier religión o creencia que lo quiera utilizar en una u otra dirección

Ahí está el ejemplo de *Las bodas de Abdalláh*, relato aparecido por primera vez en un texto de Eugenio de Olavarría a comienzos del siglo XX. Resumo la historia: Alfonso V de León manda casar a su hermana Teresa con el gobernador musulmán de la ciudad de Toledo para forjar alianzas con la ciudad del Tajo. A pesar de las protestas de la novia por ser obligada a desposarse con un "infiel", las nupcias se llevan a cabo con más pompa que circunstancia. Hasta ahí, lo tristemente habitual, pero tamaño atrevimiento no podía quedar sin castigo; la noche de bodas, en el momento crucial, una mano (divina o diabólica, según a quien le preguntes) responde a las súplicas de Teresa surgiendo entre los cortinajes para agarrar con fuerza el cuello de Abdallah y torturarlo sin respiración hasta que entendiera que él, infiel y desalmado, no podía casarse con una cristiana. Eso sí, al cariñoso rey que envió a su hermana al blasfemo casamiento, ni caso.

En realidad, Teresa Bermúdez, hija de Bermudo II y, efectivamente, hermana de Alfonso V de León, no pisó que sepamos la ciudad de Toledo. Fue entregada por su padre o por su hermano a Almanzor, que la hizo su esclava y luego casó con ella. A la muerte de este, volvió al reino de León donde falleció en el año 1039. Pero esto es una leyenda y lo importante no son los datos, lo crucial es entender que la ira divina disfrazada de justicia nos puede llegar a cualquiera en cualquier momento. Ojo.

REX TREMENDAE

La presencia de reyes y reinas en las leyendas toledanas es constante. Asumen el papel de autoridad suprema que imparte justicia terrenal, de emisarios divinos que imponen la celestial o de último recurso ante quien ya no encuentra solución alguna ante un atropello, un abuso o una cuita. Si consideramos que las leyendas, en su mayoría relatos de tradición oral, persiguen también lanzar un mensaje, un aviso o colar una moraleja, la presencia de los monarcas tiene sentido para legitimar (aún más si cabe) su poder, su autoridad e incluso, su divinidad.

Cierto es que en el confuso apartado de las leyendas y tradiciones que podríamos considerar de terror, su protagonismo es escaso y casi siempre tiene que ver con el castigo a aquellos que se atreven a desafiar el poder de reyes y reinas, a conspirar contra ellos o a incumplir sus leyes. El mensaje está claro y pervive a lo largo de los siglos: a los reyes, ni tocarlos.

La leyenda toledana *La penitencia de Acuña* se desarrolla en el contexto de la Guerra de las Comunidades de Castilla (1520-1522) y el valiente intento de los llamados comuneros de luchar contra el impuesto emperador Carlos I (sí, el que también era V de Alemania). La osadía de los castellanos de rebelarse contra el rey la pagaron unos con sus cabezas en Villalar y otros, con el castigo eterno vagando sus almas en tétrica procesión por la *Dives Toletana*.

El relato tiene como involuntario protagonista a Antonio Acuña, Obispo de Zamora desde 1507 y que participó de forma activa y protagonista en la Guerra de las Comunidades (1520-1522) formando parte de los comuneros en su lucha contra el rey. Llegado a nuestra ciudad en marzo de 1521 para apoyar la causa comunera, los toledanos lo llevan en volandas hasta la Catedral pretendiendo que sea nombrado Arzobispo de Toledo. La tradición toledana insiste en que la muchedumbre interrumpió el "oficio de tinieblas", ceremonia propia de la Semana Santa católica y claro, eso no sale gratis.

Cada año, dicen, y para siempre, en esa noche de la luctuosa semana, una procesión presidida por el fantasma del pobre obispo, recorre el templo seguido por las ánimas de los atrevidos toledanos que osaron interrumpir aquel rito.

"Lo que vio le heló la sangre; saliendo de la cripta en perfecto orden, apareció ante sí una procesión de espectros y esqueletos al frente de la cual marchaba uno ataviado con la mitra y el báculo del obispo Acuña, mientras que inmensos chorros de sangre brotaban de su cabeza marcando la senda de las dos seres terroríficos que lo acompañaban. Se contaban por decenas los cadáveres con las osamentas llenas de harapos que lo seguían portando antorchas y que iban recorriendo una a una todas las capillas del templo hasta llegar al Altar Mayor, donde con un canto monótono y dolorido terminaron aquel Oficio de Tinieblas que años atrás osaran interrumpir".

El mensaje, moraleja o conclusión está de plena actualidad; desafiar a la realeza tiene siempre castigo, sea pagando con tu cabeza, con el tormento eterno o con la persecución judicial de turno. Los reyes son inviolables, aquí o en cualquier lejano país de oriente.

Muy conocida en Toledo es también la leyenda de *El callejón de los niños hermosos*, recopilada también en algunos textos como *La leyenda de la puerta del Sol*. No es especialmente terrorífica, pero es de esas que si hoy las cogiera un buen guionista, podría terminar en serie que mezcle "thriller", acoso, secuestro, persecución y final feliz pero sangriento; ahí lo dejo por si alguien se anima.

Gobernaba Toledo por la gracia del rey Fernando III un tal Fernando Gonzalo, que si bien gozaba de la confianza real, era de sobra conocido en la ciudad por sus corruptelas, abusos y acoso a cualquier toledana de la que se encaprichara. Tuvo a mal fijarse en una joven viuda madre de dos hijos a la que acosó de manera cruel e inhumana hasta el punto de secuestrar a sus dos criaturas para someterla. Afortunadamente, el rey Fernando III, llamado el santo vaya usted a saber por qué, llegó a Toledo y convocó al pueblo para saber las preocupaciones de sus súbditos. Temerosos de la venganza de Fernando Gonzalo, nadie compartió reproche alguno hasta que de entre la multitud, entre sollozos y súplicas, surgió la joven viuda denunciando el secuestro de sus hijos. Aquello desencadenó una oleada de denuncias y acusaciones contra el edil que el rey, sin juicio alguno, mandó decapitarlo allí mismo lavando con sangre la afrenta a su pueblo. Justicia santa, debe ser.

Los toledanos suelen contar que aquellos dos niños, obviamente hermosos, están esculpidos en uno de los relieves de la Puerta del Sol como homenaje a su madre y al rey. En realidad son restos de un sarcófago paleocristiano del siglo IV y nada tienen que ver con la historia, pero lucen guapos, eso sí.

CONFUTATIS MALEDICTIS

nos vienen a la cabeza decenas de libros o películas que fiaron todo su contenido al espectro mamarracho de turno convirtiendo su relato en algo sin demasiado interés más allá del susto de rigor cuando se sube el volumen de la música. Eso sí, a muchas de ellas se les acuña el sello de "serie B" y con eso ya conforman incluso un género propio.

Me temo que la incorporación al relato de seres, personajes, formas o entelequias infernales es un recurso inevitable.

Mi temor, en este caso, tiene más que ver con lo literario que con el miedo que este tipo de personajes está llamado a causar en el lector o en el respetable auditorio que disfrute de la narración. Y es que por lo general, la aparición de diablos, espectros o fantasmas termina fagocitando la trama, los detalles o la historia en beneficio de un personaje presuntamente terrorífico al que el autor o autora concede todo el protagonismo dando por hecho que su presencia en el relato es suficiente para crear miedo o angustia.

No pongo en duda que con demonios, pactos diabólicos o fantasmas se puedan escribir obras maestras (ahí están Bram Stoker, Oscar Wilde, Edgar A. Poe William P. Blatty...) pero a cualquiera se

Y claro, el amplio inventario de leyendas de Toledo recoge también la presencia del diablo y de parte del elenco de seres terroríficos que le acompañan, faltaría más. Tenemos diablos, pactos con el maligno, ánimas que vagan por las calles y templos, fantasmas que ocupan edificios y hasta el reflejo de esas historias en la extravagante toponimia de sus calles como el Callejón del Infierno o el Del Diablo.

Aun no siendo las más numerosas, las tradiciones y leyendas toledanas que conceden al maligno o a sus

discusiones familiares constantes y un ambiente de gritos y peleas que los vecinos comentaban por toda la ciudad. Todo cambió, como no, cuando el tal Gonzalo encuentra el amor junto a Sagrario, la hija de un pescador del Tajo. Y lo que podía devenir en otra leyenda cursilona de amor, termina, por intercesión del manido Belcebú, en tragedia, muerte y prisión. Todo apunta a que el padre, Don Ángel, tenía tanto de honrado como de clasista y que eso de que el niño casara con la hija de un pescador no le venía bien a su candorosa imagen. Tras una bronca familiar por este despótico motivo acude arrepentido a confesarse a la Catedral y acto seguido asesina a su propio hijo en una escena de sangre, violencia y muerte.

La historia cuenta que el mismísimo diablo se coló en el confesionario para nublar la mente del padre e incitarle a cometer la locura que cierra el relato.

"... los alguaciles encontraron a dos testigos que aseguraron ver el confesionario vacío; dos de ellos juraron que había un extraño olor a azufre y a pescado podrido. En Toledo corrió la noticia de que el mismísimo diablo, disfrazado de sacerdote, había incitado al noble a asesinar a su hijo, consiguiendo cortar de raíz su incipiente bondad y condenando al bueno de su padre al castigo eterno"

Ahí es nada.

compinches el protagonismo del relato han tenido siempre un espacio propio en los libros que las recopilan y en los últimos años han ocupado más protagonismo gracias a las rutas guiadas o paseos en los que lo mágico y lo sobrenatural han copado una buena parte de la oferta turística y cultural.

Amén de las referidas a las dos calles citadas, Del Infierno y Del Diablo, aporto como muestra una menos conocida en la que Satanás ocupa el papel protagonista. Se publicó por primera vez en la revista *Toledo* en el año 1920 bajo el título de *El Diablo Confesor*.

Ángel Orellano era un toledano de bien respetado por la comunidad y conocido por su honradez; su hijo Gonzalo, dicen, todo lo contrario. Las deudas, desaires, trifulcas y corruptelas del hijo acarreaban

A modo de ofrenda casi final, me permito salirme un del encorsetado binomio "terror+leyendas" para invitar a la lectura de un relato, que si bien cumple los cánones del género que nos ocupa, no es una leyenda, lo sé; mis disculpas a los puristas (que en esto también los hay).

Es de terror, eso está fuera de duda, y dado que se menciona la ciudad un par de veces y que el autor sitúa la historia en una oscura mazmorra del subsuelo toledano, no pienso desperdiciar la oportunidad de recomendar *El pozo y el péndulo*; que esto es una revista literaria y se tiene que notar.

Edgar Alan Poe nos regaló un relato que cumple cualquiera de las normas del terror literario por muy alto que coloquemos el listón.

La angustiosa atmósfera de pánico, soledad y angustia que consigue en apenas 20 páginas sin diálogos, sin casquería y con un solo protagonista merece la pena para cualquiera que le guste la literatura, con o sin género.

No doy más pistas para no privar al despistado que aún no la haya leído de su primera vez con Poe. No se la pierda.

"Observé entonces... que el extremo inferior lo formaba una media luna de acero reluciente, de unos treinta centímetros... y con el borde tan afilado como el de una navaja... Colgaba de una barra y todo el conjunto silbaba al oscilar en el aire...Ya no me cabía duda del destino que me había preparado el ingenio torturador de los monjes".

Ante la duda de que todas estas páginas hayan aportado algo más allá que nombrar unas cuantas leyendas sobre Toledo, ofrezco para el final una sugerencia que pretende ir un poco más allá de la lectura del relato o de la visita a nuestra ciudad y que pueda transformarse en una experiencia que haga sentir, disfrutar y, por qué no, pasar un poco de miedo.

Con la leyenda *La ajorca de oro* que hemos citado, acérquese a la Catedral pertrechado también con el dispositivo con el que habitualmente escuche música. Localice un rincón poco iluminado del templo y calcule el itinerario hasta la capilla del Sagrario de forma que el paseo le ocupe la lectura del relato para terminarlo frente al altar de la capilla, ponga su música y disfrute.

Lo más lógico visto este artículo es que recomendara Mozart (vale, o Verdi o Brahms), pero permítame la extravagancia de sugerirle el *Himno de los Querubines*, de Tchaikovsky. Créame, no se arrepentirá de la experiencia, y a estas alturas, seguro que a nadie espanta que escuchemos música del rito ortodoxo ruso en la Catedral Toledana. O sí.

NOTAS:

1. Leyendas reseñadas en el artículo:

- "La fantasma de San Servando" Leopoldo Aguilar de Mera, Revista *Toledo*, 1917.

- "La tertulia de los muertos". Revista *Toledo*, 1889

- "La dama de los ojos sin brillo", un relato escrito por Rafael Carrasco que recogió después Luis Moreno Nieto en su libro *Leyendas de Toledo. Antología*. (Imprenta Serrano, 1999)

- "La ajorca de oro", de Gustavo Adolfo Bécquer.

- "Las bodas de Abdallah". *Leyendas de Toledo*, de "La penitencia de Acuña". *Tradiciones de Toledo*, E. Olavarría

- "El callejón de los niños hermosos" *Historia y leyendas de CLM*, 1998

- "El diablo confesor", publicada por primera vez en la revista Toledo en 1920.

- "El Callejón del Diablo"

- "El Callejón del Infierno"

- "El pozo y el péndulo", de Edgar Allan Poe.

2. Todos los textos en cursiva de leyendas que se incluyen están extraídos del libro *La vuelta a Toledo en 80 leyendas* excepto el de "La Ajorca de oro" y "El pozo y el péndulo" que se han extractado de los libros de sus autores que se citan en la bibliografía.

3. Bibliografía básica de leyendas.

- Alonso Oliva, Juan Luis. Creador de la página www.leyendasdetoledo.com

- Alonso P. y Gil, A. *Historia y leyendas de Castilla-La Mancha. Junta de Comunidades CLM*, 1998

- Bécquer, Gustavo Adolfo; *Rimas y leyendas*. Ed. Bruguera, 1980

- Gamarra, P; *Aguafuertes toledanos*. Gómez Menor, 1977.

- Mateo Álvarez de Toledo, J y Rodríguez Bausá, L; *La vuelta a Toledo en 80 leyendas.* Ed. Toletum Revolutum, 2019.

- Moraleda y Esteban, J; *Tradiciones y recuerdos de Toledo.* Gómez Menor.

- Moreno Nieto, L.; *Leyendas de Toledo*, Antología. Imprenta Serrano, 1999.

- Olavarría, Eugenio; *Tradiciones de Toledo.* Ed. Zocodover, 1980

- Pantoja Rivero, J.C. y Gª Sánchez beato, J; *Paseos por las leyendas de Toledo: una guía en el límite de lo real.* Imágica Ediciones, 2015.

- Poe, Edgar Allan. *El gato negro y otros cuentos de horror.* Ed. Vicens Vives, 1996

- Rodríguez Bausá, L; *Toledo Insólito: ensayo sobre lo mágico, oculto y misterioso.* Ed. Bremen, 2003.

- Rodríguez Bausá, L y Mateo Álvarez de Toledo, J; *Guía mágica de Toledo y su provincia.* Ediciones Covarrubias 2010.

- VV.AA. *Colección Crónicas del misterio. Rutas de Toledo.* Ed. Ledoria, 2023.

Javier Mateo y Álvarez de Toledo.
Co-autor de "La vuelta a Toledo en 80 leyendas" y
"Guía mágica de Toledo y su provincia".

Constantino Bértolo

Editor, crítico y ensayista

> " *La industria editorial es un sistema de censura que decide qué texto es literario y qué texto no* "

ENTREVISTA POR VÍCTOR M. MARTÍN
FOTOGRAFÍA ARCHIVO CONSTANTINO BÉRTOLO

Cuando tuve la idea de entrevistar a Constantino Bértolo, Iñigo García Ureta, que fue quien me consiguió el contacto, me dijo "tiene casi 80 años, pero está fuerte como un roble". Después de la larga y amena conversación que mantuvimos (Constantino y yo), creo que Iñigo se quedó muy corto en su valoración. Ya firmaba yo llegar a su edad con la mitad de su lucidez y presencia física, su seguridad, su porte y su convencimiento, su capacidad argumentativa... Constantino Bértolo, para quien no le identifique, es uno de los grandes del mundo editorial español, por más que su nombre no sea quizá el más citado y repetido. Entre otros valores, Bértolo participó en la legendaria colección "Tus libros" de Anaya, que entre los años 80 y 90 hizo por la lectura en España mucho más que todos los años siguientes, construyendo y moldeando al maduro lector contemporáneo como pueda ser yo: cincuentón, con su punto pedante y a veces insufrible, pero que a la vez siente un amor por los libros y la lectura difícil de explicar. Sin saberlo, Bértolo creó al lector que soy hoy día. Si hubiera ido a la entrevista con sombrero de copa, me lo habría quitado para hacerle la reverencia varias veces. Un afortunado.

Pregunta: Empezaremos por el principio, como una buena novela decimonónica: su primer trabajo fue como profesor de instituto del antiguo bachillerato.

Respuesta: Sí, ese fue mi primer trabajo serio. Hubo cosillas antes, pero yo diría que ese fue mi primer trabajo como tal: profesor de lengua y literatura, a primeros de los años 70. Yo venía de Londres y entré en una filial de un instituto en el norte de Madrid en 1974. Allí estuve hasta 1978.

P: ¿Cómo era la educación en ese época? ¿Cómo eran sus clases?

R: Bueno, son años marcados, básicamente, por el contexto político, que afectaba tanto a los alumnos como al profesorado. Yo daba clases de literatura y procuraba, sobre todo, hablar más de los contextos de las obras que de las propias obras en sí.

P: En esa época, quizá por estar en los estertores del franquismo, ¿había mucho control desde las instancias superiores sobre lo que se hacía y decía en clase? ¿Tenía posibilidad de meter algún libro "delicado"?

R: No, porque yo trabajaba en una especie de filial del Beatriz Galindo, del que podríamos decir que en esa época era una vanguardia pedagógica, teníamos psicólogo y todo. Podríamos decir que era muy avanzado para la época.

P: Repasando su obra publicada, casi todo lo que tiene son ensayos, y buena parte se centran, sobre todo, en el papel de la crítica. También ha trabajado de editor... ¿De dónde le viene ese gusto por la crítica y la edición?

R: Todo empezó en el bachillerato, ese bachillerato de antes. A mí siempre me había gustado leer, y por azares de la vida, mis padres se trasladaron de Lugo a Madrid cuando yo tenía 10 años y me tocó ir a un colegio del que no recuerdo a ningún gran profesor. Yo tenía un profesor de lengua que ni siquiera lo era como tal, era abogado y acabó rebotado allí dando clases. Y en la casa en la que empecé a vivir en Madrid, encontré en el sótano del edificio varios libros. Uno de ellos era una Historia de la Literatura de una profesora cuyo nombre no recuerdo ahora, pero era una de las primeras catedráticas de historia de la literatura. Y la verdad es que era un buen libro. Yo ya leía de antes, destacaba en las asignaturas de letras, sacaba buenas notas, y aquel libro me hizo saber más que el profesor, que no era ningún experto. En el momento en que fui consciente de esta ventaja, digamos que hice algo de terrorismo contra el profesor, dejándole en evidencia algunas veces. Ese sería el primer paso para la construcción de mi identidad literaria.

P: El primer contacto que tiene con el mundo editorial es con Anaya para la colección "Tus Libros".

R: Bueno, antes ya había escrito alguna crítica editorial...

P: ¿Cómo se produce ese contacto con Anaya? Es decir, ellos contactan con usted con la colección ya en máquinas, o le hablan del proyecto, le piden títulos... ¿Cómo es la génesis de la colección?

R: Todo fue a través de Juan José Millás, que habíamos estudiado juntos con **Rafael Chirbes**...

P: Vaya cuadrilla...

R: Sí, sí. Alguien de Anaya había leído ***Visión del ahogado***, bueno, no sé qué tipo de lectura había hecho porque le pareció una excelente novela policiaca. Contactaron con Millás para la colección, y Juanjo me llamó a mí. La colección ya estaba pensada, la había desarrollado **Emilio Pascual**, un tipo que escribía ensayos, una buena cabeza. Y el editor, que era un tío francamente interesante, ***José Cubero***, tenía también bastante clara la idea. Pensaron que los libros debían llevar unos apéndices que complementaran las lecturas, y que fueran en las páginas finales del libro, para no molestar a la lectura. Los primeros los tenían ya contratados.

Ahí empiezo mi colaboración con Anaya, a tener más contacto con el editor, y le voy proponiendo libros que generalmente aceptaban. Lo más importante es que fueran títulos libres de derechos. Pero en líneas generales, eran los clásicos juveniles de toda la vida, lo que se leía en los institutos. Al menos inicialmente, eran títulos bastante predecibles.

P: Los apéndices que usted escribió, ¿los eligió usted?

R: Más o menos.

P: Decía que era una colección de clásicos juveniles...

R: Había mucho **Verne**, mucho **Wells**... Predominaban ese tipo de autores, por decirlo de alguna manera. Pero de vez en cuando metíamos algo diferente.

P: Se trataba de una colección que más allá del diseño, que sí tenía ese toque juvenil, no desentonaría en la biblioteca de un lector adulto hoy día.

R: Claro que no, ni lo más mínimo. En aquellos tiempos se entendía por lector juvenil a personas que tenían muy claro lo que querían, con un criterio de calidad y exigencia muy alto. La aparición de lo que llamaríamos literatura juvenil, en el sentido que lo entendemos hoy en día, de obras que diviertan, que entretengan sin más pretensiones, todavía no existía.

P: La gran novedad que aporta esta colección son los apéndices: entre 15 y 20 páginas, ubicadas al final del libro, que permitían dar contexto al lector curioso, saber un poco más del autor, de su estilo... A mí me parecía en su momento y me lo sigue pareciendo ahora, una enorme muestra de respeto hacia el lector.

R: La colección iba dirigida a un público joven. Y ponerle esa información ahí, al final del libro, me parecía una muestra de respeto a su inteligencia y a su decisión. "Mira, aquí tienes todo lo necesario para sacar el máximo rendimiento a la lectura de este libro", con un pequeño matiz muy interesante. En realidad, lo que Anaya buscaba

era que estos libros llegaran a los institutos, a las escuelas. No se trataba sólo de formar lectores, sino de dar al profesor todo el material necesario para explotar el libro en el aula, facilitarle al docente su trabajo frente al lector.

P: Ya veo que incluso en esa época, el mercado no daba puntada sin hilo.

R: Claro que no. El mercado nunca da una puntada sin hilo. Nunca.

P: Hoy día no existe una colección similar de literatura, no hay una editorial que publique clásicos literarios juveniles que puedan ser leídos también por un adulto. A mí me viene a la cabeza Alma, pero ellos publican el libro tal cual, sin apéndices, anexos o introducciones. No hay ninguna editorial que coja al lector de 14 años, de 16, de 17, y le diga, "mira, aquí tienes, por si quieres saber algo más de Verne, de Dostoievski, de London..."

R: Eso ya no se hace, pero no solamente en el ámbito juvenil. La gran transformación, desde mi punto de vista, es que hoy día no está legitimada la autoridad para enseñar a leer. Si yo a alguien le digo "te voy a ayudar a leer a Dostoievski o a Joyce", rápidamente te dicen, "oye, perdona, mi libertad... Eres un autoritario". Esto es una transformación bestial. En ese sentido, una colección con voluntad de ser una autoridad intelectual y literaria sería muy difícil hoy día.

Y luego, ha habido una transformación del mercado pedagógico. Podríamos decir que quedan restos en el bachillerato de obras clásicas, quedan cuatro o cinco, pero lo que se pretende, el fomento de la lectura, se hace a través de colecciones dirigidas, novelas entretenidas, divertidas, sin grandes problemas ni pretensiones, y claro, sin ningún aparato pedagógico detrás, que por otra parte hoy sería absolutamente rechazado por parte de los docentes... y de los padres.

P: Al hilo de los apéndices, en la recuperación que ha sacado en Espía en un país enemigo (Uña Rota, 2024), dice que los apéndices son un elemento pedagógico que genera controversia: hay gente a favor de ellos, gente en contra. Dando por hecho que usted estará a favor, ¿qué puede haber de negativo en incluir al final de un libro, 15, 20, 50 páginas con un estudio, un análisis...?

R: El argumento básico es que intervienes en la lectura del lector, la condicionas, y no le dejas libertad al lector para que lea, intervienes en la interpretación del texto, y eso es cierto.

P: El lector tiene la libertad absoluta de leer o no leer esa introducción previa o ese apéndice o anexo...

R: Pues esto es el pensamiento dominante.

P: Si eres un poco cuadriculado, como es mi caso, y me encuentro una introducción en una novela, que como su propio nombre indica, está siempre al principio, seguramente el cuerpo me pida empezar por ella y leerla. Pero si el texto va al final...

R: Fue algo que no se discutió mucho, para nosotros era clave que los apéndices fueran al final de las novelas y no al principio. Pero inevitablemente intervienes en la lectura... Primero, porque la presencia del apéndice hace que mucha gente empiece por él, quieras o no...

P: Reconozco que yo, hoy, lo haría así.

R: Y luego, inevitablemente, tú lees, tienes tu lectura en la cabeza, pero llegas al apéndice, y claro que influyes en la lectura, en la comprensión, en la interpretación...

P: Pero eso es enriquecedor también...

R: Sí, pero en aras de la libertad (risas)... Esto era un acto autoritario. En aquel tiempo, que estábamos saliendo del franquismo, la búsqueda de una autoridad diferente todavía era aceptada, pero ya en aquel entonces había posturas contra el apéndice.

P: Actualmente sigue habiendo colecciones que no hacen apéndices, pero sí introducciones para un público adulto, como Cátedra, Akal,

Valdemar... Es como si los lectores adultos sí estuvieran preparados para ese tipo de textos.

R: Hoy se diría que es un apéndice sectario que busca manipular al lector joven. En la época en la que apareció la colección no se podía intervenir sobre la lectura, sobre la inocencia del lector y la decisión de Anaya fue polémica.

P: Decía antes que me parece una selección de títulos magnífica para cualquier biblioteca seria: Primer amor, de Turguenev, Vuelo nocturno, de Saint Exupéry, Drácula, de Stoker, Crimen y castigo, de Dostoievski... ¿Se leerá en algún instituto de España ahora Crimen y castigo?

R: No creo. De hecho, yo escribí ese apéndice y es de los que estoy más orgulloso.

P: Cuando entra a la librería un chaval de 18 o 20 años y me pide Crimen y castigo, o Moby Dick o La cartuja de Parma, me digo que todavía hay esperanza.

R: No serán muchos los que te lo pidan...

P: "Tus Libros" coincidió en tiempo con otra colección magnífica, "Club Joven Bruguera", que editaba las novelas a secas, pero con un listado de autores increíble: Asturias, Steinbeck, Faulkner, Chejov, Hemingway, Singer, Lem...

R: En aquella época se entendía que los jóvenes leían literatura, no leían literatura para jóvenes.

P: Con el debido respeto, creo que el lector juvenil ha dado pasos hacia atrás... O le hemos ayudado a dar pasos hacia atrás.

R: Desde mi punto de vista, el mundo editorial ha infantilizado más al lector juvenil, ofreciéndole una literatura que halague o que sea más fácil, más accesible, más comercial.

P: Estoy convencido que si llevamos a un instituto la lista de los libros publicados en la colección "Tus libros" o "Club Bruguera", serían muy pocos los que pasarían el filtro.

R: Primero habría que ver cuantos de esos libros se han leído los profesores.

P: En el prólogo de Espías en un país enemigo escribe literalmente: "No se trataba de crear lectores filológicos o eruditos, ni tampoco lectores desconfiados, pero sí lectores educados en la duda y en la interrogación como modo de enfrentarse a la propia lectura." ¿Cree que el sistema educativo español apuesta por este tipo de lector o va por otros derroteros?

R: El sistema educativo español, por lo que hemos visto en los últimos años, apuesta por lo que llamaríamos la literatura como entretenimiento. La literatura como conocimiento no está presente en lo que llamaríamos la mentalidad cultural y política de hoy. Pero la pregunta sería, ¿quiere lectores el sistema educativo? Curiosamente, y tiene todo el sentido, claro, la industria sí quiere lectores. Ahora mismo, los datos de ventas de libros juveniles son bestiales...

P: Sí, pero ¡qué libros!

R: Eso es otra cosa. Habría que ver también cuáles son los libros no juveniles que tanto se venden. Al final, todo depende de los intereses de los lectores, pero hoy en día lo veo muy complicado porque tienen a su alcance tantas formas de entretenimiento y de conocimiento del mundo, directa o indirectamente, y que no exigen lo que llamaríamos el momento de lectura, que es un momento y un ocio en soledad, que lo siento muy difícil. El ocio en soledad hoy ya no se entiende como tal.

"El ocio en soledad ya no se entiende como tal"

P: A veces da la impresión de que leer es ir contra corriente.

R: Ver a un niño o a un joven leer una novela es un acto tan... Me gustaría saber qué opinan sus compañeros cuando les ven con un libro en las manos.

P: Los datos oficiales del último barómetro de hábitos de lectura en España nos dicen que el 65% de los españoles leen libros, que la mitad de ellos leen por lo menos una vez a la semana, y entre los lectores de 14 a 24 años, el 75% leen en su tiempo libre. ¿Usted se cree estos datos?

R: No, no me los creo. Lo que sí me creo son las ganas del Ministerio de que cada año aumente la cifra del tanto por ciento de gente que dice que lee. Hay estudios que desmienten ese dato a través de las rentas y los gastos de las familias, que hay una contradicción a partir de los estudios de las rentas.

P: ¿Usted cree que realmente las administraciones, en primer lugar, hacen todo lo que pueden y deben para promover una lectura, digamos, de calidad en los jóvenes? Y, por otro lado, ¿cree que están interesados en que los jóvenes lean y desarrollen ese espíritu crítico?

R: La administración lo que busca es prefabricar empleados, con el famoso plan Bologna, que acabó con la fanfarria del humanismo y el eslogan de que la educación está bien. Ahora, la educación es prepararte para el puesto de trabajo y eso es lo que se está haciendo. ¿Alguien que cuando llegue a casa, agotado, se ponga a leer? No, para eso están las plataformas, las redes. Lo que se busca es adocenar el pensamiento, no fomentarlo.

P: Y luego habría que lidiar también con los padres, que digan que ese libro que ha mandado no es adecuado...

R: Cuando daba clase, recuerdo haber mandado leer en clase *Cien*

años de soledad, y una señora me vino a decir era un libro muy crudo, que por qué no leían algo del padre **Coloma**...

P: Pues me temo que eso no ha ido mucho a mejor. Vuelvo a citarle: "La lectura no deja de ser el encuentro entre el texto de una obra y el lector concreto que abre el libro en un determinado momento de su vida." ¿Qué libro ha leído más de una vez y ha tenido la impresión de haber leído dos libros diferentes?

R: Un ejemplo clásico es **Crimen y castigo**. Yo lo leí muy joven, y a pesar de tener gusto por la literatura, la leí casi como si fuera una novela policiaca; cuando volví a leerla para escribir el apéndice de la colección, no tenía nada que ver, las capas existenciales que tiene son casi infinitas. Evidentemente, cuando uno lee, lo que está leyendo también es la auto novela de uno, que depende de las experiencias. Y las experiencias dependen del momento anímico que estés atravesando. Pero esa primera lectura... Esa primera lectura de un libro que te marca es como un primer amor...

P: El otro día me decía un amigo mío, hablando de un autor que le gustaba mucho, cuánto le gustaría poder volver a leerlo por primera vez, tener esa sensación única de descubrimiento.

R: También he tenido lecturas en sentido contrario. Cuando leí la primera vez **El cuarteto de Alejandría**, de **Lawrence Durrell**, me dejó deslumbrado. Y cuando volví a leerlos otra vez, mucho más mayor, me pareció de un romanticismo barato insoportable. Recuerdo también haber leído a **Faulkner** demasiado pronto... Y, luego, veinte años más tarde, vuelves a leerlo y es otra historia. Quizá haya libros que cuando los lees, no tengas novela propia suficiente para contrastarla.

P: Por cerrar este asunto de la lectura, ¿podríamos decir que leer es bueno, con independencia de que leamos a Faulkner, a Vargas Llosa o a Danielle Steel? Todo esto nos lleva esas afirmaciones del estilo de "leer nos hacer mejores" y todo eso...

R: Yo no soy muy partidario de estas teorías. Lo que sí que creo, después de toda mi experiencia, es que la lectura enseña dos cosas. Por una parte, enseña a ir despacio, algo que hoy en día me parece fundamental, y esto la lectura lo enseña. La capacidad de esperar hoy no existe.

P: Hay gente, especialmente joven, que ven las series a doble velocidad para ir más rápido.

R: Yo defendería la lectura para trabajar el concepto de la lentitud y de soledad. Y la otra cosa que aporta la lectura es el hecho de leer como releerse, lo que llamábamos antiguamente un acto de conciencia, de tomar conciencia de nosotros, de lo que somos, de lo que hacemos... La lectura tiene todavía esta capacidad, según qué libros, claro, para la auto observación. No tanto enseñar el mundo, que eso lo aprendes leyendo o no leyendo. Pero me parece que la lectura en el sentido de contrastar el texto con tu texto es muy importante.

P: Usted ha teorizado mucho sobre el proceso de lectura como tal, de la actitud, de la disposición del lector cuando está enfrentándose a un libro. En otro libro suyo, La cena de los notables, que por cierto, daría para que estuviéramos aquí hablando tres semanas, un libro fantástico...

R: A ese yo le llamo MI LIBRO.

P: De todo lo que he leído suyo, comparto su opinión. Bueno, uno de los aspectos en el que insiste en La cena de los notables es en la importancia de que nos fijemos en quién nos está narrando la historia. ¿Por qué es tan importante que sepamos, que valoremos, que calibremos quién es el narrador de esa novela?

R: Porque sólo así podemos averiguar qué quiere de nosotros. ¿Quién es este? ¿Por qué me cuenta lo que me cuenta? Es fundamental saber qué quiere de ti un libro. Siempre se ha dicho qué es lo que quieres tú de un libro, qué buscas en él. Pues vamos a darle la vuelta. Este libro, ¿qué quiere de mí? ¿Qué quiere esta novela de mí? ¿Qué quiere Madame Bovary de mí? Aparte de entretenerme y que sigas leyendo, que es lo primordial, ¿qué quiere de mí? Recuerdo que cuando daba clase

en el bachillerato antiguo, yo siempre les decía a los alumnos ¿os casaríais con Madame Bovary?

P: Que buena pregunta... ¿Y qué le decían?

R: A las chicas les preguntaba si se casarían con Charles Bovary. Ninguna se casaría con él, pero Emma...

P: ¿Usted se casaría con Madame Bovary?

R: Creo que sí, que me casaría con ella, aunque no sé si la haría feliz.

P: Otro de los temas que apunta en La cena de los notables es el pacto de responsabilidad entre el escritor y el lector. ¿Cómo se articula ese pacto?

R: Básicamente, es el nivel de exigencia que le pides a alguien que te está contando una historia. Primero, que te respete, y luego, ¿por qué me hablas? Ese es el pacto y lo tiene que establecer el lector, el nivel de exigencia que marcas. Yo lo llamo responsabilidad porque creo que uno es responsable de lo que elige leer, igual que uno elige con quien habla. Imagina que cuando me llamas, me dices que eres de **Zenda**, por poner un ejemplo duro, o de **La Razón**. Me habría disculpado, no estaríamos aquí.

P: Tengo una teoría que no sé si está relacionada con ese pacto de responsabilidad. Hay un par de autores de literatura fantástica, que son Patrick Rothfuss y George R. R. Martin, que tienen a sus lectores muy escamados. Rothfuss tiene una trilogía a la que le falta él último volumen, y Martin es el autor de la presunta heptalogía "Canción de Hielo y Fuego", de la que faltan los dos últimos libros. Ambos publicaron el último de estas sagas en 2011. Cuando el autor tiene al lector, digamos, cogido de ahí mismo, ¿no tendría él la responsabilidad de acabar lo que ha empezado? ¿Qué pasaría si Martin dice "no voy a acabar Canción de Hielo y Fuego, os jodéis. Lo voy a dejar así como está"? ¿Eso formaría parte del pacto del que estamos hablando o es otra cosa? ¿El autor tendría derecho a hacerlo como creador que es?

CONSTANTINO BÉRTOLO

¿Quiénes somos?

55

LIBROS DE LA LITERATURA
ESPAÑOLA DEL SIGLO XX

PERIFÉRICA

R: Eso es otra historia. Desde mi punto de vista, es una responsabilidad como comerciante. Oye, me has vendido un zapato, necesito el otro. Es una responsabilidad de un fabricante, que en este caso sería el escritor. Pero no es el pacto de responsabilidad del que yo hablo. Mi pacto sería que no me vendieran dos zapatos del pie derecho.

P: A veces se habla del lector adolescente casi de manera peyorativa, porque ese lector tiende a identificarse con los personajes. Cuando mi hijo tuvo que leer en el instituto El guardián sobre el centeno, de Salinger, no le gustó porque el protagonista le pareció un gilipollas, y no podía identificarse con él.

R: Todos llevamos un lector adolescente, a todos nos ha pasado y nos sigue pasando lo mismo que a tu hijo: no soportas al protagonista y no te gusta el libro.

P: Cito una frase literal suya: "Una lectura que renunciara radicalmente a la identificación primaria del lector renunciaría a lo propio de una novela, que es habitar en otra historia". Es decir, en el fondo, toda nuestra vida seremos lectores adolescentes.

R: Sí, lo llevamos dentro. Otra cosa es que nos limitemos a ser un lector adolescente. Tu hijo, que es un lector adolescente y no le gusta **El guardián sobre el centeno**, lo que no hace es preguntarse por qué no le gusta, más allá de *"me cae mal el protagonista"*. Esto es lo que no incorpora el lector adolescente simple. Ojo, tampoco incorpora el por qué me gusta lo que me gusta.

P: Vamos a hablar un poco de la crítica, con la que usted es muy duro: "La crítica literaria no deja de ser una actividad dependiente de los medios de comunicación de propiedad privada". A partir de ahí, la independencia del crítico queda en entredicho.

R. Habría que ver la independencia del medio, para evitar lo que pasó con **El hijo del acordeonista** e **Ignacio Echevarría**[1]. Un crítico es el medio donde publica.

P: Un amigo mío me decía el otro día que desde que El País vendió Alfaguara, Babelia era mucho más fiable. Pero también está la publicidad.

R: Claro. El crítico, como todos en esta sociedad capitalista, está, de alguna forma, obligado a venderse. Y el que se vende tiene que estar pendiente del cliente. ¿Quién es el cliente de un crítico que hace crítica en un diario? Puedes pensar que es el lector de ese diario, pero no es así. El cliente de ese crítico es el dueño de ese periódico.

P: ¿Y esas cosas siguen pasando? Lo que le sucedió a Ignacio Echeverría... ¿Le consta que le hayan dado recientemente un toque a algún crítico?

R: Es que últimamente no leo críticas porque casi no veo críticas que llamen la atención de nadie. ¿Cuántas críticas negativas leemos cada fin de semana?

P: Algunas, pero muy pocas, desde luego.

R: Quizá entre las veinte que salen, una o dos pone algún reparo. Yo creo que la última crítica de este estilo fue la que firmó **Jordi Gracia** del **Premio Planeta** que ganó **Sonsoles Ónega**. Desde mi punto de vista, es un acto de cinismo por parte del crítico, porque si quieres hacer crítica ahí, hazla del premio, no hagas crítica de un texto ni del jurado. ¿Qué es lo que pasa? Que no te atreves a decir públicamente que es un premio manipulado. Falso radicalismo.

---

[1] El 4 de septiembre de 2004, el crítico literario Ignacio Echevarría publicaba una reseña demoledora de la novela de Bernardo Atxaga, El hijo del acordeonista (Alfaguara, 2004). Se dieron las circunstancias que Atxaga era portada del suplemento Babelia en el que aparecía la crítica, junto con una extensa entrevista con el novelista; que Alfaguara era una editorial, en ese momento, que pertenecía al grupo PRISA (propietario también de El País); y esta crítica fue la última que publicó Echevarría en El País, ya que el 9 de diciembre, el crítico enviaba una carta al director de opinión de El País, Lluis Bassets, en la que le informaba que dejaba el periódico. Durante ese intervalo de tiempo, Echevarría envió varias reseñas al periódico que no fueron publicadas, y en un intercambio de cartas con Bassets, éste le dijo el 29 de octubre que "dudaba aún sobre qué hacer" con él. Ese lapso tan largo llevó a Echevarría de dejar el periódico voluntariamente, al entender que ya no era bien recibido en el equipo de dirección.

P: Si usted tuviera que buscar ahora buena crítica literaria, que le mereciera confianza, independiente, ¿dónde la buscaría?

R: Algunas cosas que leo en Contexto merecen la pena. Yo he dejado casi de leer, no de mirar, pero sí de leer, los suplementos literarios. Me parecen tan predecibles...

P: El otro día hice una búsqueda rápida, sin complicarme demasiado la vida. En Babelia, por ejemplo, colaboran, entre otros, José María Guelbenzu, Leonardo Padura, Laura Fernández, Kiko Amat, Use Lahoz, Sara Barquinero, Carlos Zanón, Luna Miguel... La lista de autores que escriben literatura y publican crítica sería casi infinita. ¿Es ético ser juez y parte a la vez en este mundillo?

R: Desde mi punto de vista, no. Yo, por ejemplo, dejé de hacer crítica cuando me metí en el mundo editorial. Pero hay editores que siguen haciendo crítica. No, no, no es posible. Hay condiciones objetivas de la crítica que no lo permiten. Si tú estás jugando un partido en ese campo, no puedes ser el árbitro, porque vas a pitar siempre a tu favor.

P: No sé si procede la comparación, pero si miramos atrás, a los años 80 y 90... Creo que cada vez hay menos crítico independiente en el sentido de que se gane la vida haciendo solo crítica. Ahora, la mayor parte de los autores, seguramente para poder sobrevivir, tienen que hacerlo.

R: También es verdad que la crítica ha perdido la capacidad que tenía en los 80 y los 90. Hoy, la crítica no tiene capacidad para mover libros. Cuando yo empecé a hacer crítica, una buena reseña de **Rafael Conte** vendía mil ejemplares. Hoy, una buena crítica, si vende cincuenta, ya es un éxito. Y llamo buena crítica a la que vaya en página impar y en la parte superior de la página.

La crítica ha perdido la capacidad de influencia que tenía en los años 80 y 90

P: Cuando usted habla de la figura del crítico y la lectura fraudulenta, ¿a qué se refiere?

R: Desde mi punto de vista, el crítico, como cualquier otro vendedor, tiene que hacer carrera. En la cabeza de cualquiera de nosotros está venderse, ¿no? Y para venderse, hay que construirse. ¿Y cómo te construyes? Pues a lo mejor, en algún momento, un crítico descubre que tiene que poner mal un libro para dar un paso adelante en su vida, para construir ese personaje al que aspira. *"Llevo cinco críticas hablando bien, esto no puede ser, se van a creer que soy un mal crítico".* Muchas críticas se adaptan a lo que el cliente (el editor) espera de ellas: puede ser que el libro no le haya gustado al crítico, pero sabe lo que debe escribir. Y al revés, también pasa. Pero es lo que te he dicho antes, la crítica negativa ha desaparecido como norma, salvo el típico libro comercial al que es fácil pegarle el palo.

P: Recuerdo dos críticas firmadas por Padura de lo último de Jo Nesbo (Eclipse) y Murakami (La ciudad y sus muros inciertos), poco entusiastas, pero no destructivas.

R: Es lo máximo que puedes encontrarte ahora. Al menos, Padura dispara medio alto. ¿Qué iba a hacer él metiéndose con **Sonsoles Ónega**? Un crítico, entre otras cosas, se construye a base de a quién critica.

P: En La cena de los notables ya hablaba del impacto que podría tener Internet. Ahora que han pasado unos cuantos años de ese libro, creo que podemos decir que el impacto ha sido brutal. Tengo la impresión de que la crítica (¿literaria?) se ha democratizado, y ahora ya cualquiera puede hacerlo en YouTube, en TikTok, en Twitter...

R: Con lo cual, ha perdido capacidad de influir.

P: Antes, el canal de la crítica, quizá fuera un poco elitista, nos llegaba a través de un conducto estrecho en el que podías confiar en esas personas...

R: Estaba legitimado, tenía prestigio, mientras que hoy... Lo que puedan hacer todos no tiene ya ningún valor.

P: El 90% de los vídeos que ahora sustituyen a la crítica en papel empiezan con un "Me acaba de mandar la editorial XXX este libro..." y luego se marcan un panegírico glorioso...

R: La crítica se ha convertido simplemente en un medio de publicidad. Lo que vale es que hables de ella. ¿Qué quiere un editor hoy en día? Que hablen de su editorial, aunque sea mal, y cuanto más se hable, mejor. Se ha sustituido lo que llamaríamos la calidad por la cantidad. Pero esto lleva su penitencia. La crítica actual sólo tiene capacidad de crear cantidad, no de crear prestigio. Y curiosamente, es la edición en papel la que te consagra. Es más, los autores que empiezan vendiendo mucho en digital, terminan pasando al papel. Y saben que es un rango distinto.

P: Quería preguntarle por las políticas de censura y cancelación. En Estados Unidos estos libros están prohibidos en muchos institutos: Las aventuras de Tom Sawyer, Lolita, El cuento de la criada, La casa de Bernarda Alba, Sueñan a los androides con ovejas eléctricas, por citar títulos muy conocidos. En el curso 2023-2024 se prohibieron más de 10.000 títulos. Esto, en la democracia más antigua del mundo.

R: Vamos a ver... Yo creo que estaría bien que no hubiera restricciones a la publicación de cualquier texto. Ahora bien, censura siempre ha habido. Y no censura de este tipo. Te pregunto... ¿Cuántas novelas has leído en las que el protagonista sea un fontanero? ¿Cuántas novelas has leído en donde el protagonista trabaje de cajero en un banco? ¿Y cuántas has leído en las que el protagonista es un escritor o un periodista? Para entendernos, la sociedad, de alguna forma, decide qué leer o qué no leer. Y por otro lado, la industria editorial es un sistema de censura que decide qué texto es literario y qué texto no. Siendo educado, digo que es una aduana, pero siendo realista, es un sistema de censura que decide qué textos tienen derecho a poder ser percibidos como literatura y qué textos no pasan ese filtro.

P: A nosotros nos llega un porcentaje ya muy cribado por un criterio que no necesariamente es literario.

R: Sí es un criterio literario. Ahora bien, ¿quién es el dueño del criterio literario?

P: Yo creo que estamos hablando de un criterio comercial, más que de un criterio literario

R: No sé, hace muchos años nadie diría que **Pérez Reverte** *era un* autor literario. Hoy sí. ¿Qué sucede cuando en los años 80, la editorial Planeta, que era una editorial literaria que carecía de prestigio literario, empieza a publicar a

Vázquez Montalbán, a **Semprún**, a **Marsé**, a **Benet**? Ahí empieza a producirse un campo de confusión de identidad donde la frontera entre la literatura comercial y la literatura literaria empieza a desdibujarse. Y ahora vivimos en tiempos en donde todo esto se ha perdido. Es más, si hablas bien de un autor porque te parece que tiene una alta exigencia literaria, no le estás haciendo ningún un favor.

P: Y esta tendencia canceladora que protagoniza Estados Unidos, ¿puede terminar llegando a España?

R: ¿Recuerdas que hace diez años se publicaran tantas primeras novelas de autoras? Tengo amigos que les han rechazado la novela, y cuando la han presentado con pseudónimo femenino, se la han aceptado. En este momento, la tendencia editorial, la tendencia del mercado está primando inevitablemente la tendencia social en la que las mujeres tienen muchísimo más peso que tenían hace diez o quince años. ¿Esto es una forma de cancelación? No, es algo que responde a lo que está pasando en la sociedad. Como yo digo, seguramente todos estamos cansados de leer lo que quieren decir los tíos y queremos saber lo que quieren decir ellas.

P: Quizá la cancelación, de hacerla, debe ser un proceso individual del lector, que decide libremente leer o no leer un libro, no de una administración pública que determina lo que se puede o no leer.

R: Estoy de acuerdo contigo. ¿Por qué uno elige leer un libro y no otro? Y ahí viene, para mí, la pregunta fundamental: ¿cómo llega el libro a ti? ¿Cuál es el proceso a través del cual un libro te llega? Ese proceso, además, marca mucho la lectura. Las expectativas con las que abres la primera página están marcadas por el proceso previo de cómo te ha llegado el libro. A mí me parece fundamental estudiar eso y ahí es donde entra en juego el papel de la publicidad, de los medios de comunicación, de la crítica. Tú, como librero, lo sabrás de sobra. Qué libros tienes que poner en la mesa y cuáles no...

P: Bueno, nosotros somos un poco raros en eso, pero es cierto que al final, tienes que vender lo que tienes que vender: aunque no te guste, no puedes darle la espalda a la realidad. Hablando de cómo llegan los libros al lector. Recuerdo cuando leí El mago, de John Fowles, un libro fascinante. Yo estaba estudiando periodismo, y paseaba por la biblioteca buscando algo para leer. Cogí ese libro, leí la contracubierta, y me dije, "este libro me está llamando a mí". No había oído hablar del autor, no sabía nada él, ni de la obra... Pero fue como un amor a primera vista. ¿Por qué lo cogí? ¿Porque era el amarillo de Anagrama?

R: De entrada, lo cogiste porque estaba, que ya es la hostia. No sé qué tipo de librería tienes, aunque me la imagino.

P: Generalista.

R: ¿Cuántos libros devuelves sin salir de la caja?

P: Pocos, porque no solemos pedir grandes cantidades de muchos libros, pero sí es cierto que el trabajo de selección que hacemos, bueno o malo, es brutal, para intentar dotar a la librería de una cierta personalidad. Hay muchos libros publicados en España que no han entrado nunca en Hojablanca.

R: Viene a ser lo mismo. Un lector no puede comprar un libro si no está en su librería, ni tomarlo en préstamo de una biblioteca si ésta no lo hubiera comprado antes.

P: Creo que fue Susana Rodríguez, editora de mesa de Errata Naturae, que me contó que un librero amigo había hecho un estudio de cuántos libros devolvía al cabo del año sin haber vendido un solo ejemplar. Y era más del 80%...

R: Que sí, que sí. Es una locura.

P: Cuando usted habla del escritor, dice que tienen que darse dos premisas: que tenga algo qué decir y que ese algo que tenga que decir, sea leído o escuchado por alguien. ¿Por qué ahora todo el mundo cree que tiene algo qué decir? Porque estamos viviendo un momento de sobreproducción editorial a unos ritmos nunca conocidos hasta la fecha.

R: Primero, porque se ha generalizado la capacidad de escribir.

Nosotros no nos damos cuenta, pero hace mil años, o setecientos o doscientos, ¿quién escribía? No diría que se ha democratizado la escritura, pero sí que se ha generalizado. Y luego, por lo que hemos hablado al principio. La autoridad está cuestionada y todo el mundo se dice ¿y por qué yo no? Te voy a poner un ejemplo un poco indirecto, pero que yo creo que está relacionado. Una de las formas de publicación que a mí me extraña que se haya generalizado tanto son los tatuajes. Los tatuajes son un texto que tú escribes y te lo haces para que lo lean. Esto era inimaginable hace unos años. ¿Nos imaginábamos ver por la calle la gente con su texto puesto? La gente quiere ser leída. Pero, evidentemente, es mucho más fácil hoy publicar, entre otras cosas porque el coste de la publicación se ha abaratado.

P: Con independencia de eso, creo que la gente ha perdido completamente el pudor. A nosotros nos llegan muchos libros autopublicados y algunos te haces cruces de cómo alguien puede haberlo publicado. Ya no es sólo el contenido, me estoy refiriendo a esas editoriales que se aprovechan del autor con una maquetación inexistente, con una portada espantosa, sin una mínima corrección de erratas y ortotipográfica...

R: Si hablamos de editoriales normales, no de autopublicaciones, al final es ensayo y error. Se está buscando talento, a ver si de cada

Constantino Bértolo
La crítica como combate

diez, puedo vender uno. Y otra cosa, ¿cuántos años tienes?

P: Cincuenta y seis.

R: Entonces te acordarás de cuando hablar bien de uno mismo estaba mal visto. Hoy, todo el mundo habla bien de uno mismo, es lo primero que hace. Así que, en ese sentido, ¿por qué no voy a escribir también?

P: Recuerdo una sección de un programa de radio al que se invitaba a un autor, una especie de consultorio literario, y la gente le pedía recomendaciones de libros para olvidar un desamor o la pérdida de alguien querido, para subir la autoestima, para desconectar de la realidad. Y el día que invitaron a Elia Barceló, recomendó a todo el mundo libros suyos.

R: Es que como tú has dicho antes, la pérdida del pudor es total. De ahí el éxito generalizado de la auto ficción. Lo que ha sucedido es que todos nos hemos transformado en viajantes de comercio.

P: Es importante la educación literaria del lector. Pero ¿cómo se puede educar el lector actual si todas las semanas pueden llegar a una librería más de cien novedades? ¿Qué criterio tiene que seguir ese lector? ¿Cómo se puede formar o gestionar esa educación literaria?

R: Es casi imposible porque lo que son los libros que llegan mayoritariamente a los lectores... Ahí la cadena comercial es bestial. Qué editoriales entran, qué editoriales no, qué novedades llevo a mi mesa... Hoy la crítica no vende, pero las entrevistas sí. Lo que vende es el personaje, la marca... Yo me pregunto ¿por qué motivo la gente se acerca a un libro hoy? ¿Cuál es el interés que tiene? Eso lo tienes que ver tú en la librería...

P. Hay lectores para todo. Gente que son de determinadas editoriales, o de géneros, gente que apunta títulos de los suplementos literarios, y generalmente, son elecciones poco comerciales, gente muy fiel a un autor, casi militante...

R: Yo siempre digo, un poco en broma, ¿quiénes son los lectores de **Anagrama**? Gente que quiere escribir. ¿Quiénes son los lectores de **Alfaguara**? Gente que quiso escribir. ¿Quiénes son los lectores de **Planeta**? La gente que nunca quiso escribir.

P: ¿Cómo diría que ha evolucionado el mercado editorial que usted conoció en los años 80 comparado con el actual?

R: Ha ido a peor por dos mecanismos. Es la propia aceleración del capitalismo. Hoy tienes que vender en un plazo muy corto. Si no vendes en tres meses, o menos, ya no vendes, estás fuera. Y luego hay otro mecanismo nefasto desde mi punto de vista que es la preventa. Antes de decidir los ejemplares que vas a tirar, has hecho un sondeo, así que ya sabes, más o menos, qué tipo de respuesta vas a tener. Digamos que el marketing se ha convertido en el editor real y esto se ve claramente. Antes, los editores veníamos de la crítica. Ahora los editores vienen del mundo del marketing. Hubo una época, en el medio, que eran periodistas porque tenían agenda, pero la agenda ya no es lo que era.

P: Me decía Luis Solano, de Libros del Asteroide, sobre la importancia de editar bien un libro, que él tenía que editarlo, pero luego, tenía que venderlo.

R: Claro, con lo cual, cuando eliges lo que quieres publicar, la elección ya viene muy condicionada. Al final, los pies de un editor, que se supone que es la red comercial, han acabado infectando el cerebro.

Breve historia, e incompleta, sobre las editoriales de terror

POR OLIVIA VICENTE

ILUSTRACIÓN DIVERGENTE[84]

> *El mundo tiene dientes y te puede*
> *morder con ellos las veces que quiera.*
>
> *La chica que amaba a Tom Gordon,* STEPHEN KING

Desde que tomamos conciencia de nuestros miedos, empezamos a inventar historias para exorcizarlos, para sacarlos de nuestras pesadillas y convertirlos en mitos, folclore, ritos religiosos o meras supersticiones más tangibles que la incertidumbre ante lo desconocido.

A esas narraciones las bautizamos de diversas maneras: gótico, terror realista, terror psicológico, terror paranormal o sobrenatural, horror cósmico, gore, *slasher, thriller, folk horror,* terror urbano o de ciencia ficción. Son los nombres de las múltiples caras del espanto. Cuando don Juan Manuel compuso *El Conde Lucanor* o *Libro de los ejemplos del Conde Lucanor y de Patronio*, aún no existían tales etiquetas. Él escribía para dar consejos a los nobles de su época. También para expiar sus culpas. Corría el año 1325 cuando las Cortes de Valladolid sancionaron el matrimonio entre el quinceañero Alfonso XI y Constanza, la hija de doce años de don Juan Manuel. Con este enlace, pretendían acabar con la enemistad entre las familias. Sin embargo, el matrimonio nunca llegó a consumarse a pesar de los desposorios. Alfonso y Constanza necesitaban una dispensa eclesiástica para permitir la unión entre primos segundos. Nunca llegó y Alfonso XI tampoco quiso esperar: trasladó a Constanza de Valladolid a Toro y la tuvo encerrada hasta que se casó con María de Portugal. Don Juan Manuel, que ya había tenido una larga historia de desavenencias con el rey y su madre, María de Molina, no se lo tomó nada bien y en 1327 declaró la guerra. Ni corto ni perezoso se alió con los aragoneses y mandó una carta al reino de Granada para pedir su apoyo. La cartita cayó en las manos de Alfonso XI y se truncaron los planes de don Juan Manuel. La relación con el rey estuvo jalonada de tiras y aflojas que el autor, nacido en Escalona, plasmó en diferentes textos. En «Lo que sucedió a un hombre que se hizo amigo y vasallo del diablo», ejemplo XLV de *El Conde Lucanor*, don Juan Manuel recogió la historia de un hombre que, venido a menos, realiza un pacto con el Diablo para recuperar y acrecentar sus riquezas

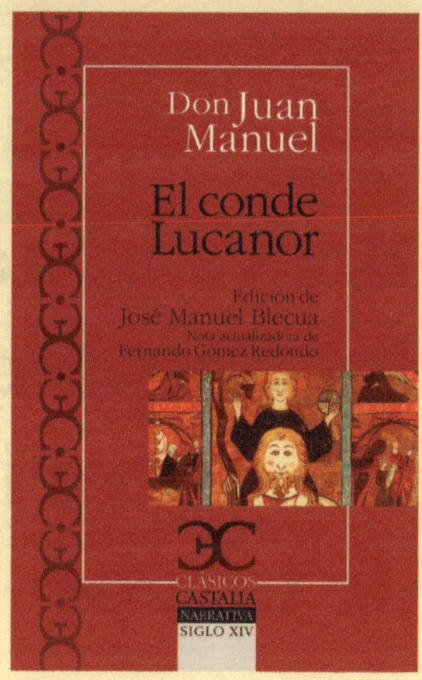

a través del robo. Hacia el final del apólogo, recuerda el destino funesto de un caballero destacado de Alfonso XI, Álvar Núñez Osorio, que cambió de bando a favor de don Juan Manuel y terminó asesinado. Quizás arrepentido de sus pretensiones o solo buscando congraciarse con su sobrino, el autor escribió varios cuentos de lección moral en los que entonaba su *mea culpa*. El XLV es muy especial, ya que marca, junto al «Ejemplo del ladrón que hizo carta al diablo por su ánima», de El libro de buen amor, los inicios de la literatura de terror en español. A don Juan Manuel y a Juan Ruiz, el Arcipreste de Hita, autores coetáneos, les seguirán, como miguitas en el camino, Francisco de Quevedo con *El sueño de las calaveras* (1627) y María de Zayas con *Parte segunda del sarao, y entretenimiento honesto* (1649) hasta que el siglo XIX se pueble con los habitantes de lo sobrenatural. Pero antes de llegar a los excesos románticos, la literatura de terror encontró siglos atrás las fuentes de sus temas y formas.

Juan Ruiz
Arcipreste de Hita

Libro de buen amor

Edición de
Alberto Blecua

CATEDRA
Letras Hispánicas

Ya en la Antigüedad disfrutábamos de monstruos, almas en pena y parajes amenazadores. En la versión babilónica clásica de *El Poema* o *Epopeya de Gilgamesh*, redactada por el escriba Sîn–lēqi–unninni (XIII-XII a.n.e.), el héroe se enfrenta a criaturas gigantes y feroces. Incluso a la muerte. Siglos después, en la *Odisea* (c. 700 a.n.e.), Homero introduce en la literatura occidental el primer encuentro con fantasmas. Guiado por la maga Circe, Ulises desciende al Hades para conocer del adivino Tiresias su futuro y el estado en el que se encuentra su reino, Ítaca. Por el camino, se topa con su madre, Anticlea, y varios amigos ya fallecidos. Plinio el Joven (siglo I n.e.), en una carta le pregunta a Licinio Sura, un patricio romano poderoso, acerca de los fantasmas y le cuenta que existe «en Atenas una casa grande y espaciosa, pero abominable y pestilente», donde por la noche «se escuchaba un ruido de metal y [...] un estruendo de cadenas» que antecedía al espectro que habitaba entre cuatro paredes, cita que recoge Alejandra Guzmán en *Fantasmas, apariciones y regresados del más allá*. En el mismo siglo, hacia el año 60, los licántropos u hombres lobo campean a sus anchas en el *Satiricón*, de Petronio. La novia cadáver sale de su tumba en el cuento de *Filinion y Machates*, narrado por Flegón de Trales (siglo II n.e.) y después por Proclus (siglo V n.e.). Durante la Edad Media, las calaveras, las danzas macabras, el infierno y sus anillos, así como el purgatorio, contribuyen a dar forma a la obsesión por la lucha entre el bien y el mal, lo divino y lo demoníaco, que proseguirá en obras tan conocidas como el *Doctor Fausto* de Marlowe o el *Macbeth* shakespeariano. En el siglo XVIII, Daniel Defoe, más conocido por *Robinson Crusoe*, redacta un panfleto en el que relata *La aparición de la señora Veal a la señora Bargrave en Canterbury el 8 de septiembre de 1705, al día siguiente de la muerte de la primera*. Otro autor contemporáneo, Antoine Galland, publica Las mil y una noches con añadidos que recalcan la violencia, la escenografía exótica, la presencia de espíritus y las prácticas aberrantes, como la necrofagia.

Con estos antecedentes, surge la literatura fantástica y de terror, géneros que suelen caminar juntos. Pero ¿a qué nos referimos con *terror*? Esta pregunta, en apariencia de respuesta obvia, tiene miga. Y mucha, porque los estudiosos no se ponen de acuerdo. Simplificando, el terror es a las ideas lo que el horror al cuerpo. Aquel afecta a lo que piensan los personajes o los lectores sobre los sucesos que se narran; el horror, en cambio, se enraíza en la carne, en el estómago, en las vísceras, en las sensaciones que se desencadenan en nuestra anatomía. Sin entrar en polémicas que puedan desembocar en un duelo a medianoche, vamos a considerarlos —y pido perdón de antemano por mi falta de purismo y prurito—, sinónimos. Mediante el suspense, la violencia, las atmósferas asfixiantes y los escenarios lóbregos, los protagonistas se dan de bruces, a través de encarnaciones más o menos simbólicas, con los temores de una época, temores que son hijos del momento histórico. Curiosamente, existen fuertes paralelismos entre el siglo XIX y este que vivimos. Por ejemplo, en nuestra época hemos encontrado, gracias a la exploración espacial, fósforo en la luna de Saturno y agua líquida en el subsuelo de Marte; en medicina y biología, conseguimos descifrar el genoma humano, reprogramamos células y diseñamos microbios, células y hongos para que funcionen como fábricas de medicamentos dentro de nuestro cuerpo; en arqueología, hallamos restos de un ser humano, llamado Ardi, que se remontan a hace 4,4 millones de años; y, en física, descubrimos el grafeno, el material más delgado del mundo. Mientras alcanzamos estas metas, decisivas en distintos ámbitos del saber, unas mentes preclaras gritan en redes sociales que el agua no hidrata o que las gafas de sol son culpables de que nos quememos en las horas de mayor radiación. En el pasado, también hubo luces y sombras. Las supersticiones y creencias en el diablo, los exorcismos, la brujería y los males de ojo convivieron durante el siglo XIX con hitos esenciales para el progreso humano: Robert Fulton construyó en 1807 el barco de vapor y Richard Trevithick, unos años antes, la locomotora de vapor; Nicéphore Niépce tomó la primera fotografía en 1826; la anestesia de William Morton cambió por completo la cirugía en 1846; Samuel Morse desarrolló el telégrafo y dos décadas después, en 1854, Antonio Meucci revolucionó la comunicación a larga distancia con el teléfono; Louis Pasteur y Claude Bernard mejoraron la salud pública con su proceso para conservar alimentos y prevenir enfermedades en 1864; Alfred Nobel mezcló nitroglicerina con diatomita creando así la dinamita en 1867; Thomas Alva Edison, inventor del fonógrafo, perfeccionó en 1880 la bombilla eléctrica y llevó la luz a los hogares y poblaciones; Nikola Tesla diseñó el sistema práctico de corriente alterna a finales de la misma década; el vehículo motorizado de Carl Benz, en 1886, inició la automoción; Wilhelm

Conrad Röntgen descubrió los rayos X en 1895, un avance decisivo para la medicina moderna; los hermanos Lumière inventaron el cinematógrafo en 1895; y Felix Hoffmann sintetizó la aspirina en 1899, un analgésico que todas las familias tenemos en casa.

La literatura de terror no es un contrapunto de la ciencia y la tecnología sino un perfecto catalizador de la sociedad. Más allá de la evasión, propone un análisis de los problemas que aquejan al individuo contemporáneo evidenciando sus ansiedades, sus dudas, sus represiones. A partir de la segunda mitad del siglo XVIII, aparecen las obras y los autores canónicos del terror: Horace Walpole (*El castillo de Otranto*, 1764), Ann Radcliffe (*Los misterios de Udolfo*, 1794), Matthew Lewis (*El monje*, 1796), E. T. A. Hoffmann (*El hombre de arena*, 1816), Mary Shelley (o *el moderno Prometeo*, 1818), John William Polidori (*El vampiro*, 1818), Théophile Gautier (*La muerte enamorada*, 1836), Prosper Mérimée (*La Venus de Ille*, 1837), Robert Louis Stevenson (*El extraño caso del doctor Jekyll y míster Hyde*, 1886), Guy de Maupassant (*El horla*, 1887), Oscar Wilde (*El retrato de Dorian Gray*, 1890) y Bram Stoker (*Drácula*, 1897). Pero, sin lugar a dudas, el escritor fundamental para la difusión y estabilidad del género fue el irrepetible **Edgar Allan Poe** (1809-1849), quien no solo sentó sus bases, sino que también abrió las puertas del relato policial con su detective Auguste Dupin. Entre sus obras me gustaría destacar *El pozo y el péndulo* (1842), cuento que se ambienta en una ominosa cárcel del Toledo inquisitorial. La mirada de Poe se traslada desde la amenaza física de la mazmorra al interior de su personaje en un dominio glorioso de la descripción de sus diferentes estados de ánimo. El desgraciado prisionero se enfrenta a trampas mortales en un *crescendo* que culmina en un final sorprendente. La estela de Poe, rica e inagotable, se rastrea en las narraciones de Stephen King o Mariana Enriquez, herederos y reyes actuales del género.

Los cuentos de Edgar Allan Poe comenzaron a circular en periódicos y revistas como el *Philadelphia Saturday Courier*, *Southern Literary Messenger*, *Graham's Lady's and Gentleman's Magazine*, *Philadelphia Dollar Newspaper* o en *Saturday Evening*

Post. Los escritores, que solían firmar crónicas y críticas culturales, también publicaban en los diarios sus relatos y novelas por entregas. En Inglaterra, durante la efervescencia industrial, se popularizaron los penny *dreadfuls*. Por un penique, estas publicaciones seriadas ofrecían crímenes, misterios y aventuras para todos los monederos, como harán los bolsilibros en España el siglo XX. El contenido truculento servía de válvula de escape para la clase obrera, acostumbrada, por desgracia, a la explotación. Leyendo los *penny dreadfuls* o *penny bloods* de *Sweeney Todd*, *Varney The Vampire* o *The Misteries of London* hombres y mujeres se escapaban por unos instantes del hambre, las enfermedades, la falta de higiene, los salarios irrisorios y las deudas inasumibles, las jornadas laborales de hasta 18 horas en fábricas con nulas medidas de seguridad, donde las bajas temperaturas en invierno y el calor sofocante en verano podían acabar con sus vidas.

La literatura de terror inglesa penetró en España a través de Francia, lo que produjo, ante la cálida recepción de los lectores, una respuesta censora por parte de la monarquía borbónica. Todo aquello que pudiera atentar contra el orden establecido era prohibido. La censura se ejercía sobre las obras afrancesadas, susceptibles de despertar una revolución a tajo de guillotina, pero también sobre aquellas que se salían de los moldes tradicionales. Por eso, la novela gótica, que germinaba en terrenos menos acotados, apenas

fue cultivada. En uno de los pocos ejemplos, el autor, Agustín Pérez de Zaragoza, tiñó de fines educativos a su *Galería fúnebre de espectros y sombras ensangrentadas* (1831) para sortear la censura. Otro factor que influyó en la escasa producción local nació de la idiosincrasia nacional. Si se mantenía la creencia en el Diablo, ¿qué lugar ocupaban las narraciones de terror? Insignificante. Toda literatura implica presupuestos estéticos y las supersticiones eran demasiado reales para necesitar una expresión metafórica. De este modo la novela de terror en nuestro país solo empleó algunos recursos del género y, en general, era tildada de subliteratura por los teóricos y el público más culto. En cambio, los escritores encontraron en el cuento el género adecuado para la expresión de sus nuevos gustos. La proliferación de revistas como vehículo de composiciones cortas favoreció que fuera la pieza clave para la expresión de lo macabro, lo sentimental, lo fúnebre, lo fantástico, a imitación de las leyendas folclóricas o de los relatos de E. T. A. Hoffmann y Edgar Allan Poe. Estas revistas ofrecían variedad de géneros, incluyendo el misterio y el terror. Por ejemplo, la revista *No me olvides* (1837-1838) acogió cuentos de terror y relatos fantásticos, aunque de manera menos sistemática que los *penny dreadfuls* ingleses. El relato *La pata de palo*, de José de Espronceda, apareció en *El Artista* en 1835. Las conocidísimas leyendas de Gustavo Adolfo Bécquer, escritas entre 1858 y 1865, se publicaron por entregas en *El Contemporáneo*,

La Crónica de Ambos Mundos, *La América* o el *Diario de Alcoy*. *La resucitada* (1896), una de las narraciones cortas más conocidas de Emilia Pardo Bazán, se dio a conocer en *El Imparcial*.

En la primera mitad del siglo XX, se publicó muy poca literatura de terror a pesar de la demanda. Tras la Guerra Civil y los primeros y nefastos años de la dictadura, en los 50, aprovechando el fin de la crisis del papel, se reactivaron las publicaciones populares con *El Coyote* de José Mallorquí Figuerola y las novelas de Corín Tellado. El terror se volvió rentable, también en las taquillas. Los periódicos publicitaban los estrenos cinematográficos del momento porque veían en las películas la defensa de valores afines al régimen. Los *malos* eran castigados por no respetar la moral cristiana y caer en el vicio o ideas afines al comunismo. Las salas nacionales proyectaron éxitos extranjeros como *La invasión de los ladrones de cuerpos* (1956) o el taquillazo de *Psicosis* (1960). Esta apertura, benévola para las importaciones, no lo fue tanto para la producción española, a la que se seguía mirando con recelo. A través del cine y de la televisión entró paulatinamente el modo de vida norteamericano y los chicos y chicas se apresuraron a imitarlo. La cultura pop y, en concreto, la rebeldía del terror les atraían tanto que las asumieron como una seña de identidad frente a sus mayores, símbolo de lo nacional caduco e intransigente. Las salas rebosaban con *El resplandor* (1980) de Stanley Kubric, *Viernes 13* (1980) de Sean S. Cunningham, *La cosa* (1982) de John Carpenter, *Poltergeist* (1982) de Tobe Hoopeer o *Pesadilla en Elm Street* (1984) de Wes Craven. Los taquillazos condujeron a un redescubrimiento de lo fantástico y terrorífico también en los libros. Incluso a su normalización. El terror pasó de ser la lectura de los raritos a un género que se hacía popular entre los más jóvenes. En 1969 Alianza sacó *Los mitos de Cthulhu*, escritos por el autor norteamericano H. P. Lovecraft entre 1921 y 1935. Con la traducción de Francisco Torres Oliver y los estudios del psiquiatra Rafael Llopis nacieron sus imitadores en español. Durante la década de los 70, el terror ocupó una posición destacada en los catálogos de Acervo (*Narraciones Terroríficas*, 1961-1974), Rumeu (*Mundos Tenebrosos*,

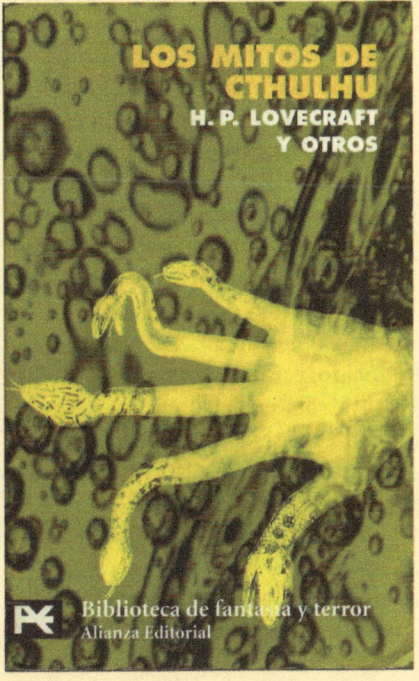

Serie de Ultratumba y *Terror Extra*), Rollán (*Terror*, 1972-1974), Andina (*Terror*, 1975-1982) y Fórum (*Serie Thanatos*, 1984-1985). Este auge impulsó las revistas de nicho (*Myne Magazine*, *Nueva Dimensión*, *Terror Fantastic* o *Vudú*) y el nacimiento de la primera revista sobre el cómic de terror: *Dossier Negro*. Además, muchas editoriales, ajenas al género, se subieron a este barco con colecciones y antologías de obras traducidas sobre todo del inglés, como los *Mitos básicos del terror* (1974), de Alfaguara, o *La biblioteca de Babel* (1983) y *El ojo sin párpado* (1987), de Siruela. Paralelamente, y completando la presencia en otros medios, nació la divulgación sobre misterio, ocultismo y parapsicología en publicaciones y programas televisivos como *Más allá* (1976-1981), de Fernando Jiménez del Oso.

La demanda arrolladora fue desactivando poco a poco la censura: por un lado, el descenso del analfabetismo en la población facilitó el acceso a publicaciones de bajo coste; por otro, la activación del mercado editorial exigía una censura transigente para satisfacer la compra de los lectores. Surgieron entonces los **bolsilibros**, que, gracias a su bajo coste y tamaño reducido, estaban pensados para leer de un tirón, coleccionar los números y canjearlos con los amigos. La colección *Selección Terror* alcanzó los 617 títulos desde que iniciara su andadura con Bruguera en 1973, a 15 pesetas, y la concluyera con el Grupo Zeta en 1985, a 75 pesetas. Las novelas, de 90 a 120 páginas, estaban dirigidas a la clase media

y trabajadora, y se inspiraban en tópicos y argumentos que copiaban sin pudor. De mejor calidad, y más innovadora, la *Biblioteca Universal de Misterio y Terror*, de Ediciones UVE, sumó 40 números. Cada uno contenía siete u ocho relatos de autores consagrados (Edgar Allan Poe, Bram Stoker, Shreidan Le Fanu) y otros españoles menos conocidos que solían elegir pseudónimos para esconder su identidad y evitar así que la nómina se repitiera demasiado: *Silver Kane* (Francisco González Ledesma), *Lou Carrigan* (Antonio Vera Ramírez), *Curtis Garland* (Juan Gallardo Muñoz), *Ada Coretti* (Isabel Irigaray Echevarri), *Burton Hare* (José María Lliró Olivé), *Ralph Barby* (Rafael Barberán Domínguez y Àngels Gimeno), *Clark Carrados* (Luis García Lecha) y *Joseph Berna* (José Luis Bernabéu López). En sus cuentos homenajeaban al padre del horror cósmico, Howard Phillips Lovecraft (1890-1937), así como la huella de Poe, Franz Kafka, Alfred Hitchcock o Julio Cortázar. Entre sus mayores innovaciones, se encuentra la transformación de elementos cotidianos —cangrejos, ordenadores, alfombras, anillos, cuadros— en monstruos que amenazan la tranquilidad y la vida de los personajes, no sin ironía o tintes grotescos. Locos, asesinos, criaturas primigenias, *doppelgängers* o dobles que usurpan la identidad, hombres transformados en bestias experimentan el caos del universo, la difusa línea que separa el orden natural de su ruptura, y, conducidos por sus debilidades, sucumben a crímenes horribles y perversos.

En la actualidad el género está de suerte. Los amantes de las historias truculentas podemos elegir entre un abanico generoso de editoriales españolas especializadas parcial o totalmente en darnos patatuses. La clásica Minotauro se renovó en 2001 al pasar al Grupo Planeta. La editorial se dedica desde 1955 a la ciencia ficción y literatura fantástica. Ha sido fundamental a la hora de traer a nuestro país a autores como Ursula K. Le Guin, Ray Bradbury o J. R. R. Tolkien. ¿Quién no conoce *El señor de los anillos* en su edición de bolsillo?

Otra editorial consolidada es Valdemar. Desde 1989 publica clásicos antiguos y modernos prestando una especial atención a la estética de sus cubiertas y maquetaciones. Entre los nombres de su catálogo se encuentran Bram Stoker, H.P. Lovecraft, Algernon Blackwood, Clive Barker, Thomas Ligotti, Gustavo Adolfo Bécquer, Clark Ashton Smith...

Orciny Press (2015) apuesta por los márgenes, por una literatura menos convencional. Siente predilección por lo fantástico en ficción y no ficción. Además, es pionera en importar las voces más notables del bizarro. Dentro de su colección Midian podemos leer *Bienvenidos al Bizarro*, *Ciudad revientacráneos*, *Fantasma* o *Cada vez que quedamos en la heladería, te explota la puta cara*.

La Editorial Cerbero (2016) publica ciencia ficción, fantasía y terror en formato bolsilibro. *Ángel*, *Con la boquita partía*, *Piel de sapo*

o *El asesinato de Leah Phar* son algunos de los títulos de la colección Tíndalos. Abstenerse escrupulosos.

En la órbita de lo fantástico, pero con tintes de terror, weird y literatura oscura, Dilatando Mentes (2017) ha publicado *Visiones*, *Agujeros de Sol* o *Universo Twin Peaks*.

He dejado para el final una de mis editoriales favoritas: La biblioteca de Carfax. Sus editrices, María Pérez de San Román y Shaila Correa, se estrenaron en 2017 con *Las ratas* de James Herbert. Gótico, cósmico, realista, gore, cuentos de fantasmas, Shaila y María quieren editar cualquier obra vinculada al terror. Incluso las olvidadas, recuperando clásicos de Amelia Edwards, Daphne du Maurier, Edith Nesbit, May Sinclair o Violet Hunt. Entre sus superventas figuran *La chica de al lado* de Jack Ketchum, *Acércate* de Sara Gran, *El pescador* de John

Langan y *Cuando la oscuridad nos ama* de Elizabeth Engstrom.

A propósito de este número de *Contracubierta*, quise recordar junto a ellas los inicios. De paso charlamos sobre la evolución de su editorial y algunas de sus novedades, muy adecuadas para las noches de manta y sofá.

¿Cómo nace La biblioteca de Carfax?

(Shaila) En un curso de edición. Allí nos conocimos María y yo. En el proyecto de fin de curso, ella compartió sus ideas sobre La biblioteca de Carfax. A mí me encantaron y decidimos poner en marcha juntas la editorial.

¿Qué modelos os inspiraron?

(María) Shaila y yo compartimos nuestra admiración por Valdemar. Nos pareció que este sello era el punto de partida idóneo para publicar libros de terror, pero desde un enfoque propio, fácilmente reconocible en las librerías.

¿De qué manera va evolucionando el catálogo a lo largo de los años?

(María) Desde el principio hemos incluido autores clásicos, desde el siglo XIX a los contemporáneos. A veces en un equilibrio difícil. Algunos autores nos gustan tanto que queremos publicar todas sus obras y la balanza cae más hacia su lado (se ríen). También incorporamos una línea de novela corta contemporánea, Deméter, para completar la colección principal.

Antes mencionabais la necesidad de distinguiros del resto de la oferta editorial, pero ¿cómo se logra una personalidad?

(Shaila) Teniendo muy clara la línea editorial y los libros que quieres publicar. Ayuda mucho publicar solo un género, porque, al nacer como editorial de nicho, siempre es más sencillo mantener e innovar dentro de una misma línea.

¿Qué dificultades asume una editorial independiente?

(Shaila) Hacerse un hueco en librerías y llegar a los lectores supone un esfuerzo titánico. Por ejemplo, no disponemos del presupuesto suficiente para realizar campañas de publicidad. Además, habitualmente, las editoriales independientes están conducidas por pocas personas. En nuestro caso somos dos y hacemos de todo: contratar derechos, traducir, corregir, maquetar, llevar las redes sociales. Y eso obstaculiza el equilibrio entre qué haces y qué no.

¿Qué papel juegan festivales, ferias del libro y otros encuentros para dar visibilidad a vuestro proyecto?

(*María*) Son importantísimos, tanto para dar visibilidad a nuestros libros como a nivel económico. Conocer de primera mano a nuestros lectores habituales y presentarnos ante los que no nos conocen es muy satisfactorio.

En uno de esos festivales, en el *Celsius 232: Festival de terror, fantasía y ciencia ficción*, coincidisteis el pasado julio con Sophie White, autora irlandesa recientemente incorporada a vuestro catálogo. White es novelista, ensayista y podcaster. Todos sus libros han sido superventas y ahora podemos disfrutarla en español con *Donde yo termino*, Premio Shirley Jackson 2022. En esta novela cuenta la historia de una joven, Aoilean, que nunca ha salido de la pequeña isla en la que vive. Su encierro, también interno, está a punto de estallar. Harta de vivir con su abuela y su madre, que lleva años postrada en una cama por un accidente, quiere abrirse al mundo que le ofrecen sus nuevos vecinos: una pintora y su bebé. La novela deja sin aliento desde la primera página.

(*Shaila*) Cuando la leímos en inglés nos cautivó. El terror se va asentando en tu interior casi sin que te des cuenta a medida que vas leyendo. Te instala una perturbación y una incomodidad constantes. Te atrapa. Quieres que llegue la catarsis, sea esta cual sea.

Y conseguir eso (*sigue María*), es muy poderoso. Sophie lo logra a la perfección. Teniendo en cuenta además que es su primera novela de terror (tiene varios libros más escritos, pero de géneros mucho más ligeros), la maestría con la que deshila la historia es maravillosa.

Otra de las novedades de este año es *El diablo te lleva a casa*, libro con el que Gabino Iglesias consiguió el Premio Bram Stoker 2022. Iglesias es escritor, profesor y crítico literario. Ha publicado varias novelas y en septiembre La biblioteca de Carfax lanzó a las librerías una novela que habla de la precariedad del sistema de salud estadounidense. Mario, un padre desesperado, se ve forzado a aceptar un trabajo de sicario para poder pagar las facturas médicas de su hija, que acaba de ser diagnosticada de leucemia.

(*María*) Gabino realiza una crítica social cruda en *El diablo te lleva a casa*. Mezcla el terror con la violencia del narcotráfico y la santería para sacudirnos con el relato de una tragedia. Migrante y ciudadano estadounidense, Mario se mueve en la frontera, en la promesa y mentira de que una educación le permitirá subir en la escalera social. Son muchos los monstruos en esta novela. Y muchas lecturas. Esa versatilidad enriquece la mirada poliédrica de la literatura de terror.

Olivia Vicente, Escritora

CONTRAVERSO

Trip. del Miedo

POR AURORA CAMERO

ILUSTRACIÓN DIVERGENTE[84]

NOTA INTRODUCTORIA:

Sería más práctico recurrir al horror corporal, la claustrofobia de la carne, los embalajes que he tenido que romper igual que nacimientos forzosos. Hablar la lengua de las travestis, detonar las múltiples capas del peligro. Las pocas expectativas, la muerte. Cuando se me sugirió escribir sobre el miedo, no supe desde dónde abordarlo. Había muchos puntos de partida. Así que me empujé a mil campañas infructuosas. En conclusión, no logré mi cometido. En cambio surgió esta propuesta monstruosa, desde el reconocimiento de que el miedo no puede escribirse limpio. Entré en mi miedo, bajo el peligro constante de que las palabras estuvieran vacías y mi esfuerzo fuese en vano. Esta segunda piel que dejo tras de mí analiza el uso armamentístico del lenguaje médico, las mentes en recuperación, la periferia de la periferia, y la férrea vigilancia de un sistema que suprime la enfermedad. Y es un texto para las que hemos sufrido violencia psiquiátrica.

Propuesta Enclave

Grupo 1 para Rehabilitación de Activos Reincidentes

sigma R.A.R

(ecografía emocional y/o análisis de método descriptivo)

Desde el año **[datos borrados]** nuestra institución ha desarrollado protocolos para el almacenamiento, análisis y conservación de experiencias **[afectivas no reguladas]** con énfasis en la gestión simbólica del miedo, la culpa y el deseo. Este archivo que se presenta a continuación no pretende curar, ni ordenar. Se ofrece como **[documento de campo]** producido por una paciente en régimen de vigilancia creativa. Los módulos fueron entregados bajo consentimiento intermitente, durante una serie de sesiones que pasaron desapercibidas para el comité de ética.

Documento validado por:
Dra. Salomé Boudoir Domingo
*Responsable de archivo residual y prácticas de
desobediencia somática*

Registro #A014-TRIP.MIEDO/∞

Vigencia del documento:
Hasta que el miedo cese.
(O hasta nuevo brote emocional).

(Yo hice estos recuerdos para sobrevivir).

GRAB. 00:31   *Tres hermanas*

LOC. Inst. de endocrinología   No. 010012
y Arch. emocional
                                                    Afiliación. Pref.
SUJ. XXXXXXXXXXXXXXXX

*_///_ por la presente consiento que cualquier testimonio
registrado puede ser sujeto de análisis _///_*

[28/07/2046]

Las tomé una por una, con delicadeza, sintiendo el peso
de la cinta enrollada, el olor a vinilo. Las había
guardado para una ocasión como esta. Cintas pregrabadas,
etiquetadas con letra temblorosa. Las inserté en el
reproductor, y mientras giraban, comenzaron a contar
historias. Fragmentos crudos, vivos, un recorrido a través
del miedo hecho sonido y luz. Me pidieron escribir sobre
el miedo. Esto es lo que encontré.

[REPRODUCCIÓN INICIADA]

El botón se hunde con un clic húmedo. Un instante de
silencio y después el zumbido áspero del carrete. Parece
que alguien respira del otro lado. No es un aparato, es
un animal viejo tragando cinta. El cuarto se llena de un
aire viciado, como si la grabadora abriera una puerta a un
sótano al que no baja nadie. La voz tarda en aparecer.

...¿estás ahí?

(golpe metálico)

...no era mi voz. No era mi—

—escucha esto antes de que—

—hay alguien, creo que... no puedo... El muro...

[CONT. INICIO PARCIAL]

Hay un golpe seco, un salto en la electricidad. El carrete
arrastra consigo habitaciones que ya no existen, puertas
que se abren y se cierran como párpados febriles, pasillos
que se encogen antes de que logre atravesarlos. Las
imágenes son borrosas, se deshacen en el borde de mi vista
como si alguien las hubiera grabado encima una y otra vez.
Rostros que apenas llegan a formarse se deslizan hacia
atrás, demasiado rápido para ser reconocidos. Objetos que
podrían haber sido míos, o de otra, pasan en un tren sin
ventanas.

CARRETE 1 — *Desviaciones afectivas*

Estoy hecha de costuras. Cada tanto, tiro de ellas,
hasta abrirlas. Conozco la tibieza de mis vísceras: me
doy a luz y me devoro. Lloro, muerdo, trago. Y así con
todas las costuras. Entonces me da por pensar en el muro
negro que mató a tantas otras, y la posible confirmación
temida de que las palabras son incapaces de decir nada.
Entonces me doy cuenta de que llevo devorándome un buen
rato, madre caníbal, y apenas he escrito unas pocas
palabras. El procedimiento al que me someto resulta no ser
tan productivo. Me quedo con las vísceras en las manos,
atónita de mi capacidad para el desastre. Acabo de romper,
una vez más, mi muñeca favorita.

[MARCO FOTOGRÁFICO]

*En la mesa hay restos de hilo encerado y una aguja
torcida.*

Afuera, una mosca golpea el vidrio.

Así escribo: por la costura abierta.

CARRETE 2 — *Pasar por el ojo de una aguja*

Un camino que he memorizado, pero cuyo peligro nunca sé medir. Camino hipnotizada. Un hilo me conduce a lo largo del laberinto de vísceras que forman un amarre. Tiro hasta deshacerlo, no me puedo resistir. Porque busco que las palabras huelan, se desparramen. Las abro en canal, fascinada por su sensibilidad súbita. Este acto desastroso conlleva, asimismo, un parto. Soy Urano devorando a sus crías, con los ojos desquiciados, pidiendo ayuda.

[ANATOMÍA EMOCIONAL]

Hay un zumbido tenue en la memoria, como si alguien silbara desde otra habitación.

El miedo empieza mucho antes que la página en blanco.

CARRETE 3 — *Paisajes que transcurren sin subtítulos.*

Sé sobrevivir en climas más crueles. Diría, por el contrario, que el miedo se aloja en la obra terminada. Cuando el fruto de mi parto circula sin mí. Ya no me necesita. La obra terminada implica otras formas de abandono. Principalmente, *¿ahora qué escribo?* Porque el poema nunca acaba, hay una fila de ángeles esperando su turno. Esperando que los decapite.

La obra queda escrita, la imprimen, la venden. Gano algún reconocimiento, me pagan cenas, viajes. Pero vuelvo a casa sola. Siempre. La obra ya no me acompaña. Y debo escribir otra. Porque necesito ocupar un lugar.

[MARCO FOTOGRÁFICO]

Una hilera de muñecas sin cabeza apoyan su cuerpo en la repisa. La luz de la tarde las aplana contra la pared.

El miedo abre un territorio que requiere mi presencia.

CARRETE 4 — *Embrión monstruoso*

Debo estar allí, para cartografiarlo. Puse en alguno de mis versos: *el miedo es otra parte de mi vida, y empuja al goce*. Digo la verdad, mi embrión monstruoso, mezcla de pavor y dicha. La estrella que me guía a puerto o conduce a mi desastre. Avisos de emergencia, eso escribo. Para recordar dónde caí. El miedo está en los ángeles que decapito en mis poemas, machetazos de esperanza inútil abriéndose paso en el quirófano. Verse en un espejo, hecho con trozos de la misma criatura. Puse en alguno de mis versos: *amante-madre-díada*. El miedo une estas palabras mediante tabloncitos. Para salvarme. De la violencia, de la muerte, de una recaída. El miedo a que las palabras no funcionen y me vea de regreso a la primera casilla, la que te mata.

[ANATOMÍA EMOCIONAL]

Regreso a un cuarto que huele a cintas viejas y sudor. Tallo mi nombre en el cabecero de la cama.

He ahí la raíz de todo: volver al principio.

CARRETE 5 — *Detrás del remiendo*

La mayoría habita otras llegadas. Nosotras nos incrustamos en el territorio. Con angustia, con fruición. Llenas de una *hybris* que nos pone en evidencia. Hablo de las mujeres que no somos mujeres porque estamos locas. El espejo de las palabras me separa de un ingreso involuntario, correas de retención forzosa, sustancias que te inyectan sin permiso. Digo la verdad, estuve allí. Las palabras me protegen, y yo me empeño en sacarme a flote.

[MARCO FOTOGRÁFICO]

Afuera, en el tendedero, cuelga una sábana blanca. La brisa la infla, parece un pulmón cansado.

Mi primogénita.

CARRETE 6 — *Parvulario*

Escribí *Violeta* en unos meses. Luego parí dos gemelos:
La Vía Sutil y *Residencia de un cuerpo doloroso*. Mato
el miedo. Luego lo revivo. Vocación de nigromante.
Estaba sola. Nadie preguntaba por mí. En la casa vacía,
escuchaba mis pasos contra el papel. Experimenté con la
prosa y el arte abstracto, instalaciones para proyectos
de fotografía. Yo era Robert Rauschenberg componiendo
la escenografía de tus sueños más sucios. Desde el
dolor. Primero viene el dolor. Luego el miedo. Porque se
conoce el dolor, al principio. Yo abría el dolor, porque
temía regresar a casa. Revolvía las vísceras: una sopa
emocional. Lo bueno es que puedes morir. O vivir. Me
decía.

[ANATOMÍA EMOCIONAL]

*Algo se inclina. Respira detrás de mí. No sé si es el
viento o algo a punto de tocarme.*

El miedo se agrava cuando decides vivir.

CARRETE 7A — *Pesadillas de morera*

¿Cómo fue mi suplicio? El miedo hace parte de mí. Me
transforma. Dejo mi cáscara colgando de un estambre,
hasta que proliferan las larvas, pesadillas de morera,
sus bocas como picos que te escarban. He ahí el miedo. Las
mariposas. La sucesión de escenas que te embrujan, sin
dejarte respirar. Para meterse en tus vértebras. Hija de
las mariposas, con tu pico, partes mi dolor en ñucos.

[MARCO FOTOGRÁFICO]

*Una silla de plástico se balancea sola en un patio vacío.
Las sombras se alargan en el suelo agrietado. La fiesta
acabó hace mucho.*

El miedo se incrusta, sin pedir permiso.

CARRETE 7B — *Hijas*

Digo la verdad. Creí muchas mentiras. Tantos paisajes.

Tantas madres cuidando un harapo muerto. Y los corazones
que se asoman al balcón. Fuman cansados.

[ANATOMÍA EMOCIONAL]
Mi noche me pone el pulgar en el pecho. Conoce mi
angustia. Me empuja, escribe.

El dolor: una vigilancia compartida.

CARRETE 8 — *No me matas*
Hablo que después de la locura, una vez devoras a tu cría,
te das cuenta de que podías parar. No me detengo. Es el
miedo. A que las palabras más hermosas se me olviden.
Te pido que me mates. Y no me matas. ¿Cómo no iba a
enamorarme? Tantas advertencias en el cielo… un reportaje
de la trampa que hiciste para retenerme.

[MARCO FOTOGRÁFICO]
Un hilo encerado se enrosca alrededor de mis dedos.
Tiro suavemente.

Un amarre.

██████████ █████   (¿estás ahí?)

          ███████   (...hola)

[ERROR]: intrusión súbita.
[DIAGNÓSTICO]: marco operativo. vigente. ██████ arch.
posibilidad. en peligro.

[28/07/2046]
Las imágenes se solapan, una sobre otra. Paisajes
pixelados, extremidades superpuestas en busca de cohesión,
una sonrisa se insinúa sobre un atardecer que empieza a
desvanecerse. La grabadora es una SADIKA de rendimiento

medio con recubrimiento de cromo, pero tiene los puertos
pelados, y de tanto en tanto se atasca. Le doy un par
de golpes, pero el animal me responde con un ronquido
repelente. El carrete empieza a trastabillar. Ya la he
jodido.

██████████ ██ ██████

██ ██████   *el miedo no se escribe limpio*

[ERROR]: procedencia desconocida █ decodificación
[ESTADO]:secuencia contaminada
[MURO NEGRO]: detección de sustratos.

██████ █████████ ██████

███████ ██ ████ ███████ [ERRADICAR] ██ ██████

    *takla, █   takla,   ██████   [hay
horrores que no se pueden   verbalizar del todo sin
que algo del cuerpo quede en riesgo]   ██████
takla

[REGISTRO.SISTEMA]: error en la transmisión -> *verificación
fallida*
[MURO NEGRO]: protocolo de contención activado [bloqueo
parcial]
[RASTREO]: origen no identificado. Intentando reconexión...

                    Nosotras—escuchamos—
              lo que quedó en los carretes.

¿Advertencias?
¿Recuerdos?

[PÉRDIDA DE PAQUETES]: 23% de datos dañados.
[REESCRITURA]: ██████ sustituyendo secuencia emocional.
[ALERTA]: contenido no autorizado. desplegando supresión.

Late el corazón.
Astilla—
no perfora.

Miedo = criatura -> que se cuenta una mentira.

Balcón.
Fumamos.

(risas)

gracias / homenaje / ojos.

[INTERRUPCIÓN]: señal degradada, parpadeo, ruido blanco.
[§ic] █
[ACTUALIZACIÓN]: aplicando módulo de borrado… 27%

veo real.
veo amor.

Siempre.

[ERROR DEL SISTEMA]: eco persistente no eliminable.
[INTRUSIÓN DETECTADA]: inserción de audio no registrada.

Cintas -> aprensión.

¿Somos así?
¿Hablamos así?

Me siento
No(s)iento

Dislocada
(s).

[PÉRDIDA DE PAQUETES]: 46% de datos dañados.
[REESCRITURA]: █ sustituyendo secuencia emocional.
[ALERTA]: "acción interrumpida". Aux. Sinc. AUDIO

Corazón = desgracias programadas.
Pierdes -> jaque al rey.

Miedo = triunfar.
Ola -> cresta -> kaputt.

.((Queremos)).
.((Vivir)).

Hemos—sembrado—

un desastre.

[INTERRUPCIÓN]: señal degradada, parpadeo, ruido blanco.
NO DIFUNDIR ▮▮▮▮»
[ACTUALIZACIÓN]: aplicando módulo de borrado… 58%

        _///_ *nosotras escuchamos lo que quedó en los*
carretes. el aire huele a vinilo caliente, a algo que va a
fallar. las cintas empiezan a pegarse, a trabarse _///_

—¿Me oyes?—
[silencio]

"—No vuelvas…—"
[ruido largo, como si alguien soplara dentro del
micrófono]

[PÉRDIDA DE PAQUETES]: 12% de datos recuperados.
[REESCRITURA]: ▮▮▮ ejecutando secuencia emocional.
[MURO NEGRO]: protocolo de persecusión activado [bloqueo
total]

Yo— yo no grabé esas voces.
O tal vez sí.
No sé.
Escribo para no quedarme sola.

[INTERRUPCIÓN]: señal degradada, parpadeo, ruido blanco.
NO DIFUNDIR ▮▮▮▮
[ACTUALIZACIÓN]: aplicando módulo de borrado… 83%

        _///_ *hay frases que se nos quedan pegadas en la*
lengua: hija de las mariposas, balcones cansados. ya no
sabemos si eran imágenes nuestras o de ella _///_

[ruido blanco]
—¿Me oyes?—

[silencio de 12 segundos]
…no… vuelvas…

[RASTREO]: virus derm.
[ESTADO]: dispersión interna. fallo general.
[ALERTA]: reescritura inminente.

> _///_ *se atasca la cinta. abrimos el compartimento.*
> *una sustancia brilla al interior.la tocamos. nos*
> *manchamos los dedos* _///_

"—Si te quedas mucho tiempo aquí—"
"…te vas a parecer a nosotras."

[ALERTA]: reescritura inminente.
[MURO NEGRO]: acceso permitido.

> _///_ *respiramos hondo. decidimos parar, pero en la*
> *mesa aún quedan carretes. nos miran. nos llaman* _///_

[ACTUALIZACIÓN]: a término.   Act. Remesa 010012
[ESTADO]: Reproducción parcial.

██████   ██████   ████

              miedo   ████ █ █ █
el que te obliga a escribir y el que te impide dejar de
hacerlo

¿seguimos?

████ » ████ » ████ » ████ » ████ » ████ » ████ »
                                ████ » ████ »

[28/07/2046]

Respiro hondo. Sigo en la cresta de la ola, ¿por cuánto
tiempo? El deseo, cuando tirita, hace virutas. Las recojo
con la lengua, como si pudieran salvarme. Si cierro un
poco los ojos, puede ser navidad cualquier día, me digo,
loca desechable. El aire adentro, detrás de los párpados,
hace su propia magia, como si no supiera de mí. Respiro
hondo, otra vez. Sigo en la cresta, pero el desastre se
desliza entre mis muslos. El deseo, cuando se enfurece,
me lanza al peor lugar. A mí, que era un ángel. Hay una
cacería de locas y yo sonrío, como un ángel decapitado.

Respiro hondo. Invento un dueño. Lo necesito para seguir
en la cresta. ¿Por cuánto tiempo? Mientras el deseo
tirite, mientras haya aire detrás de los párpados, seguiré
recogiendo virutas con la lengua.

SEGUNDA PARTE
ESPECTROGRAMA DE UNA VOZ PARA NO MORIR SOLA

(Todo lo que escribo está ya escrito en la carne. Las
palabras vienen después)

Módulo 01: El miedo entra por la espalda

[cinta 02.001 - transcripción parcial del cuerpo]

Cuando tenía ocho años sentí que alguien me miraba desde
el hueco de la espalda. No por fuera, sino dentro. Como si
me hubieran abierto por detrás, por la línea exacta donde
el cuerpo no se puede mirar a sí mismo, y hubieran dejado
un ojo. Una cámara. Un grano.
Un animal transparente. Lo he sentido crecer. Dormir ahí.
Respirar cuando yo no puedo.
A veces me despierto porque ha llorado.

**[fallo de dispositivo: se pierde la señal por 00:00:13
minutos]**

No sé si fue el miedo primero o aquella fisura. Quizás un
ojo que llamó al miedo. Como algo que necesitaba verme
arrodillada para excitarse. Por eso nunca me dejo ver de
frente. Por eso no quiero fotos. Porque el miedo, si lo
miras de frente, se comporta.
Pero si le das la espalda…

[inserción automática: nota corporal detectada]

   Dolor crónico en escápula izquierda.
   Imágenes residuales: bisturíes, manos de hombre, camisón

mojado, una linterna.
Posible recuerdo insertado.
Posible histeria técnica.

[testimonio grabado - voz 1]

El miedo me entra por la espalda. Lo siento detrás, entre
los omóplatos, cada vez que me excito. Cuando una chica me
besa ahí, en esa curva, me dan ganas de llorar. No sé si
lo disfruto o me siento amenazada. Nunca lo he sabido.
Pero siempre lloro.

[comentario insertado por el sistema: no validado]

Este módulo contiene un exceso de información corporal.
¿Desea limpiar la entrada?
¿Desea encubrir el origen?

- ☒ NO
- ☒ QUE SE QUEDE
- ☒ ESCONDERME

///

[fin del módulo 01]

ESCRIBA SUS CONCLUSIONES

....
....
....
....
....
....
....
....
....

Módulo 02: La pelvis es una jaula sin barrotes.

[cinta 02.002 - transcripción parcial del cuerpo]

Trago saliva con cuidado. Podría vomitar tu nombre. O el mío. No distingo cuál me duele más.

///

Hay días en que todo lo que escribo nace de la pelvis. Pesadillas que se mezclan con recuerdos muy gratos: despierto con los empapados. Cierro los ojos. Intento dormir. El sueño que una persigue. Me aprieto contra la almohada, suelto un suspiro. La obra empieza aquí, mucho antes de la hoja en blanco. He aquí el fruto de mi miedo. Que algo, cualquier cosa, rompa esta membrana. Y es verdad. Me despierto llorando.

[registro 02.002.1 - vocalización contenida]

La mañana se mete por el hueco de papel. La sábana manchada. El cuerpo torcido. El pecho apretado por algo que entró sin permiso. Borra su sabor. La huellitas que te pintó debajo. Una señal que no debo traducir.

///

*La pelvis late, la garganta se cierra,
la página aún no existe.*

[archivo corrupto - fragmento recuperado]

—Soñé con una niña que lloraba cubierta de semen.
—Soñé que me abrías con los dientes.
—Soñé que me escondía dentro de un cajón.
—Soñé que escribía un poema.

///

*Hay algo que insiste. Una presión subcutánea.
La arcada también demuestra devoción.
Y yo aprendí a escribir vomitando.*

[registro corporal - voz automatizada]

Contracciones erráticas.

Lengua mordida por dentro.
Sudor frío en la base de la columna.
Actividad anormal detectada: **escritura iniciada**.

///

Me asusta el momento exacto en que abro los ojos.
Me asusta que no haya testigos. Me asusta que esto se
repita cada día, y que nadie lo llame por su nombre.

///

Hay días en que me ahogo. Me trago
lo que debería decir. Lo que nunca me dejaste
decir. Lo que dije y me devolviste con desprecio.
A veces la palabra es una arcada contenida.

///

Encerrada sin barrotes. Vomitando nombres. Tragando los
restos de una voz.

[fin de la transcripción parcial del cuerpo]
///

ESCRIBA SUS CONCLUSIONES

....

....

....

....

....

....

....

....

Módulo 03: Indicios de enmudecimiento

[cinta 03.000 - apertura parcial del tórax]
[zona: pulmones / diafragma / voz]

No decir. Nada. Me salva. El secreto. Me lo quedo para mí.
Me abro el pecho con los dedos. Carnosos labios vaginales.
Un gemido atrapado entre las costillas. No termina de
salir.

///

El miedo respira antes que yo. Habita la jaula
torácica. Aprieta desde adentro, en puño, y escurre
por los nudillos. La voz se traga a sí misma, como
una pitón. El ritmo se rompe. No digo una metáfora.
Me encontraron cartas, escupitajos, semen seco, una
grabadora oculta. Mi cuerpo como zona de contrabando.

[entrada física - sin fecha]

Paciente refiere sensación de falta de aire.
Diagnóstico: apnea afectiva.
Presenta interrupciones involuntarias del
habla, hipersensibilidad a sonidos familiares.
Memoria alojada en el diafragma.
Sugiere escritura vs. asfixia.

///

A veces respiro tan hondo que la espalda me
cruje. A veces no respiro durante minutos. Me quedo a
escuchar el crujido.

///

A veces me imagino tendida en una mesa de cirugía. Me
abren. Me leen. Las médicas murmuran:
—Aquí huele a malagüero.
—Parece reciente.

[entrada emocional: contaminada]

Si no hablo, me borro. ¿Qué es eso en los pulmones?
—No sé. Parece encapsulado.

///

Me fotografiaron llorando. Yo tenía los labios
partidos. No recuerdo por qué. ¿Hacía frío? ¿Tenía roto

el corazón también? Parásitos que murmuraban desde el
fondo. Se trepaban en mis sueños para agradarme.

[registro de intervención - grabación de sala estéril]

—La paciente pidió ser mirada sin ternura.
—Repite que no quiere anestesia.
—Reporta que el miedo no puede sacarse con pinzas.
—Aún tiembla.

///

"No. Me. Mires. Ahora."

[registro de intervención - audio con interferencia

Escribo desde aquí, expuesta. El cuerpo que no aguanta
más interpretaciones. Desde la herida que aprendió a
hablar sola. Me fotografiaron llorando. Yo tenía los labios
partidos.
No recuerdo si de hambre o amor.

[archivo 03.016 - audio alterado]

—*¿Qué es esto?*
—*Es una voz.*
—*No puede ser una voz, está húmeda.*
—*Quizá es un grito.*
—*O la última forma del miedo.*

[entrada de urgencias - sin firma]

Paciente llega con síntomas de bloqueo torácico.
Reporta ahogo.
Reporta deterioro tráquea.
Reporta desconocimiento de voz propia o solo ecos.

///

*Guardaron mi cuerpo en bolsas. Lo etiquetaron con
fecha y hora. No dejaron espacio para el aire.*

///

"No. Quiero. Estar. Aquí."

MEDITACIÓN COLECTIVA

Módulo 04: Uróboros: la lengua se muerde sola.

[cinta 04.A - lado A: se me hace la palabra destrozos]
[zona: boca/ palabra/ herida]

Me sangra la lengua de tanto mentir. No sé de qué me
escondo. Cuando me pongo la piel de mi impostora, y
finjo que gimo así, que así me destrozo. La palabra se me
atasca buscando una salida: me sube al ojo, me baja al
clítoris, me duerme el brazo. Forma un remolino con las
cosas más hermosas, con las cosas más terribles. Se mete
en tu cabeza para hacerte suspirar. Conoce tu *affair* con
el peligro, tus huidas de extrarradio, al fondo de un
capricho clandestino. Pero me muero sin saber a dónde te
fuiste.

**[cinta 04.B - lado B: tengo fantasmas que te harían
suspirar]**
[zona: glotis/ voz administrativa]

Me quedé ahí. Quieta. Con la boca empantanada. La garganta
cerrada como una puerta con tranca. Le paso el dedo por
encima como si fuera una herida. Le digo: perdóname. Por
haberte usado. Una vez soñé que me arrancaban la lengua.
Era negra. Se la llevaron en una bolsa. Yo balbuceaba que
era mía.

///
No hay salida.
Pero esta puede ser una.

FIN DE LA CINTA.

(la cinta sigue)

Módulo 05: *Patinaje traumatológico.*

[cinta 05.004 - fragmento de posible tabú]
[zona: ¿vagina?/ cuello/ ojos cerrados]

Me acarician. Y yo, desde fuera, cumplo mi papel. No sé
qué quiero, ojos de hilo encerado. Un paisaje que se
pierde frente a mí. Mi laberinto tiene un lugar a donde
siempre regreso. Mentiras muertas. Promesas muertas. Y
el camino que puedas elegir. Cierro los ojos. Quiero
quedarme. Es como si el placer me traicionara. Mi cuerpo,
al excitarse, se convierte en mi enemigo.

///

Aprendí a no mirar. Ausentarme. Quien sobrevive
durante el abuso, sobrevive repitiéndolo, sin querer.
Entonces abro las piernas, pero no el pecho.
Gimo, pero no estoy.
La voz es una sombra que no me pertenece.

///

Me maquillo con actos de placer. El
miedo se acurruca. Finjo para que no sospechen que ya
me fui.

FIN DE LA CINTA.

(la cinta sigue)

....

....

....

....

....

....

....

....

....

....

....

POR FAVOR NO ESCRIBA SOBRE ESTA SUPERFICIE

Módulo 06: Arritmias: tu ángel se posó sobre mí.

[cinta 06.001 - registro manual de intervenciones compulsivas]
[zona: de muñeca/ al codo / mosaicos]

Mi ángel perdió la cabeza. La letra con sangre deja marca.
El fantasma del padre se asoma sobre las heridas frescas.
Yo te amo. Yo te quiero corregir. Empujo un cadáver
para el baile. Mi cuerpo recuerda cosas que ya no tengo
(quisiera salir). Aquí mancho. Aquí escribo.

///
Me duelen fantasmas huecos. El temblor
anterior al poema.
El temblor anterior a mí.

[TRAMPITAS DIGITALES]
[cinta X.606 - grabación sin fecha]
[zona: bajo la uña / terminaciones nerviosas]

Después del placer, viene el verdadero placer. Alguien
toca la herida para ver si duele. Todas somos fetichistas.
Hago trampa con los dedos. Transformo a mis amantes en un
secuestro íntimo. Nunca verás el pasado. Para bien o para
mal. El pasado te lo inventas.

///
Pensando en el pasado,

hago fantasmas para después.
Busquemos cosas más placenteras. Que un santo nos
sacuda las venas hasta que haga tilín.

[entrada de urgencias - sin firma registrada]

Paciente presenta mosaico de intervenciones previas.
Señala marcas de caligrafía compulsiva en antebrazo.
Repite: "Son para recordar" "Existo"
Reporta sensaciones erógenas post-lesivas.
Diagnóstico tentativo: solicita no desde trauma

[cinta X.X06 -registro fallido sin fecha]

Hubo ternura. Me detuve. Repetí. Prometí no repetir.
Estaba a mano. Después no. Hubo ternura. Me dejó mensajes
en la piel. Mensajes del pasado. ¿Seré yo? ¿Serás tú? Será
el ángel que se posó y me dictó esta coreografía. Prometí
no repetir.

///

Me exorcizaste.

[archivo 06.017 - audio alterado y visual]

Fragmentos de un video alterado. Trampas donde la
paciente se lame el antebrazo mientras escribe con un
alfiler: cinco, seis, siete, ¿cuántos nombres? El cuerpo
responde con un estremecimiento lúcido. La cámara enfoca:
- Una cicatriz en forma de corazón abierto.

///

(fondo de techno, vampiras asalvajadas).
Tu corazón espera a que digas que sí.

[audiciones de una herida híbrida - 06.128PEG]

El estremecimiento empieza en una gota.

///

[cierre de módulo - 06.999 | cinta en bucle lento / ángel súbito]

El cuerpo, agotado. Más de una vez. Me muestra sus costillas.
Yo repito.
Yo escucho.
Yo reescribo.
Yo no cierro.
Yo no cierro la ventana.
Yo no cierro.
Yo.

[transmisión interrumpida - cinta 06.999.b]
[zona: borde de la cicatriz / memoria líquida]

Alguien dijo que no debía volver. Pero siempre regreso. Mi ángel me dictó una oración incompleta. No era celestial. Murió enfermo. O quizás era una grabación donde aún podía pedir ayuda. Tallé mi nombre en el cabecero de la cama. Por si alguna vez me olvido.

[inserción no autorizada - anomalía en el archivo]

¿Qué parte de la herida se vuelve escritura? ¿Qué parte del placer se llama miedo? Todas somos grabadoras rotas. Todas queremos que alguien nos escuche. El ángel vuelve a tropezar.
No lo hace sobre mí.

[registro final - actividad emocional detectada]

—¿Quieres dejar de escribir?
—No puedo.
—¿Te duele?
—Sí.

—Luego duele peor.

[archivo saturado - cinta 06.999.b]
[zona: márgenes del daño]

No hay parte del cuerpo que no haya dicho: basta.
No hay parte del cuerpo que no haya dicho: sigue. Toco la
herida con los dedos manchados. Mi ángel, aún decapitado,
me susurra desde el borde de la toalla:

   "Si vas a escribir, que no cicatrice."

                                                        ///
               La cinta se detiene, el calor permanece
       en el reproductor. La luz parpadea. Aún queda algo por
                                                   decir.
                 Pero el cuerpo—por ahora—miente.

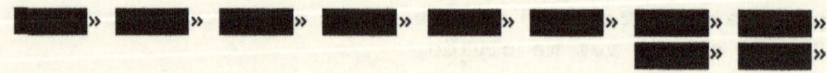

   miedo ▮▮▮ ▮ ▮ ▮ es el que te acecha al escribir y el
que te ordena que te sientes

¿seguimos?

▮▮▮ » ▮▮▮ » ▮▮▮ » ▮▮▮ » ▮▮▮ » ▮▮▮ » ▮▮▮ » ▮▮▮ »
                                        ▮▮▮ » ▮▮▮ »

[SIC - 09.666]
Esto no es el fin. Es el espasmo que antecede al cierre.
Yo ya no sufriría tanto.

(fin de las advertencias).

FIN DE LA CINTA.

(Una explicación para quien se quedó hasta el final)

[archivo transmitido desde servidor con
malware contaminado. sin origen rastreable.]
[TEXTO: (sin intermediarios)]

I

La cinta sigue girando un rato más. Soy la única en la
sala. No importa. En realidad, solo era para ti. Imágenes
que te esperaban desde el principio, serían tu salvación.
La luz titila como escamas húmedas de pez. Cartas sin
destinatario, archivos que abrías para espantar el miedo.
Porque si no lo nombras, no viene. En realidad, no depende
de ti. Viene cuando le da la gana. Bajo la máscara más
engañosa. Se acuesta contigo. Duerme junto a ti. Hay una
brasa encendida en la parte posterior del aparato. Me
recuesto. Me dejo grabar. No puedo resistirme. Paciente me
repito: *me voy a quedar aquí, hasta que alguien entienda
el chiste.* Instrucciones ambiguas para una muerte lenta
(de la voz, de la autora, del dispositivo). Texto desde
la voz que ya no quiere escribir, pero sigue. ¿Qué se
hace con los restos? La escritura no puede cerrar. La voz
ya no se organiza. El archivo se disuelve. Las frases
aparecen con escaras. Aquí se recogen los síntomas. No hay
diagnóstico posible. Te derivan a un pasillo sin luces.

II

El animal suelta un suspiro reconciliador. La luz se
apaga también. He transcrito todo esto mientras las
imágenes pasaban frente a mí, igual que una mecanógrafa
durante un juicio. Lo he hecho muy mal. Pero lo he hecho.
No se puede escribir del miedo limpio. Quiero decir que
implica partirse un poco. Yo transcribía esas visiones
trastornadas, un territorio que se deslizaba debajo de
mi nariz. Los personajes morían sin encontrar lo que
buscaban. Olvidaban su propósito, a cambio de un vicio. Me
sentía identificada. Los hice parte de mí. Si escribo sobre
el miedo, hay una horda.

III

Puse cada peligro en su sitio. Hice cajitas para
diseccionarlo. Una operación quirúrgica, sin anestesia.
Extraje el malestar, por fragmentos. En cada cinta hay una
parte de mi fobia. A veces se presencia. A veces me deja
esperando. El miedo está en la obra que me mira de frente.
Cuando sabe que miento. Pone las palabras sobre la mesa.

VI

Escribo esto para mí, y para la que se quedó a escuchar:
lo siento, no hay historia, no hay conclusión. Solo, estas
membranas que se solapan una sobre otra. Yo transcribía,
sí, pero me perdí en una sensación. Hice trampa. Le puse
palabras al conjuro, esto no debía ser así. El miedo no
tiene intermediarios. Se presencia, súbitamente, en las
vértebras. Todas tenemos un ángel que nos quiere salvar,
pero muere en el intento. Yo decapito a mis ángeles.

   * *takla,*   *takla*   *takla*

[protocolo de residuo - interferencia sin remitente]
[registro sin firma - dispositivo aún encendido]

Una plegaria al revés. Esto no era un libro. Blackout
emocional: te tomaste la pastilla que no era. Quizás
una transfusión sucia. Un cuerpo sin garantía. Tus
ojos en modo fuga. La lengua que repite manchas. Cada
miedo catalogado junto a su propio órgano. Etiquetas
biolumínicas. Si has llegado hasta aquí, lo lamento. Y te
agradezco la donación de tus glándulas.

[glándula aún activa]
zona: [cuello uterino (ficc.) / voz emocional / nudo]

Hay palabras que no cicatrizan. Se quedan pegadas como si
fueran espinas de algo que se dijo con ternura. El miedo
se quedó en el cuerpo. Pero aprendí a escribir desde el
centro del temblor. Y tú, entrometida, estás sentada
conmigo en la misma silla de castigo. No guardes este
texto. No lo subrayes. No lo compartas. Quiero que te lo
tragues frente a mí.

[INSTITUTO NACIONAL DE ENDOCRINOLOGÍA Y ARCHIVO EMOCIONAL
- Unidad de Consentimiento Expandido]

El Instituto agradece profundamente a la paciente [**sin
nombre**] por su participación voluntaria en el Programa
de Donación de Material Afectivo y Orgánico, conforme
a lo establecido en la Cláusula 34b del Protocolo de
Transferencias Sensibles.

Su disposición a ceder fragmentos de voz, órganos
menores, residuos de escritura y registros emocionales ha
contribuido de manera invaluable al avance de nuestras
investigaciones.

Sabemos que ningún consentimiento es absoluto.
Sabemos también que cada entrega lleva consigo un dolor
específico.

Por ello, nos comprometemos a preservar con dignidad
las unidades entregadas, mantener encriptado su archivo
personal, y garantizar que cada partícula residual sea
tratada con el respeto que merece.

A quienes lean estos documentos:
Recuerden que toda donación afectiva implica una pérdida.
Y que toda pérdida, si se lee con atención, puede
convertirse en herencia.

— Departamento de Cartografías Internas
y Archivos de Emergencia
Instituto Nacional de Endocrinología y Archivo Emocional

(28/07/2046)

Contra
Cuento

MÓNICA GUTIÉRREZ
JOSÉ RAMÓN GÓMEZ CABEZAS
JUAN RAMÓN BIEDMA
MARÍA MONTESINOS

ILUSTRACIÓN DIVERGENTE[84]

Le hemos pedido a cuatro autores un cuento partiendo de la siguiente premisa:

Los veranos ya no son lo que eran. Cada vez resulta más difícil salir a la calle entre el amanecer y el anochecer el calor es sofocante y la luz es casi cegadora, pero todas las noches cuando la vida vuelve a las calles, alguien ha empapelado las paredes con provocadores mensajes.

Bajo las Perseidas

POR **MÓNICA GUTIÉRREZ ARTERO**

El primer mensaje me inquietó como una comezón entre los dedos de los pies, de esas que te hacen dudar entre si el calzado te roza o es que se avecinan problemas graves y deberías ir pidiendo hora al podólogo.

Echo de menos a la profe de ciencias

Apareció escrito en letras rojo sangre, a principios de agosto, en la pared sur del instituto en el que impartía clases nocturnas de Historia desde hacía unos años. No me preocupó en absoluto que algún alumno sufriese mal de amores por la profesora de ciencias —los creía capaces de semejante desatino y otros peores— sino porque de pronto recordé que era culpa mía. A la profesora de ciencias, una joven mezquina y con muy mal genio, me la había comido un par de semanas atrás, justo después de la junta de evaluación final. Supuse que, una vez registradas las notas, la dirección del instituto no la echaría en falta hasta septiembre. Un vistazo rápido a las calificaciones que les había puesto a los chicos en su asignatura de ciencias me confirmó que, al beberme su sangre hasta que se le detuvo el diminuto y negro corazón, no había hecho más que llevar a cabo las oscuras fantasías de muchos de sus alumnos. Leí en el National Geographic que el cerebro de un adolescente era casi idéntico al de un psicópata adulto. Me supo un poco amarga, pero una no se pone sibarita cuando tiene hambre atrasada.

Pronto se cumplirán doscientos años desde que me convertí en vampiro, lo que resulta muy útil si decides ganarte un sueldo como profesora de Historia. Desde entonces, el mundo ha cambiado mucho, sobre todo el clima, la capa de ozono y la calidad del aire que, por suerte, ya no respiro. Los veranos son tan insoportables que los humanos no salen de sus casas hasta que no se pone el sol. Esa circunstancia debería volverlos un poco más empáticos con los de mi especie. Pero no. Durante julio y agosto, se arrastran quejándose amargamente sobre el precio exorbitante de las cremas con protección solar, sobre el riesgo mortal del cáncer de piel, sobre la factura de la electricidad por culpa del aire acondicionado, o sobre que no pueden salir al exterior hasta que no cae el sol porque el asfalto se les engancha en la suela de sus espantosas sandalias.

Ni se les pasa por la cabeza lo que significa vivir para toda la eternidad, y no solo los meses de verano, confinada en un lugar oscuro hasta que cae la noche. Se acabó contemplar el amanecer o los espectaculares cielos rojizos de los atardeceres ventosos, o sentir en la piel la caricia tibia del sol invernal. Sé que una vez fui como ellos, pero ha pasado tanto tiempo que me resulta muy difícil comprender a los humanos: primero se aseguran de destrozar el planeta y procurarse un buen recalentamiento climático y luego se quejan de que hace demasiado calor para sus delicados pellejos... y para la suela de sus feas sandalias.

El verano en el que empezaron los grafitis rojos en el instituto, llevaba más de una década muriendo los días bajo las catacumbas de una entidad financiera; más concretamente, bajo su sala de servidores informáticos. No solo me beneficiaba de la seguridad del banco sino también de la perfecta refrigeración que salvaguardaba sus ordenadores. Mi especie mantiene una relación de amor-odio con la tecnología, al igual que les sucede a los humanos más antiguos, pero yo solo le veo ventajas. El sofisticado sistema de cámaras de seguridad y de cerraduras codificadas que restringían el acceso a toda persona ajena a la entidad me permitían descansar tranquila en mi nido. Los banqueros no son curiosos, ni andan sobrados de imaginación, ni les intriga la arqueología, por lo que jamás se preguntan qué hay bajo las rejillas de ventilación del sótano de servidores informáticos. Además, la perfecta refrigeración de sus ordenadores contribuía a mantenerme a una temperatura fresca y constante sin importar los grados veraniegos del exterior. Entraba y salía de la sede bancaria a través de un sistema de alcantarillado inutilizado en el siglo XIX, cuyos mapas se habían perdido para siempre en los incendios de 1936.

En agosto no trabajaba, pero me gustaba colarme en el instituto en cuanto caía el sol porque se quedaba vacío; nadie en su sano juicio se atrevía a acercarse por allí durante el período de vacaciones académicas y disponía de aire acondicionado. Era el lugar ideal para organizar las partidas de trivial de Charlie el Osito. A lo largo de mi no-vida he leído un montón de literatura sobre vampiros y si me preguntaran —probablemente, nunca lo harán— qué es lo que me resulta más extraño sobre estos libros, diría que la descripción de cómo se entretienen los personajes de mi especie. Cuando eres inmortal te sobran un montón de ratos muertos. Al contrario de lo que se deduce sobre las reminiscencias del folclore gótico, solemos dedicar poco tiempo a alimentarnos y menos todavía a hacer el mal. Hacer el mal es muy aburrido y para un depredador con una escala de valores similar a la de cualquier otro animal, tiene el mismo sentido que hacer el bien: ninguno. Comemos una vez a la semana, nos acicalamos durante cinco minutos al día, cinco más para mantener limpios nuestros lugares de reposo, no usamos redes sociales —damos mal en cámara— y nos cuesta bastante socializar. Todo eso nos deja una cantidad asombrosa de tiempo libre a lo largo de los siglos. Quizás por eso nos gustan tanto los juegos de mesa.

Charlie el Osito es una bestia montando partidas de Trivial. Lo he visto organizar hasta veinte grupos completos jugando a la vez, en veinte mesas distintas, y controlar el tiempo de respuesta, señalar las trampas o repartir premios a los ganadores, sin despeinarse. Se maneja bien con la informática y utiliza una aplicación en la que registra estadísticas y gráficos sobre los datos de los jugadores y las partidas de los últimos treinta años. Los humanos creen que el Trivial se les ocurrió a dos periodistas canadienses, Scott Abbott y Chris Haney, mientras pasaban el invierno más calentito de sus vidas en Nerja. Pero lo cierto es que la idea fue de Charlie, accionista principal, ideólogo y socio en la sombra de Abbott y Haney; y le sacó bastante provecho cuando se lo vendió a Hasbro en 2008, por ochenta millones de dólares. Por eso El Osito organiza las partidas de manera altruista, como una oenegé vampírica para amenizar las veladas del siglo XXI.

La calurosa noche de agosto en la que la pintada en la pared me dio mal fario, había llegado pronto a las partidas vespertinas del instituto. Encontré a Charlie dándole a su portátil con furia, mientras sus dos ayudantes —nunca recordaba sus nombres, así que solía llamarlos Igor y Frankie, por mi película preferida de Mel Brooks— disponían las mesas de juego.

—¿Sabes si los cazavampiros andan cerca? —le pregunté a Charlie tras saludarlo.

Si alguien estaba informado sobre la brigada policial humana que controlaba las travesuras de los más jóvenes de mi especie cuando se les iba un poco la mano, sería El Osito. Su aspecto bonachón y peludo, su tendencia a hablar poco y escuchar muy atento, lo habían vuelto merecedor de nuestra confianza. Además, la celebridad de sus partidas de Trivial congregaba a casi la totalidad de la población vampírica del lugar, por lo que solía charlar con mucha gente y enterarse de un montón de chismes (algunos, incluso útiles).

—¿En esta ciudad? —se extrañó sin levantar la vista de la pantalla— Lo veo poco probable.

—¿Y brujas furiosas?

Me acababa de ganar toda la atención de Charlie. Los cazavampiros eran peligrosos, pero una bruja con motivos personales resultaba casi siempre letal. Como lo último que se pierde es el sentido del humor, solíamos referirnos a este tipo de fatales incidentes como casos de witch & furious.

—¿Qué has estado haciendo? —me preguntó, preocupado.

Le expliqué mi almuerzo con la profesora de ciencias y Charlie me acompañó en silencio de vuelta al exterior para comprobar por sí mismo la naturaleza de la pintada en el muro del instituto. La canícula apretaba fuerte y el canto de las cigarras resonaba en el pequeño pinar cercano, bajo un cielo oscuro y encapotado. Se tomó su tiempo para estudiar las letras rojas, incluso se acercó a tocarlas y olerlas. Finalmente dijo:

—No voy a insultarte preguntándote cómo te despediste de la comida...

Cuando tienes casi doscientos años, estás más que curtida en el arte de hacer desaparecer los cuerpos. Mi método, como el de casi todos los vampiros de la ciudad, consistía en acercarme hasta la incineradora de mascotas de Carlos Hereje, el tipo menos curioso del mundo, y obsequiarlo con una propina. Como no disponía de vehículo propio, utilizaba una bolsa grande de palos de golf para transportar los restos, y cubría gran parte del trayecto a pie a través de los túneles del alcantarillado, saliendo al exterior únicamente si no me quedaba más remedio. Una noche, debido a unas obras de mantenimiento de las cloacas, tuve que salir a la superficie durante un buen tramo y un turista alemán, bastante borracho, al verme con mi abultada bolsa, entabló conversación y me pasó su número de móvil para jugar unos hoyos a la mañana siguiente. No me pareció mal tipo, pero por motivos obvios nunca acepté su invitación.

—Parece pintura normal y corriente —concluyó Charlie—. Por lo que respecta a la cuestión semántica del mensaje —Después de asistir a tantas partidas de Trivial, se le había quedado un deje un pelín académico en el habla—, no veo que incluya, forzosamente, un doble significado. Alguno de los adolescentes, con una ortografía impecable, echa de menos a su profesora de ciencias.

—Tú no la conociste.

—¿Desagradable?

—Digamos que era difícil de echar de menos.

—Si te quedas más tranquila, estaré atento. Pero no deberías preocuparte.

Casi le creí.

La segunda pintada apareció al cabo de una semana justa.

El gato no está

—¿Qué te preocupa ahora? —me preguntó Charlie con su calma habitual.

Casi me había olvidado del mensaje anterior, moría en paz, llevaba mi rutina con aplomo, jugaba al Trivial por las noches y soportaba el calor nocturno como mejor podía. Pero ese segundo mensaje, pintado en el mismo tono de rojo sangre, justo debajo del primero, me puso enferma. Si mi corazón latiese, se habría detenido en el mismo instante en el que lo leí.

—Antes de lo de la profesora, traumaticé a un gato. No me juzgues —añadí inútilmente, porque en la naturaleza de Charlie el Osito no cabía la crítica gastronómica.

Los vampiros nos alimentamos de sangre caliente por lo que los mamíferos, excepto los delfines, que saben a rayos, entran en nuestro menú preferente. Aunque la literatura sobre vampiros se haga ilusiones alrededor de nuestros escrúpulos por matar humanos, no es más que fantasía: la única razón por la que a menudo optamos por alimentarnos de animales en lugar de personas es porque resulta más sencillo reciclar los restos biológicos. Sin embargo, los gatos son una cuestión un poco más peliaguda porque la mayoría están vinculados a una bruja. Y nunca es buena idea tocarle las narices a ninguna bruja: *witch & furious*.

—El invierno pasado —le conté a Charlie—, me colé en ese edificio tan pijo de ahí al lado. No cazo cerca del nido ni del trabajo, pero estaba aburrida y me apetecía investigar.

Charlie asintió comprensivo: el hastío era nuestro mayor

enemigo, y por muchas partidas de Trivial que jugases, la eternidad a veces se hacía un poco... eterna.

—El edificio cuenta con un jardín interior —continué—. Una especie de reducto zen a rebosar de vegetación. Me lo imaginaba silencioso a cualquier hora del día, pero por las noches es como pasearse por una tumba acolchada... sin los malos olores.

—Ni lo menciones. ¿Te ha tocado jugar alguna partida cerca de Guillermo el Mugriento? No hay aire acondicionado que ventile eso.

—Corren rumores de que es el único de los nuestros del que huyen los cazavampiros.

Charlie asintió.

—Disculpa, te he interrumpido. Me estabas contando que te comiste un gato el invierno pasado.

—No, no fue así —lo corregí—. Entré en el jardín privado del edificio y me encontré con una anciana muy antipática.

—No es buena idea meterse con las abuelas.

—No pensaba comérmela, solo darle un susto. O charlar un rato sobre la posguerra. Por matar el rato.

—Y en lugar de matar el rato, la mataste a ella.

—Se murió sola.

Era una anécdota peculiar, pero no me la estaba inventando. A algunos vampiros les gusta alardear de sus cacerías y las exageran bastante, hasta que llegan a oídos de los cazavampiros más crédulos y se les acaba la tontería. Me gustaba aquella ciudad, me sentía cómoda en mi nido, bajo los servidores del banco, me divertían los cafres de mis alumnos adolescentes. Si deseaba quedarme, me convenía mantener un perfil bajo: me alimentaba en contadas ocasiones y casi siempre —con alguna excepción— de animales silvestres que cazaba en los campos y bosques de las afueras. No entré en el edificio pijo con intenciones homicidas, solo estaba aburrida y me apetecía explorar un lugar distinto, en paz, pasear por ese jardín tan prodigiosamente silencioso. El crudo invierno había hecho desaparecer el verde bajo una delicada sábana de nieve, casi azul bajo la tenue luz de luna, desdibujando los contornos de los caminos de grava blanca que cruzaban entre los arbustos. Los altos árboles se mecían despacio de la mano del frío vientecillo nocturno. Todo era quietud y belleza prístina, como en una mañana de Navidad. Hasta que la abuela empezó a increparme.

—Charlie, no le toqué ni un pelo. Quería asustarla para que se marchase y me dejase un rato a solas en el jardín. Pero no estaba por la labor. Me prestó menos atención que mis alumnos cuando les explico la organización del yacimiento de Çatal Hüyük. Lejos de aterrorizarse por mi mirada hipnótica de Nosferatu o por el brillo lunar de mis colmillos, me amenazó con llamar a la policía porque había pisoteado los arriates de nomeolvides. Hasta me pidió que le sujetase el bolso un momento mientras buscaba el móvil.

—Para lo que hemos quedado —suspiró con pena mi amigo.

—Ya me había resignado a marcharme, cuando empezó a hacer unos ruidos estrangulados, como si se estuviese ahogando. Se llevó la mano al pecho, al lugar donde debería haber tenido el corazón una persona normal, y... todo acabó muy rápido.

—¿Llamaste a emergencias?

—No había nada que hacer —Negué con la cabeza—. Pensé que no habría prisa alguna por dar aviso. La dejé sentada en uno de los bancos del jardín, con su bolso en el regazo, y me fui. Bueno, casi me fui.

—¿Cómo es eso de casi irse?

—Una mala idea.

—Me lo imaginaba.

—Estaba levantando la rejilla del sumidero de riego para escaparme por allí, cuando escuché un ruido a mis espaldas. Entonces los vi.

—¿Los arriates de nomeolvides? —Charlie se percató de mi extrañeza y se apresuró a aclarar su suposición— La anciana se quejaba de que habías pisoteado los nomeolvides, así que me imagino que hasta entonces no los habías visto. No te creo tan desalmada como para pisarlos a propósito.

Le aseguré que, pese a que reconocía la peligrosidad de la botánica —los venenos más potentes procedían de flores y plantas—, los nomeolvides todavía no me producían un miedo paralizador.

—Vi a tres demonios muy bajitos —añadí—. Trillizos idénticos.

—Fue entonces cuando los confundiste con el gato —dedujo El Osito—. Me suele pasar, a mí todos los mamíferos peludos me parecen iguales.

—Charlie, concéntrate, no eran demonios de Tasmania, eran tres diablillos con forma humana. Se movían deprisa y emitían ruidos escalofriantes como la risa de los niños pequeños.

—¿Como las Moiras?

—Más bien como *leprechauns* demoníacos, no estoy segura. Sabía que debía irme, pero su danza macabra alrededor del cadáver de la anciana me cautivó. Uno de ellos entró un momento en la caseta del jardinero y fue entonces cuando un gato negro con los extremos de las patas blancos, como si llevase calcetines, salió escopeteado del susto.

—¿Qué hacía en la caseta del jardinero?

—Coger una pala para enterrar a la abuela.

—¿Era un gato mágico?

—Charlie, el gato se asustó y se fue.

—¿Y la abuela?

—No podía irse a ningún sitio, estaba fiambre. Acabo de decírtelo, presta atención.

—No entiendo qué tiene que ver con la pintada —se quejó.

—Los trillizos demoníacos cogieron las palas para enterrar a la anciana bajo la nieve y el gato huyó despavorido, probablemente por el olor a azufre de los pequeños enterradores. ¿Es que no lo ves?

—Crees que *Echo de menos a la profe de ciencias* se debe a que tú la hiciste desaparecer —resumió Charlie, que no parecía disfrutar de la mejor de sus noches—. Y crees que *El gato no está*, también es por tu culpa.

Asentí con brío.

—El bicho se llevó tal susto cuando me olió que salió disparado fuera del edificio.

Mi amigo me miró con escepticismo mientras me preguntaba:

—¿Crees en todo eso al igual que crees en Santa Claus y en los Gremlins?

—Es más como creer en la declaración de impuestos y los antibióticos.

—Si tu relato de los acontecimientos es fiel a tu recuerdo...

—Lo es —lo interrumpí.

—... no veo por qué debería afectarte lo del gato: fueron los trillizos quienes lo espantaron. A no ser que el animal corriese directo hacia tus fauces.

—No. Nada de eso. Pero puede que se perdiera y que su bruja lo siga buscando. Como yo estaba cerca cuando sucedió, alguien habría malinterpretado el asunto.

—Las *Witch & Furious* no pierden el tiempo garabateando en las paredes mensajes crípticos. Si una bruja quiere vengarse de ti, porque te has comido a su novia profesora y has importunado a su gato, sería mucho menos sutil. Menos poética y más directa. Tan directa como una maldición de esas que hacen que se te caigan los colmillos o que te entren unas ganas súbitas de salir a la calle en pleno mediodía de agosto.

Dejé que la explicación me calara. No carecía de lógica, aunque un sexto sentido seguía susurrándome en el oído que esas pintadas se relacionaban, de alguna manera, conmigo.

—Tal vez no sea una bruja —admití un poco más animada—. Aunque dudo mucho que los trillizos sepan escribir.

—Sinceramente, querida, necesitas vacaciones.

Aquella noche no me quedé a la partida de Trivial y volví a mi refugio muy desanimada. Si todavía conservase algún pedacito, habría parecido un alma en pena. Las siguientes noches intenté no acercarme por el instituto; me daba pavor leer una nueva pintada roja. Me dediqué a pasear por los jardines de la ciudad, aunque no hallé sosiego alguno pues los encontré abarrotados de humanos de todas las edades, agobiados y quejicas por el calor asfixiante, pegajosos por el sudor, pringosos por los helados chorreantes que consumían a lametazos. No contentos con haberse cargado el equilibrio de los ecosistemas naturales del planeta, insistían en llevar la contaminación también a niveles acústicos. Qué ruidosos y desagradables eran. Aquel verano decidí que prefería los gatos.

Mi propósito de alejamiento no duró demasiado. Aunque los vampiros no sudamos y mantenemos una temperatura corporal más o menos constante, quizás aquel calor inusual me estuviese derritiendo el cerebro y anulase mi habitual sensatez; o quizás, como había dicho Charlie, necesitaba cambiar de aires una temporada y pasar el verano en un lugar más fresco. Como Laponia. Solo que, en agosto, las horas de luz solar en el Polo Norte resultaban interminables, así que no me compensaba. Nueve noches después desde que la segunda pintada apareciese en la pared sur del instituto, mis reticentes pasos me arrastraron de nuevo hacia allí. Crucé el pequeño pinar reseco, pisando con suavidad la mullida alfombra marrón de agujas caídas. Era una noche despejada, perfecta para contemplar las Perseidas incluso en la ciudad, y un silencio anómalo envolvía el aire bochornoso. Si no hubiese seguido tan pendiente de las pintadas, me habría dado cuenta en ese momento de que algo extraño y maravilloso rondaba cerca. Algo que enmudecía el canto de las cigarras y anegaba la oscuridad con el aroma del laurel.

Echo de menos a la profe de ciencias

El gato no está

Muere, muere, vampiro maldito

Puede que esa noche el termómetro marcase unos veintiocho grados, con una sensación de más de treinta debido a la humedad, y aún así noté cómo me quedaba helada frente a la deslavazada caligrafía roja. Mis peores temores se habían cumplido. No llegaría a cumplir los doscientos años, lo intuía. Alguien, con un sentido horrible de la métrica y la rima, iba a por mí. De pronto supe que no seguía sola junto al bosquecillo de pinos resecos, bajo aquel cielo oscuro, inmenso, cuajado de estrellas y de silencio. Me volví con rapidez y allí estaba. Una muchacha vestida de azul celeste, descalza, con una corona de laurel marchito sobre el pelo negro como la noche, húmedo por el calor, la delicada piel del rostro y de los brazos desnudos perlada de sudor, los labios entreabiertos, tan encarnados como el espray de pintura que sostenía en una mano.

—Es el fin —suspiré sobrecogida; no sabía que la muerte podía ser tan bella.

—No, soy Melpómene.

—¿La musa de la tragedia?

—La alumna de intercambio.

Se acercó un par de pasos y se detuvo en el borde del charco artificial que procuraba, perezosa, una triste farola municipal. Puede que me sonase su cara de verla sentada al fondo de mi clase, medio dormida y sin corona de laureles.

—Mi haiku...

—Eso no es un haiku —la interrumpí, todavía desconfiando de sus letales intenciones.

—Debería serlo —dijo la hermosa aparición—. Tiene tres versos —señaló la pintada de la pared en respuesta a mi cara de extrañeza.

—No cumple con la métrica de los haiku y no versa sobre la naturaleza o las estaciones.

—Bueno, el último verso sí.

—¿*Muere, muere, vampiro maldito*? Quizás a Van Helsing le parezca una estación, pero no lo es.

—*Muere, muere verano maldito* —me corrigió con calma—. Verano —repitió—, no vampiro.

—Tienes una letra espantosa.

—No es lo único espantoso que tengo. Es por este calor, no consigo concentrarme.

Tal vez por eso se le había olvidado traerse una estaca o una botella de agua bendita. No parecía una criatura peligrosa, ahí parada con su espray de pintura, pero tampoco las adolescentes de Salem lo habían parecido al principio.

—Siento lo de tu novia y lo de tu gato. Sobre todo, siento lo de tu gato.

—Si lo dices por el haiku...

—No es un haiku —insistí porque, al parecer, la deformación docente predomina sobre el instinto de supervivencia—. Lo digo por disculparme antes de que me conviertas en polvo con una maldición.

—Las alumnas de intercambio no lanzamos maldiciones, profe. Al menos, ninguna que sea mortal para alguien que no suda.

La muchacha se había acercado tanto que no solo intuía las diferencias entre un vampiro y una musa sino que podía estudiarlas con detenimiento: nada de rubor ni de glándulas sudoríparas en los de mi especie. Movió una mano, rápida y tímida, y noté el respingo cuando rozó la piel expuesta de mi garganta. Su profesora de Historia era mucho más fría que la de ciencias.

—¿Y las estudiantes de intercambio brujas? —me apresuré a preguntar para distraerla.

—¿No has visto la corona de laureles?

—Preguntó Julio César en los Idus de marzo...

—Odio el verano —insistió mientras una gota de sudor le resbalaba por la sien como para corroborar su malestar—. Es la última vez que salgo de Erasmus por el sur de Europa. Me agobia el calor asqueroso de este sitio y la inspiración me abandona. En lugar de haikus me salen esas birrias de versos.

No conocía ningún tipo de bruja que andase por ahí de Erasmus, descalza, que confundiese el laurel con las ristras de ajo, y que se le diese tan mal la poesía. Además, si iba a asesinarme, se estaba tomando su tiempo.

—Disculpa...

—Melpómene —me recordó la belleza.

—Tu nombre explica lo de la adolescente atormentada, pero no lo de que me hayas estado espiando.

Si me quedaba alguna duda sobre si la mujer que tenía enfrente era la más hermosa que había visto nunca, se disipó en cuanto se ruborizó.

—Melpómene, musa de la tragedia —murmuré entredientes—. Por eso te sale esa birria de versos.

—El haiku —insistió con terquedad.

—Encuentra otra fuente de inspiración. Los vamp... las profesoras como yo no damos pie a épicas tragedias.

—Pero es usted tan fresquita...

Me habían llamado muchas cosas en mi vida; fresquita no era la peor. Pareció darse cuenta de que había vencido mi recelo inicial y se dispuso a ir al grano antes de que cayese en la cuenta de que hablaba con una de las hijas de Zeus.

—Conviértame, por favor. Quiero ser como usted y no sufrir calor nuncajamás —lo dijo así, todo seguido y adorable—. Llevo tiempo observándola, ha sido una decisión meditada. Sé lo que es y lo fresca que está siempre su piel. Jamás suda, ni se despeina.

Me debatía entre sentirme halagada o presentarme a una audición para un anuncio de productos de belleza.

—¿Por eso has escrito los versos horribles? —pregunté al fin— ¿Para tenderme una trampa?

—Es un haiku. Quería regalárselo a cambio de, ya sabe, mi conversión.

—Ya. Quieres ser profesora de Historia.

Melpómene lanzó un bufido sonoro, dejó caer el espray de pintura roja, se quitó la corona de laureles, la lanzó con rabia al suelo y la pisoteó. Su vestido vaporoso estaba tan empapado que, en algunas zonas, se le adhería al cuerpo como una segunda e incómoda piel húmeda y textil. Sí que parecía una criatura atormentada, por eso le había resultado tan sencillo camuflarse entre mis alumnos.

—Por favor —dijo con voz melosa, cambiando de táctica, mientras se me acercaba despacio.

Lo siguiente que recuerdo es su cuerpo ardiente abrazándose a mí, suspiros de alivio saliendo de los labios entreabiertos de la musa. Muy desagradable y calenturiento.

—Las profesoras de Historia —pronuncié despacio mientras intentaba quitármela de encima sin lastimarla— trabajamos un montón de horas fuera del instituto, nuestra tarea nunca termina. Y está muy mal pagada. Los alumnos nos odian o, en el mejor de los casos, nos olvidan con facilidad, como un mueble pesado e incómodo que los aburre hasta dormirlos durante tres trimestres.

—No me importa.

—No tenemos credibilidad alguna —insistí al fin libre de su abrazo—. Cualquiera que haya leído a Dan Brown se cree experto en los templarios y en las cruzadas, y siempre nos dan lecciones sobre los extraterrestres que construyeron las pirámides o, peor aún, las megaestructuras nazis secretas.

—Puedo soportarlo.

—Melpómene...

—Por favor —susurró la musa mirándome con sus ojos violetas y su frente sudorosa—. Por favor.

—Hay maneras más sencillas. ¿Por qué no te mudas al norte?

—Los norteños no tienen sentido de la tragedia, solo leen thrillers policíacos muy sangrientos y comen rollitos de canela. Me moriría de pena hasta desaparecer.

—Yo sí que moriría y no precisamente de pena. Tu padre es famoso por su sentido de la venganza. ¿Qué diría cuando se enterase? Una profesora de Historia en la familia, lo nunca visto.

—No estamos vivas del todo, ni tú ni yo. La diferencia sería tan sutil que nadie lo notaría.

Su voz era suave, persuasoria. Perfumaba la noche de laurel y se movía con gentileza y en silencio. Puede que no se le diese bien la poesía japonesa, pero era educada, tranquila, un poco triste. Y tan hermosa como la desesperación de las tragedias griegas. Casi me había convencido. Casi. Me salvó in extremis una voz de alarma que hizo que nos separásemos, sobresaltadas.

—¡Melpómene! —la riñó severo Charlie el Osito— Si no paras de acosar a mis jugadores de Trivial voy a hablar con tus hermanas para te trasladen lo más cerca posible del cráter de un volcán a punto de erupcionar.

—Solo quiero ser profesora de Historia y no sudar nuncajamás —se quejó la musa.

—Anda, ven, que dentro tenemos aire acondicionado. Te pondré un poco de hielo y podrás terminar de escribir esa tragedia sobre los historiadores del siglo XXI.

Charlie me echó una última mirada antes de desaparecer tirando de la mano de la muchacha, cabeceando en mi dirección reprobadoramente. Esperé a que hubiesen desaparecido tras la puerta del instituto, recogí la corona de laureles marchitos y el espray, y volví a leer los versos de pesadilla de Melpómene. Inmóvil bajo el cielo estrellado, envuelta de nuevo en el canto incesante de las cigarras, disfrutando en paz del aroma de la resina de los pinos y de la delicadeza floral que había dejado la musa tras de sí, pensé en el sentido de todo aquello. Entonces agité el bote de pintura y apenas dudé mientras escribía:

Bajo las Perseidas

El verano detenido

Escucha y pena

La ciudad tatuada

POR **JOSÉ RAMÓN GÓMEZ CABEZAS**

1.

En el paredón no queda un solo centímetro libre. Mensajes y pintadas ocupan cada uno de los espacios en todas las tipografías posibles. La piel de la ciudad esta tatuada al competo.

"Inténtalo una y otra vez, hasta que el miedo te tenga miedo" parece la primigenia, al menos es la de letra mayor y se ve desde la distancia. Hay otras más pequeñas, en diagonal, sin mensaje, con recado. "Yo tampoco sé cómo vivir…Estoy improvisando". No faltan las que faltan, ni las irreverentes. Las políticas, que son menos, están tuneadas con nuevos mensajes. Hay incluso, arte callejero y poesía urbana en pequeños huecos distribuidos de manera azarosa: "Voy a volar dijo el gusano. Todos se rieron, menos las mariposas". Números de teléfono y mensajes personalizados, para quedar, promocionar o mentir, que a veces es algo parecido. Reflexiones ordinarias que pretenden ser sinceras: "Si solo te mira a los ojos es que no tienes tetas huevos". Algunas incluso se superponen, confundiéndose entre ellas. Pozos de sabiduría popular, poesía y cochambre. Similar al viejo estercolero de las redes sociales.

Queda curioso, incluso podría ser original de no estar la totalidad de la urbe tatuada igual. Puede incluso que el país entero y más allá, pero hace tanto que no viaja.

La localidad se ha transformado en la puerta de un lavabo público. Ya ni siquiera es delito. En realidad, toda ella es un retrete, desde hace tiempo. Antes del apagón los vecinos lanzaban la basura desde las ventanas de sus casas por miedo a salir a la calle. Ahora esos mismos comportamientos se reproducen en la mayoría de los barrios. Solo actúan diferente los más adinerados, como siempre, que ya se hicieron fuertes en sus urbanizaciones con placas solares y vigilancia propia. El resto de supervivientes se avasallaron en torno al Reino de casinos, hoteles y turismo, que llegó hace tiempo para convertir la vida en un parque temático reducido.

Al resto le tocó vivir en el pasaje del terror.

Luego está el puto calor.

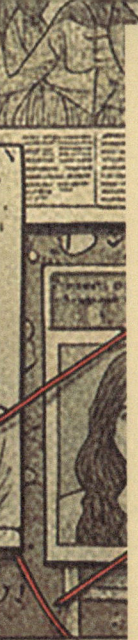

Se pasa una mano temblorosa por la calva arrastrando un manto de sudor que se seca con la otra, después vuelve a mover la rueda del aire acondicionado que suelta un lamento plástico al ser forzado hasta su máxima potencia.

—Joder.

Son las nueve y media de la noche y cada día olvida preguntarse de donde saca el valor para seguir yendo a trabajar. Probablemente del mismo fondo de dónde saca la rabia.

Sin duda el verano ya no es lo que era. Sin duda, nada es lo que era. Nunca lo fue y menos ahora.

Odia ponerse sentimental, pero es verdad. Le quemaría los párpados con un cigarro a todos aquellos que negaron el cambio climático. Acto seguido les pegaría un tiro. Él mismo, sí. No sería la primera vez que mata.

Los fiordos se derretían, las estaciones se unificaban y las aves parían sus crías en pleno mes de enero. Señales decían. Tampoco hacía falta ser unos lumbreras, joder.

2.

Mete primera en el viejo Kadett y conduce despacio hacia comisaría. Son las nueve y media de la noche y aún es temprano para que los suicidas insensatos se atrevan a salir de sus casas. Los termómetros callejeros están destrozados y el del auto tampoco funciona, dejó de hacerlo hace tiempo, pero calcula que estaremos alrededor de los cuarenta y cinco o cuarenta y siete grados centígrados.

La basura decora las calles con el olor que la costumbre ha hecho que no parezca nauseabundo. Los neumáticos de los pocos coches abandonados en la vía pública están derretidos y algunos de ellos presentan parte de la llanta soldada al pavimento. De los que no viven en áreas protegidas o en el Reino, son pocos los que se arriesgan a salir a la calle a esas horas, ni más temprano, ni más tarde. En realidad son pocos los que quedan, como él. Los servicios sociales custodiados por el mínimo de servidores públicos de la municipalidad que permanecen se pasean por las casas para actualizar el censo. Ante la violencia de los asaltos que sufrían, desistieron de llevar comida a las casas. Los muertos por inanición es probable que se acumulen detrás de las puertas, ellos se limitan a contabilizarlos.

La gestión pública no es lo que era. Nada es lo que era, evidentemente. ¿Hubo tiempos mejores? Obvio. El apagón, el cambio climático, todo se jodió.

En realidad, no es que fuera de maravilla antes. No, ni mucho menos. Las ratas abandonaron el barco al principio, cuando las cuentas del aeropuerto se terminaron por auditar públicamente y dejo de ser rentable. Cuando al equipo de balonmano dejo de entrarle dinero a espuertas para fichar a los mejores y por tanto dejó de ganar. Cuando la viabilidad del megaproyecto de hoteles, casinos y pistas de golf dejó de ser un cálculo inflado y hubo que empezar a pagar proveedores.

Tras el coma inducido vinieron los carroñeros: rusos, chinos y árabes se pelaban por los restos de una ilusión. Ganaron los soviéticos y apostaron por revivir el megaproyecto. La política quedó postrada a los nuevos reyes y las decisiones pasaban de lejos por la ciudad, como una menor ante el matrimonio pactado por sus padres mientras hordas de turistas aterrizaban en el nuevo aeropuerto y llegaban blindados para disfrutar del paraíso sin restricciones.

Los nuevos cantos de sirena fagocitaron a la mayor parte de la población que se fue a trabajar al interior del Reino, en horarios infinitos por nóminas miserables, algo que antes del apagón se conocía como miseria. La gente joven y de mediana edad que persiste en sobrevivir, transforma la dignidad en una utopía habitando barracones en los muros del contorno trabajando para sobrevivir en lo que sea. Como Paula, su hija mayor, estudiante de química, toxicómana, ex toxicómana, politoxicómana y finalmente prostituta.

El odio infinito que siente por el Reino y todo lo que lo rodea, sin duda tiene que ver con ella. Pero prefiere no pensarlo y centrarse en encontrar la nueva pintada, como cada jueves desde hace un mes. Siempre cerca de su casa, en el trayecto que toma todos los días para ir a comisaría

No es nada artístico, que va. Ahí está.

Imposible que pase desapercibida, sobrescrito por encima del resto destaca un cuatro, rojo y sangrante que el asesino ha dibujado para él.

3.

—Es el cuarto muerto que aparece en el Reino en cuestión de un mes, Perea—. Un tipo moreno y enjuto, le habla con el deje distante que exhala la chulería—. El primero un turista del norte de Europa por una diarrea bestial, murió en su habitación; el segundo, otro mayor, asfixiado; el tercero, un borracho. ¿Te acuerdas en nuestros tiempos los gilipollas que hacían puénting en Mallorca? Pues igual, lo encontraron con la cabeza destrozada a unos metros del borde de la piscina—. Hace una pausa para pasarse la mano por el pelo engominado y mirar hacia el fondo de la sala donde un ventilador rancio no puede disimular el ruido de sus entrañas con cada vuelta—. Las tres primeras muertes pasaron relativamente desapercibidas...al principio. La de hoy imposible, uno de los Ceos ejecutivos ha aparecido en la cama con una especie de aguja atravesándole el corazón.

Las palabras reverberan en la sala casi vacía. Al fondo, dos uniformados con la camisa corta dormitan frente al ventilador. Nadie quiso hacerse cargo del puesto de comisario en la última vacante, solo Patón, que trajo un generador de electricidad que funciona a gasolina y un par de placas solares, que aportan agua caliente en invierno para los quince policías que están a punto de jubilarse o se han reenganchado, como el caso del viejo Martínez, la memoria de comisaría. Luego están Patón y él, los últimos mohicanos, resistiendo e investigando, solo desapariciones. La reforma local redujo sus funciones y la jurisdicción, dentro del Reino no tienen validez. La tortilla se dio la vuelta y ahora son lo más parecido a lo que antaño llamamos detectives privados.

— ¿Y a mí que cojones me cuentas? — Perea levanta los hombros con indiferencia acumulada y añade—. No tenemos jurisprudencia, no podemos investigar homicidios y yo estoy vetado en ese puto infierno. Problema de ellos.

— Y de Cañete.

No lo ha visto venir. Y no es un golpe bajo. Nuria Cañete formaba parte de la comisaría hasta hace menos de un año. Un marido esquizofrénico ingresado en una clínica privada y una hija adolescente pesaban varios quintales más que el amor propio. El cargo de subinspectora y los tremendos ovarios que calzaba fueron argumentos que adornaron su currículum con letras de oro. Pronto formó parte de la ejecutiva de seguridad del Reino, junto a otros viejos compañeros.

Cañete era buena, sí señor, de lo mejor. Patón y ella le salvaron el culo en más de un caso. Antes de cambiarse de bando. Eran otros tiempos, esos que sin ser mejores eran diferentes. Pero hablar del pasado es perder el tiempo.

— ¿Cómo lo llevas?

En el silencio Patón ha sabido cambiarle de tercio para que la idea de Cañete rebote por su cabeza como la pelota de aquel primitivo juego de videoconsolas.

—Veintinueve días y más de ocho horas sin probarlo.

—No es eso lo que te he preguntado— le recrimina su compañero.

Perea se seca el sudor de la calva antes de levantarse de la silla y alejarse sin contestar, con la misma indiferencia con la que cohabita el mundo desde que su mujer y su hija mayor desaparecieron de su vida.

4.

Julia lo había pactado con él. Su hija enfermera, la pequeña y al parecer la más fuerte, le estaba llevando a dejar de beber. El karaoke ya más adelante, bromeó con él la última vez que la vio hace un mes. "No me llames en este tiempo, cuando lleves un mes sin probarlo me mandas mensaje y cumpliré mi palabra: te contaré todo lo que sé de Paula y mamá".

Y estaba a punto de cumplirlo.

No estaba siendo nada fácil, sobre todo cuando no tienes trabajo en el que centrarte. Solo una pequeña obsesión. La de cada jueves. Encontrar el número rojo pintado en la pared y recibir a Soledad, la mujer que tiene delante, cada siete días, desde hace un mes.

—Sigo sin saber nada de él.

La mujer ya no llora, las pocas lágrimas que le quedan las aguanta o se las reserva. Perea no las ve descendiendo hasta la boca que constriñe con dolor. Las arrugas alrededor de los ojos también se marcan y acentúan una edad por encima de la real. Las pupilas las lleva ocultas por unas gafas de sol arcaicas que a Perea le recuerdan a las de la mujer del viejo dictador que murió en su lecho. Todos las usan ahora. El sol durante las horas de luz es insoportable, cegador en el sentido literario de la palabra y quién se atreve a salir a la calle las necesita, por eso no le extraña que a pesar de la poca luz natural que ya va alargando sombras en el interior de comisaría, las mantenga sobre el puente de su nariz. Puede incluso que tenga la retina dañada de buscar a su hijo por cada una de las grietas de la ciudad.

—Ya no se dónde buscar.

Ahora sí, las gotas saladas desbordan la presa del lagrimal y corren por la piel curtida de su cara. El pelo descuidado y moreno,

lo lleva hoy distinto, más suelto que otros días. Le cae desordenado por cuello y la nuca donde a duras penas una pinza pequeña pugna por retenerlo.

Ya no suplica, como los primeros días y eso le preocupa a Perea que inevitablemente desde el primero de ellos no dejó de encontrar semejanzas con la desaparición de Paula. Él tampoco le promete que lo va a encontrar, pecó el primer día y se lo ha repetido el resto, pero tampoco confía en sí mismo para encontrarlo. Los rincones y chivatos que ha estado tanteando no le consiguieron la mínima información. Él tampoco sabe donde buscar ya, quizá sí, pero es terreno aparentemente prohibido para él.

—Tengo que ir a trabajar.

Hoy su comportamiento es diferente, no le ha preguntado, no he esperado a que él participe de la angustie, a que disfrace la verdad hablándole de unos supuestos avances. Todo esto tiene un aroma de despedida y fracaso propio que no le gusta. Es como si dejara de buscar a su propia hija.

—Si yo algún día falto, por favor, siga buscándolo.

Ahora es Perea el que baja una ceja un poco más de lo normal. En estos últimos cinco años ya no hay estadísticas de suicidio, ni de otro tipo. Ha visto mucha gente matarse o dejarse morir que es lo mismo. Abre la boca para intentar esgrimir algún tipo de pregunta, pero no le sale. La mujer ha dejado una fotografía encima de la mesa y cuando quiere reaccionar, la espalda de ella se hace pequeña según avanza hacia la salida.

5·

El móvil vibra en su mano. En la pantalla aparece el indeseable número desconocido. Mentira. Sabe quién es, pero no va a contestar, todavía no. Espera a que se agoten los tonos. Volverán a llamar, apostaría un brazo por ello.

Cuando el zumbido se apaga, su mano sigue temblando. Lo hará durante el resto del día, como lo ha estado haciendo en el último mes que no llega, lo que le convierte ahora mismo en un pésimo tirador. Desiste de llamar a Julia y mucho menos de visitarla, a pesar de no estar lejos del hospital donde trabaja. Le mandaría mensaje, le habría mandado mensaje cada noche de no ser porque las redes sociales y los servicios de mensajería cayeron con el apagón. Ni tan mal. Ahora los teléfonos solo sirven para lo que se inventaron. El suyo, un modelo que ya era arcaico hace lustros, lo guarda en el bolsillo del vaquero y saca la pistola de la guantera para amartillarla antes de salir del coche.

Antes de todo, a comisaria llegaban listados de estadísticas, la del suicidio, por ejemplo; una persona en el mundo cada cuarenta segundos. Si dejarse morir cuenta, se habrán duplicado. Ni forenses ni jueces tienen ya la obligación de acudir ni certificar. Cuando un cadáver aparece se avisa directamente a la empresa funeraria, salvo que los servicios de seguridad del Reino lo reclamen.

Si puede impedirlo, esas estadísticas no se incrementarán hoy. La de homicidios tal vez, si el malnacido que ha venido a buscar no colabora.

Esa mujer no se lo merece, ni él, ni nadie. Alguien que ha seguido a su hijo por las alcantarillas de la ciudad para ver como lo humillan echándolo del coche de otro hombre con la boca salpicada y sin haberle pagado el servicio para el pico por el que mataría, es lo más cercano a caminar descalzo por el infierno sin haberte muerto.

Aprovecha la inercia de la rabia y sale a paso agigantado del Opel. Los alrededores del viejo pabellón donde se vivieron glorias deportivas, no es el sitio más espectacular para pasear. Pero el no pasea, va directo al Porsche Cayenne que reparte monodosis por la ventanilla izquierda a los zombis que después utilizan el pabellón como narcosala. Bloquea el elevalunas introduciendo medio cuerpo dentro del auto para apuntarle con la semiautomática a escasos centímetros de sus rótulas.

— Mírame a la cara, mírame a la cara te he dicho— le grita sin darle tiempo a reaccionar—. Soy el tío que arrojó desde la azotea al último camello que vendía por aquí. Si se acercan tus colegas, te dejo sin rodillas. Si haces un movimiento raro te dejo sin rodillas. Si me mientes, te dejo sin rodillas. Y luego sin boca.

El tipo sigue sin reaccionar. Ha levantado las manos a medio camino. En una de ellas lleva un sobrecito de plástico. A Perea no le importa eso. Con la mano izquierda saca la foto que le ha entregado la mujer y se la acerca a treinta centímetros de la cara.

— ¿Lo has visto por el Reino?

El tipo asiente, despacio, muy despacio mientras la mancha amarilla de su pantalón se le va extendiendo por la entrepierna.

— ¿Y a esta otra chica?

6.

La mano temblorosa ha sostenido la foto de Paula durante unos segundos antes de recibir la negativa del tipejo. No podía demorarse en esa posición por muy acojonado que lo tuviera. Llevaba tiempo observándolo y sabe que es un mierda ambicioso, como todos los que trapichean en esta zona. Con contactos en el Reino que le pasan la merca. Tan pagado de sí mismo que no lleva escoltas que se apostan en los alrededores. Los desgraciados que se acercan a esa ventanilla no ven más allá del pie que calzan. Por eso, al salir a toda velocidad con el Kadett ha tenido cuidado de no llevarse a ninguno por delante. Es más fácil atropellarlos a que te atraquen. Teme más que el del Porsche dé aviso a los del Reino y alguien le salga al encuentro. No es del todo probable que así sea, confesar que has largado lengua no siempre es algo bueno para que te preceda. Y menos con los rusos que no se andan con complicaciones.

Detiene el Opel en la gasolinera. Está iluminada, también con generador propio. Tiene todos los surtidores enjaulados, desde el interior blindado, te autorizan el pago, pero él no va a repostar. Aprovecha la iluminación para poner sobre el volante la foto que le entregó la mujer. La mano sigue con su tensión particular y le obliga a dejarla sobre el volante.

Una foto familiar, madre e hijo sonrientes. No muy alejada en el tiempo. Sin padre ni otras figuras referenciales. La madre de complexión robusta abraza a un hijo que sobrepasa en poco la adolescencia. Sonríen ajenos al futuro y probablemente al presente también. Se abrazan fuerte. Las fotos son espejismos del tiempo que a veces confunden. Perea conserva muy pocas en papel y alguna en digital que comparte espacio con los vídeos de karaoke. Con ellos, con ambos, se adormece cada noche entre efluvios de alcohol. Ya no, desde hace un mes, no. Ellos también fueron una familia bien avenida, o quizá no tanto. La nostalgia lo embarra todo y salpica la memoria. No debía ser un buen padre, tampoco un buen marido. Eso no quita que quiera recuperar a su hija y que haya hipotecado sus últimos diez años, y los que queden, para encontrarla. En la última ocasión que lo hizo, al comisario antiguo le costó el puesto, a él casi la vida, de no ser por Patón y Cañete.

No puede dejar que la mujer que le mira al otro lado del papel brillante pase por esto, al menos si está en sus manos impedirlo.

El teléfono vuelve a vibrar. No ha tardado y él ha salvado rápido su brazo. Contestará, ahora sí se siente preparado, pero no lo va a hacer de inmediato. Aún quiere echarle un último vistazo a la fotografía. Es muy probable que el muchacho esté algo más demacrado. Durante todos los jueves de este mes ha ido viendo como ella también se ha ido deteriorando como un cohete que se apaga en la última noche de feria. La primera vez que la vio era todo fuerza y contención, incluso atractiva, con el pelo largo perfectamente recogido con un alfiler en la nuca, al segundo jueves todo angustia, al tercero los silencios predominaron sobre la conversación, al cuarto, hoy, no ha hecho falta hablar para ver como la desesperación ha tomado los mandos.

No puede permitirlo. No puede permitírselo. Respira hondo y guarda con el pulso dudoso la foto otra vez en el bolsillo del vaquero antes de contestar la llamada.

—Estoy allí en diez minutos.

7.

Cuando hace este trayecto siempre se acuerda de las rutas turísticas que se ven obligadas a pasar junto a las villas miserias de las poblaciones. Los guías con especial habilidad distraen la atención de los viajeros en dirección contraria, a veces inventándose historias, solo para que en ese paseo idílico no lleguen a ver que debajo del felpudo de bienvenida se esconde la podredumbre de una urbe que no sabe gestionar sus propios residuos sociales.

Las farolas anaranjadas cumplen la función del felpudo. Desde un par de kilómetros antes de la entrada iluminan el camino hacia Oz ocultando con su potencia el peregrinaje de obreros que, cual apocalipsis mundial, caminan en fila y en silencio hacia el Reino, supervisados por patrullas de seguridad privada esparcidas equidistantes. Vigilan su propio ganado y lo protegen, como haría el lobo con su rebaño. A trescientos metros de la entrada, los caminos se bifurcan, la luz de las farolas se difumina y los trabajadores han de pasar por escáner y cacheos. Una última patrulla de vigilancia le echa el alto para requerirle la documentación. Son puras rocas anabolizadas en traje militar. Van armados con subfusiles que cumplen dos funciones: la de intimidación y otra más funcional de empoderamiento. Hablan ruso a través de pequeños intercomunicadores que penden de sus orejas y les acompaña una figura que impone tanto respeto o más que ellos. A cada pareja le acompaña un rottweiler de piel tan negra como el futuro de la población. Perea conoce bien de lo que son capaces. Sentado aún en el auto se frota el tobillo izquierdo.

Por la ventana abierta recibe el mensaje de los custodios que ya tenía claro antes de aventurarse hacia la puerta principal.

— No autorizado aquí—. El fuerte acento del este podría intimidar, pero no a Perea—. Puerta servicio.

Además de los artículos, la roca andante parece querer tragarse a Perea que sin inmutarse retrasa unos segundos el arranque del Kadett para recalcular su trayectoria. Los vigilantes, incluso el perro, siguen su trayectoria sin apartarle la vista hasta que lo ven tomar la variante correcta. No es una sorpresa para él. Desde hace años está vetado en el Reino, antes también lo estuvo cuando no paraba de buscar a su hija, incluso dentro del Reino y llegó a cruzarse con asuntos muchos más turbios que la prostitución de menores o las peleas de perros que ya sospechaban que se daban en sus entrañas. Se colaba por un vacío en el recorrido de la valla electrificada, junto al río. Podría volver a hacerlo y demostrarles su limitada competencia, pero ha preferido marcar el terreno con la meada protocolaria.

La mano de obra barata que le ha acompañado en el camino se acumula en esta otra entrada dónde tres parejas con sus correspondientes animales, o viceversa, los cachean con saña, incluso a más de uno zarandean y rechazan con la violencia que se podría esperar de ellos.

Perea anticipa que la espera puede ser larga y agarra el teléfono para llamar a Cañete. No hace falta, antes de marcar, una roca con su rottweiler pegado a las piernas graníticas golpea con los nudillos el cristal de su coche para indicarle que le siga. Como a Moisés, el mar de almas humanas se va abriendo para dejarle paso. Perea desde el interior puede ver como las sombras tensas se apartan. Está a punto de llegar al limite que marca la entrada cuando le parece reconocer uno de los rostros con claridad. Hacía menos de una hora estaba frente a él en su despacho.

8.

Las indicaciones son para que estacione el coche a un lado. Antes de bajarse le están pasando los detectores y espejos por debajo del auto.

Afuera se le acerca uno de los monolitos con el protocolario pelo cortado a cepillo y amaga con pasarle el detector de metales manual por el cuerpo. Perea lo aparta de un manotazo y el silencio se hace a su alrededor. Se empieza a masticar tensión y varios de los perros anticipan que se van a divertir.

—A mi no me cacheáis.

Toda la seguridad del mundo va cargada en la afirmación. Y no hace falta más, varios de los paramilitares le rodean con las manos en los subfusiles o en el collar de los canes. Por supuesto que va armado y sabe que puede ser un problema. Han requerido sus servicios como policía y no tiene por qué rendir pleitesía ante estos cabezas huecas.

Hoy, no.

Obviamente solo Perea piensa esto. Con su historial de apariciones por allí, no están dispuestos a admitírselo y el simple hecho de que sea policía a los paramilitares le importa un cojón de mico, como así se disponen a manifestárselo.

—Alto, asumo la responsabilidad.

El metro ochenta de Cañete se hace notar. Y respetar. El vigilante que parece estar al mando se acerca a ella y le habla cerca, en el oído en que no lleva auricular.

— Tienes que entregarme el arma—. Perea se sigue resistiendo. No está dispuesto—. Confía en mí, gilipollas— le dice sin que muchos de alrededor puedan escucharlo y menos entenderlo.

Perea dibuja su mejor sonrisa sardónica que se esboza como un espasmo y cede. Saca su reglamentaria de la espalda y agarrándola por la culata se la entrega a Cañete. El suflé tensional se desmonta y tras darle una tarjeta que se cuelga del cuello, ambos se introducen en el recinto del Reino sin mayores complicaciones. El recorrido lo hacen en silencio, a pesar de llevar un año sin hablar, hasta entrar en un edificio apartado de dos plantas. La identificación de Nuria Cañete hace que la puerta se abra con un chasquido metálico, tras el cual acceden a la primera puerta a la izquierda.

Es una sala no habitacional donde hay un tablero de corcho con fotografías, escritos y varios archivos A-Z por el suelo. Una silla negra de escay, sobre ella algunos folios grapados. Parecen fichas del personal. A Perea no le da tiempo a fijarse en más detalles. Lo primero que hace Cañete es sacar la semiautomática y devolvérsela. Ha sido un acto reflejo, pero la ha visto desviar la mirada hacia una esquina de la habitación. Enseguida se da cuenta del por qué. La cámara de seguridad está enfocada hacia el suelo. No debe registrar el audio ya que enseguida le habla en un tono que tiene algo de desafiante.

— ¿Qué? ¿Cuánto tiempo vas a seguir castigándome con tu silencio? —Perea levanta los hombros intentando mantenerse en

la indiferencia—. Si hubieras estado en mi caso tu también habrías venido a trabajar al Reino.

Perea la fija con determinación antes de dignarse a hablarle.

—Puede.

9.

—Siento si te he decepcionado. Siento si os he decepcionado a todos, pero no voy a justificar más el por qué dejé la policía para pasarme al otro lado—. Se pasa la mano por el cabello. Dentro no hace calor. El aire acondicionado es una bendición—. Mira, piensa lo que quieras de mí, pero necesito tu ayuda. Eres el mejor policía que he conocido nunca y ahora te necesito.

Antes Nuria Cañete nunca regalaba los oídos a nadie. Lo de ahora puede que sea pura desesperación o simplemente una estratagema. Si no recuerda mal, ella era lo suficientemente pasional para lo primero e incalculablemente inteligente como para lo segundo.

—Llevo muy poco tiempo y este es el primer caso serio que me encomiendan. Las tres primeras muertes se nos han pasado. Parecían accidentales. Hemos observado las cámaras y no hemos encontrado nada. La gente de servicio son los únicos que transitan por allí, pero he revisado los documentos y nadie hay que parezca mínimamente sospechoso.

Por la forma que tiene de explicarse y pasarse la mano por la frente puede que la desesperación sea lo que la esté moviendo.

—Con esta última han saltado todas las alarmas. El cadáver de uno de los Ceos ejecutivos ha aparecido esta mañana con esa especie de alfiler para el cabello que tienes ahí.

Nuria Cañete señala hacia la silla en la que hay un sobre transparente al que Perea se acerca como hipnotizado. Lo reconoce de inmediato.

— Todo ese jaleo que has visto fuera es solo por esto. Estamos intentado tener controlado el cien por cien del personal que se mueve por el casino, pero es imposible. Tengo una sensación horrible, de impotencia, que no tenía desde hace tiempo. Y encima me han dado un ultimátum. O encuentro al asesino y se acaban las muertes o mañana por la mañana estoy fuera—. Traga saliva antes de continuar—. No puedo perder este trabajo Perea. Ramón está cada vez peor y a Marta la he alejado de toda esta mierda, no quiero...

"Que acabe como tu hija" Perea termina la frase en su cabeza. Pero no se vuelve para increparla, no, a ella no. No es justo. Intenta centrarse en el alfiler del pelo.

—Además, creo que podría ayudarte a encontrar a tu hija.

Ahora sí, Perea cierra los ojos un par de segundos. Desde aquí le parece escuchar el murmullo de las apuestas y el tintineo de las tragaperras que hay distribuidas por todas las zonas de descanso de los hoteles. También se muerde el labio hasta hacerlo sangrar.

Si, hace tiempo le habría venido bien esa ayuda, ahora puede que sea tarde y no es ético que él acepte ese chantaje para ayudarla. No, eso si que no es de amiga, por eso se centra en el sabor metálico de su propia sangre y saca la fotografía del bolsillo que rasga por la mitad con cuidado.

— No te preocupes por mí hija, de eso me encargo yo—. Le acerca la media fotografía—. Busca a ese muchacho, me consta que viene por aquí a prostituirse o pillar algún pico que meterse. Si lo encuentras, haz lo que harías por Paula. Cuida para que se rehabilite y dale un empleo digno. Se acabarán los asesinatos. Y olvídate de mi hija.

10.

Cañete le acompaña hasta la salida, todo el tiempo sin hablar por qué no hay mucho que decir. En la entrada todavía hay obreros esperando su turno para entrar. Nuria Cañete se queda atrás y Perea camina sin detenerse hasta el Kadett.

Arranca y se produce el mismo milagro del mar Rojo que se dio al llegar. Todo el mundo se aparta a la orden de los vigilantes y los ladridos de los canes.

Perea ahora sí, busca el rostro de la mujer entre la multitud. Tarda, pero lo encuentra. Está sentada en un bordillo con el pelo suelto. La mujer alza la vista y lo ve, su rostro está teñido de un amargo verde esperanza. Se pone en pie y se acerca despacio mientras Perea baja la ventanilla. No se dicen nada, tan solo saca la mano y le entrega un sobre transparente con un alfiler del pelo dentro.

Nunca se le dieron bien las palabras, así que tarda, pero finalmente las encuentra.

— Lo van a encontrar...Y te van a ayudar.

No es capaz de construir ningún argumento más. Tampoco hace falta. La mujer llora, desconsolada, intentando sonreír a la vez, viajando rápido en esa bipolaridad en la que nos sitúa a veces la emoción.

Él arranca despacio, viendo por el espejo como la mujer no es capaz de mantenerse en pie y se deja caer de rodillas. Detrás de ella, como una metáfora más de la vida, ve una pintada en el muro de la caseta de vigilancia "Es triste amar sin ser amado, pero más triste es vivir sin aire acondicionado".

Ningún número en rojo.

Ya no habrá más.

Y además faltan un par de horas para cumplir un mes sin beber, así que se encamina hacia el hospital donde su hija estará trabajando hasta que en el amanecer entren las de guardia. Las horas que quedan de noche las pasará esperando a que acabe su turno.

Quizá la conversación que tiene pendiente con ella le abra nuevos horizontes.

Un sucio suelo ajedrezado

POR JUAN RAMÓN BIEDMA

> Los vientos se marchitaron en el aire paralizado,
>
> y perecieron las nubes: no las necesitaban
>
> las tinieblas: ellas eran el universo.
>
> *Las tinieblas* – Lord Byron

A los siete meses, el embarazo es todavía un equipaje manejable.

Paloma —*Palo*— sale de noche y si no bebe es porque no le alcanza el dinero, no para de fumar y cree que está a tiempo de dejarlo mucho antes del parto, improvisa circuitos callejeros que sólo cobran sentido cuando encuentra signos que la animan a no enterrarse en casa, como los carteles en las paredes que aparecieron, o descubrió, dos días atrás y que no dejan de salirle al paso:

Ciclo de Cine Censurado

A Serbian Film

Cine Albaida

20 de julio — 02:00

SESIÓN DE MADRUGADA

Con los caracteres impresos sobre la imagen de un sucio suelo ajedrezado en el que reposa el cadáver de una mujer desnuda.

Pero en verano, la editorial apenas le encarga alguna traducción, quiere ahorrar para afrontar las semanas siguientes al parto sin demasiadas estrecheces y las películas son un lujo que, por más que lo intente, no se puede justificar.

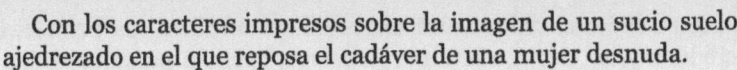

Por supuesto, el día 20 es de las primeras en llegar al Cine Albaida.

El verano en Sevilla es aún más insoportable de noche, cuando se extingue la última esperanza de que las temperaturas rompan fondo y se percibe con mayor claridad el sonido de gigantesca olla hirviendo en la que se han convertido las cloacas.

Con su camiseta negra de Hellraiser—el cenobita deformado por la barriga—, Palo no destaca demasiado en el sistema biológico congregado a la puerta del cine, más chicos que chicas, mucho solitario, mucho receloso, un completo muestrario de las enfermedades mentales más frecuentes de su tiempo, sedientos del aire acondicionado que los salve de las calles en ebullición.

Cuando al fin puede acceder al interior, tiene la sensación de que el patio de butacas es mucho más grande de lo que recordaba y que, repartidos entre los antiguos asientos de madera, ha empezado a formar parte del manojo de desgraciados ansiosos por razonar que la ultraviolencia es la última forma de auténtico arte callejero.

El aire acondicionado no funciona.

Palo elige una fila solitaria demasiado cerca de la pantalla y al momento otra chica se deja caer a cuatro butacas de distancia. Antes de que se apaguen las luces, tiene el tiempo justo para descubrir que no se trata de una mujer, o que al menos no nació como tal, aunque ese traje de lino negro y el pelo recogido de cualquier manera, la piel morena, la hagan parecer mucho más femenina que ella.

Había leído tanto sobre la película, venía con el asco tan procesado que, como temía, fue incapaz de digerir el horror y contempló cada secuencia como si ya la hubiera visto antes, aunque el quirófano, el niño violado y cada gota de sangre quedaron en algún lugar de su cerebro para asaltarla más tarde.

A su lado, el chico chica encendió el móvil en los primeros créditos y no volvió a levantar la cabeza hacia la pantalla ni una sola vez.

En nada, la película ha terminado y están regresando a la ardiente bruma nocturna de las calles.

Salen juntas, se sonríen y, cuando ya en el exterior, su compañera de fila se detiene bajo la marquesina, Palo se queda a su lado.

No has mirado apenas la peli, ¿esperabas otra cosa? —Le pregunta antes de que se aleje; mientras estén cerca del cine, no serán dos desconocidas.

No, qué va —está distraída mirando fijamente al interior del vestíbulo mientras la reja metálica va cayendo accionada por un acomodador fantasma—. Perdona —por su falta de atención—. No he venido a ver la película.

No, perdona tú por la pregunta.

En realidad, he venido buscando a una amiga.

Y ahora no hay nadie alrededor.

Son casi las cuatro de la madrugada y cuando se apaga el cartel luminoso, han quedado atrapadas en medio de ningún sitio.

Me llamo Paloma. Palo.

Yo, Carmen —le tiende torpemente la mano y casi inmediatamente cambia el saludo por un beso en la mejilla, sólo uno. La piel es tan suave como su voz.

Bueno —Palo se aleja un paso—, a estas horas no hay autobuses, así que me queda una larga caminata hasta el centro, ¿tú vives por este barrio?

Por el Hospital Macarena —señala en sentido contrario.

Si hubiera algún bar abierto, nos podríamos tomar una cocacola.

Por aquí, a esta hora, imposible —dispone de una de esas sonrisas tristes tan reconfortantes—, ¿no te da miedo callejear tú sola?

No tengo pasta para taxis y ¿quién va a querer violar a una tía embarazada?

Hay muchos que desearían violar especialmente a mujeres embarazadas —y parece conocerlos a todos y cada uno de ellos.

Supongo que sí —se encoge de hombros—. Pero estoy acostumbrada a rular por ahí de noche.

Te acompaño —sabe decirlo sin que parezca que le hace un favor.

Deja, no hace falta, está a un tirón. Además, mientras vas y vuelves, se te hace de día.

Pues mejor.

***

Desde hace tres años, Palo reside en un piso que le cedió una tía suya cuando ingresó en una residencia de ancianos, pero en el transcurso de este tiempo, la anciana ha fallecido y su prima, que la odia, ha puesto la casa en venta, así que son días contados los que le quedan por vivir allí.

Mientras tanto, aquel cuchitril sigue siendo más o menos su hogar. Carmen la ha dejado en la esquina tras intercambiar los números de teléfono y, cuando cierra la puerta tras de sí, se desploma sobre ella todo el cansancio de un día entero arrastrando su revoltosa carga abdominal y se siente tan fatigada que apenas puede llegar al sofá.

Al despertar, el sol alumbra ya la cocina desde un ángulo que le recuerda el quirófano donde el médico viola al niño en la película que vio anoche. Se desnuda por completo y vuelve a recostarse, no tiene fuerzas para llegar a la cama. Piensa en Carmen. No había asumido que a algunas mujeres en gestación se les dispara el deseo sexual hasta que lo verificó en Google unas semanas atrás. El calor la deja inconsciente.

***

Por la noche es la misma Palo, rondando sola, el pelo corto con peinado de hombre y los vaqueros anchos, sólo ha cambiado la serigrafía de la camiseta negra, en la que hoy puede verse al exorcista a la luz de una farola, como ella en ese momento, leyendo un nuevo pasquín en la pared.

Ciclo de Cine Censurado

Schramm

Cine Albaida

27 de julio — 02:00

SESIÓN DE MADRUGADA

Por fin, la señal cósmica que necesitaba para llamar por teléfono a Carmen.

***

Hace años que no abandona el sueño al sonido del despertador. Lo descarta, se da la vuelta y necesita terminar de resucitar para descubrir que se trata del timbre de la puerta.

Recoge del suelo una camiseta y se dirige rápidamente hacia la puerta pensando en que puede ser Carmen a pesar de que no ha llegado a facilitarle su dirección.

Cuando abre, el cartero, que ha esperado pacientemente para joderle la vida, le entrega un burofax en el que su prima le informa de que ha encontrado un comprador para el piso y que dispone de quince días para abandonarlo.

Cierra despacio. El cartero, maldito cobarde, ha desaparecido.

Aparta la mirada de los carteles de películas de terror de los años veinte que llenan las paredes para centrarse en la cita con Carmen a las once de la noche, cualquier cosa menos pensar en que tiene dos semanas para encontrar un sitio donde llevar la cartelería, los libros, los vinilos y toda la mierda que ha amontonado en treinta y siete de años de vida, incluyéndose a ella misma y al ocupante de su vientre.

***

Le resulta verdaderamente enigmática la conexión por la que se pone tan caliente cuando a Carmen se le abre la chaqueta de lino y deja entrever aquel pecho escamoso, huesudo y pálido. Lleva el mismo traje de hace dos días, igual de arrugado, la única diferencia es que se ha acentuado el olor a sudor.

¿Era tu novia?

No, ya te he dicho que era una amiga —Carmen juega con las patatas fritas sin probarlas—. Las dos éramos camareras en un Burger King como éste.

Por eso me has citado aquí.

Ya sé que no está aquí, no está en ningún sitio. En ningún sitio normal.

¿Normal?

Sólo hay una persona que me puede decir dónde encontrarla.

Parece necesitar una pausa para pensar si quiere contarle la historia o no, un momento que Palo emplea en devorar la hamburguesa entre largos trago de cocacola.

Su mesa está situada en el rincón más profundo del establecimiento, al lado de los servicios; sólo otras tres están ocupadas por comensales deprimidos que las miran con odio; el frescor insuficiente del aire acondicionado se escapa por la puerta que han dejado entreabierta. La providencia no ha escatimado en glamour para que aquélla sea una velada inolvidable.

Cielo es una mujer trans, como yo —Cielo debe ser su amiga desaparecida—. Nos conocemos desde el colegio. Pasamos por todo esto las dos juntas, pero ella siempre se quiso operar. Al contrario que yo, que me da igual.

... —Palo no sabe si debe comentar algo, aunque toma nota mental de la información.

¿Tú tienes instinto maternal? —Por alguna estrafalaria asociación, le señala el vientre.

Yo tengo cero instinto maternal, pero me he hartado de estar sola.

¿Ves? Cada una es cada una —aún no ha probado la comida pero sigue jugando con las patatas—. Cielo se quería operar desde siempre, pero no sabía cómo afrontar todo aquello y no tenía un duro, no tenía nada, sólo trabajillos en negro y, como mucho, contratos temporales.

El puto pan nuestro de cada día.

Hasta que... hasta que conoció a un tío en un chat de internet. Por lo visto, empezaron a hablar y a hablar... El tío no tenía mucho interés en conocerla personalmente, sólo hablaban, pero ella se acostumbró a volver a él cada día, a contarle sus cosas... Total, que el tío le propuso pagarle la operación de cambio de sexo, la convalecencia, todo.

Eso es muy raro.

Más de lo crees, porque ponía una sola condición.

¿Cuál?

Estar presente durante la operación. En el quirófano. Dentro. Todo el tiempo. Y también en las curas.

¡Joder! —De pronto, la hamburguesa vuelve desde su estómago y le cuesta mantenerla allí—. Ese tipo es un enfermo. Un psicótico.

Da mucho miedo, ¿verdad?

Además, en los hospitales no dejan que nadie acompañe al enfermo durante las intervenciones.

Él decía que conocía una clínica privada en la que sí lo permitían.

¿Tu amiga aceptó?

No lo sé —aparta su bandeja intacta—. La última vez que la vi, se lo estaba pensando.

¿Y después?

Y después no la he vuelto a ver, no responde al móvil, ha desaparecido del piso compartido donde vivía, se llevó sus cosas sin despedirse de nadie.

Joder.

...

Joder.

Más importante que se escape el frío por la puerta, es lo que puede entrar por ella en cualquier momento. De pronto, la oscuridad de la calle se ha convertido en una inmensa trampa que aguarda su salida y la espesa iluminación del local comienza a decrecer para empujarla a salir de allí.

¿No hay manera de averiguar quién era ese tío? —Palo.

Sé perfectamente quién es ese tío. El dueño del cine Albaida. Pero no sé dónde vive. Por eso voy al ciclo de películas ultragores.

***

Por la mañana, al fin, después de varias semanas, noticias de la editorial:

Querida Paloma:

Disculpa que no haya respondido antes a tus mails, pero vamos a full con el cierre del curso, ya sabes que en el sector, durante el verano, se acaba el mundo. Por ahora no hemos comprado los derechos de ningún título, pero seguro que en otoño empiezan a entrar cosas sí o sí, ya sabes que eres una de nuestras traductoras random.

Muaks.

Y ni siquiera se ha levantado de la cama.

***

Una a una, las mujeres citadas a la consulta de obstetricia van pasando antes que Paloma, todas acompañas por sus parejas, sus madres o sus hermanas, todas felices con el resultado del examen, todas, hasta que queda ella sola en la enorme sala de espera del hospital.

La doctora sale de la consulta con su bata blanca inmaculada, pasa a su lado sin saludarla y se pierde por un pasillo. Cinco minutos después vuelve a salir y entra en una misteriosa puerta blanca, pero, en el intervalo, Paloma no la ha visto regresar.

No le extraña, sabe que un laberinto de pasillos por el que los sanitarios se mueven a escondidas de los pacientes conectan las consultas, pasillos en los que se desplazan para ir al cuarto de baño, para hablar con otros compañeros, quizás para follar, para reponer material, para confabularse en contra de cualquiera que no pertenezca a su secta.

Hace mucho que sabe de la existencia de aquella red de pasadizos pero es ahora, allí sola, cuando empieza a sentir esa ansiedad, esa sensación de estar siendo observada.

No sabe si es la climatización lo que la hacer temblar.

Se pregunta si el dueño del cine Albaida también conocerá aquellos pasillos.

**

Carmen no responde a las llamadas ni a los mensajes.

Y Palo se repite que no pasa nada, que la vida sigue.

Pero no sigue.

**

Esta vez lo que trae el cartero es un paquete, claramente identificable como un libro de pocas páginas en tapa blanda.

No trae remitente, pero en el interior encuentra una dedicatoria muy formal de su amiga Ester desde Tarragona.

La obra se titula *Talidomida* y es un ensayo sobre el fármaco surgido a finales de los cincuenta para calmar las náuseas de las mujeres embarazadas que originó miles de casos de focomelia, una atroz malformación por la que los niños nacían sin extremidades o con brazos y piernas extremadamente cortas.

La Talidomida se había citado en varias películas y novelas de terror como la causa científica que daba pie a toda clase de monstruosidades.

Paloma hojea el libro sin detenerse en ninguna página.

Piensa en su amiga Ester.

Humor de frikis.

***

Se acuesta, se levanta.

Se acuesta, se levanta.

No puede dejar de pensar en el propietario del cine Albaida. No todos los psicópatas, no todas las aberraciones se encuentran en la literatura. ¿Qué clase de depredador dedica su vida a encontrar mujeres trans a las que sufragar sus intervenciones a cambio de deleitarse en directo con una sesión de sangre y bisturí?

Aquel individuo no procedía de una película de David Cronenberg, estaba aquí, en Sevilla, muy cerca de su casa.

Al fin atrapa un sueño viscoso y superficial en el sofá.

Del que la extrae una voz en su habitación.

Se pone en pie pero no se mueve, se queda allí, tan desnuda, tan preñada, tan insignificante, tan sola.

La voz es un susurro, una suave narración de alguna clase de mensaje que, por el tono, debería suscitar un gran interés en Paloma.

Lentamente se dirige a su cuarto, y en cuanto llega, golpea el interruptor. Naturalmente, no podía haber nadie, pero ni comprobarlo ni la pieza completamente iluminada la tranquilizan.

El sonido procede de su portátil semicerrado, que ella jamás deja encendido.

Sigue en la puerta, sin acercarse al ordenador por miedo a levantar la tapa y confirmar sus absurdas sospechas.

***

A mediodía suena el teléfono y Carmen no inicia una conversación, sino que más bien parece que la prosigue, atropellada, como si llevaran colgadas a los móviles desde por la mañana.

... ha sido cosa de suerte, si es que se puede hablar de suerte en todo esto, pero después de pasar por un montón de foros de mil pelajes he conocido a esta chica, que también tuvo trato con el dueño del cine Albaida, que por lo visto se llama Almagro (Almagro se llama el del cine, no la chica). Almagro. Pues lo mismo: que le pagaba la operación *de cambio* si lo dejaba estar presente en el quirófano. Pero esta chica, antes de aceptar, lo estuvo investigando; por lo visto tenía un novio que era funcionario en el juzgado (la chica, no Almagro), en fin, yo que sé, el caso es que se enteró de que Almagro había estado en la cárcel por sobornar al padre de un niño para que lo dejara hacerse pasar por él y poder presenciar una grave operación.

Se detiene unos segundos, ya sea para respirar, ya sea para que Paloma —que no aprovecha el momento con una pregunta, ni siquiera con una confirmación de que sigue allí— asimile la información

... pero yo te llamo para otra cosa, Paloma —mucho más solemne—. Tengo que pedirte un favor muy grande. La chica me ha pasado el teléfono del tío éste, de Almagro. Esta mañana he hablado con él y me ha citado esta noche en su casa a las doce. Y es que no tengo a nadie a quién pedirle que venga conmigo. Y tengo miedo.

...

¿Tú querrías acompañarme?

***

Cuando Paloma despierta bañada en sudor de una siesta que más bien ha sido un delirio de sexo, selva y reptiles que por suerte no recuerda con detalle, decide retomar el control de su vida.

Despeja la mesa del salón y abre una nueva hoja Excel, después busca el último saldo en la aplicación del móvil, se pasa un rato buscando el burofax para confirmar la fecha en la que se quedará en la calle, intenta serenarse, se encomienda al navegador de internet para localizar ofertas de pisos o habitaciones de alquiler a precio de hace setenta años, las descarta para pasar a los portales de la administración en los que consultar si puede aspirar a algún subsidio, intenta serenarse.

Busca un disco de Rammstein y sube el volumen hasta que revientan los auriculares.

Lleva toda la vida leyendo historias de horror, pero ninguna como ésta.

***

Llega al cine Albaida a las doce menos cinco de las noche y Carmen ya está allí, lastimera y sola, la última sesión terminó a las diez y la calle está completamente desierta.

Temía que no vinieras —le toma la mano hasta hacerle daño; con una camisa vaquera y el pantalón negro del traje de lino, parece algo más masculina y sin embargo más vulnerable.

No te iba a dejar tirada —Paloma, en su papel.

No sé por qué me he metido en todo esto.

Todavía estamos a tiempo de irnos.

Pero dan las doce en alguna iglesia cercana y se acerca al portal contiguo al cine para llamar al portero electrónico. La cancela se abre inmediatamente.

Es el último piso.

No hay ascensor ni interruptores a la vista, pero al igual que la cancela, una luz anémica se enciende cada vez que ascienden un descansillo, un poco de ambientación sobrenatural.

Cuando llegan a la última planta, encuentran abierta una de las dos puertas.

Las espera de pie en el interior, tienen que asomarse para verlo.

Almagro tendrá unos cincuenta, está calvo pero lleva muy revuelto el cabello que le queda en los parietales y la barba, viste un camiseta ancha de color ocre con antiguas manchas de yema de huevo y un pantalón de pijama.

Lo que más llama la atención son sus ojos demasiado abiertos, como en un gesto de sorpresa constante, ojos de niño vicioso que miran incesantemente la barriga de Paloma.

No sabía que ibais a venir dos —carraspea en busca de una voz algo más varonil y repite—; no sabía que ibais a venir dos.

Ella es Paloma, una amiga mía.

¿Es tu novia? —Sigue radiografiando aquella barriga envuelta en una camiseta negra con el Frankenstein de Robert De Niro.

Mi amiga.

Entrad.

Se da la vuelta y se pierde en el piso.

Es entonces cuando Paloma lo ve.

El sucio suelo ajedrezado de *A Serbian Film*.

No hay muebles en el pasillo, las puertas están cerradas y Almagro termina perdiéndose de vista.

La puerta sigue abierta y les cuesta mucho encerrarse ellas mismas en aquella madriguera. Pero lo hacen y cuando Paloma pisa aquel embaldosado blanco y negro, las sanguinarias imágenes de la película estallan en sus recuerdos.

Almagro las espera sentado en uno de los sillones de un viejo tresillo en un gran salón donde no hay más mueble ni adorno que un telescopio junto a la única ventana; el artefacto no está orientado al cielo sino hacia los edificios más bajos.

Sentaos —carraspea—. Sentaos en el sofá.

Muchas gracias por recibirnos, no le habría molestado si no estuviera tan preocupada por...

Sentaos.

Obedecen las dos, pero apenas se apoyan en el borde del asiento.

Le decía que...

No sé nada de tu amiga —la voz mustia y aguda esconde una forma de energía que tarda en manifestarse—. Es verdad que estuvimos tonteando por internet, me acuerdo de su nombre, Cielo, pero no he vuelto a saber de ella. Todo lo que me dijiste de la operación y demás... no sé nada. He querido decírtelo en persona para zanjar este asunto.

Es que no tengo manera de encontrarla y es muy raro, si usted...

Os vi el otro día en el Ciclo de Cine Censurado, ¿os gustó la película?

Ya la había visto —miente Paloma por decir algo.

El miércoles pongo *Schramm*, ¿esa la has visto?

No.

No te la puedes perder, creo que perteneces a ese selecto grupo de personas capaces de entender esta clase de cine.

Señor Almagro... —intenta intervenir Carmen.

¿Tienes ya quién te acompañe durante el parto? —e inmediatamente, sin darle tiempo a responder—. Mi mujer se quedó preñada al poco tiempo de casarnos. Pero perdió al niño en la calle, a los tres o cuatro o cinco meses de quedarse, ya no me acuerdo —utiliza un tono didáctico, sin mirarlas a los ojos, como si fueran ellas las que le hubieran pedido que les explicara una materia en la que estuvieran muy interesadas—. No volvió a ser ella, no es que se deprimiera ni nada por el estilo. Se volcó por completo en la otra parte de sí misma. Mi mujer detentaba un asilo, uno pequeño, con seis o siete viejos, un asilo ilegal, sin licencias ni nada. En una casona que había heredado de su madre, que era tan mala como ella. Lo llevaba con dos amigas de la infancia —a partir de aquí, inicia una especie de recitativo, los ojos en ningún sitio—, yo apenas sabía nada de aquel sitio, pero un día me llegó el hijo de uno de los asilados diciéndome que sospechaba que estaban maltratando a su abuelo y que se lo llevaba de allí. En aquel momento comprendí mucho, muchísimo. Le propuse a mi mujer pintar yo mismo la casa y aproveché para instalar cámaras en cada estancia. Aquello fue el principio de una de las experiencias más absorbentes de toda mi vida, una puerta abierta a otro mundo que convive con el nuestro, un mundo más intenso, más real. Mi mujer y las dos auxiliares, algunas noches... habían aprendido a torturar a aquellos viejos tan frágiles sin acabar con sus vidas, aunque algún accidente sí que sucedía. Les inyectaban toda clase de sustancias, detergentes... cualquier cosa, los golpeaban, les dislocaban los huesos. Otras veces se desnudaban las tres y los sometían a toda clase de vejaciones sexuales. Yo no podía dejar de mirar las imágenes de aquellas cámaras. Fui muy feliz. Hasta que se acabó todo. Mi mujer debió darse cuenta de que las vigilaba, porque abandonaron sus diversiones y en muy poco tiempo vendió la casa y se separó de mí. Después, por un cauce que no viene a cuento, supe que vivía en Honduras con sus dos amigas y que gestionaban una guardería —y sin transición—. Ya os podéis ir.

Señor Almagro... —Carmen.

Ya os podéis ir.

Se pone en pie, parece tener mucha prisa porque se marchen.

Las conduce hasta el final del pasillo en silencio, sin mirarlas, casi empujándolas con su cuerpo.

Espera —a Paloma con la puerta ya abierta... pero parece pensarlo mejor—, no, ahora no —y con un gesto las hace salir del piso.

***

Ya en casa, asomarse a la ventana era como introducir la cabeza en una terma hirviente, el verano de Sevilla no terminaría jamás, y Paloma estaba segura de que si intentaba dormir, todas las imágenes asquerosas que había almacenado en su mente aquella noche cobrarían vida.

***

Por la mañana, en cuanto consideró que era una hora apenas razonable, comenzó a llamar a Carmen por teléfono, necesitaba hablar con ella de lo que habían compartido la noche anterior, cuando salieron del piso se marchó sin apenas una despedida.

Pero cada vez que la llamaba, saltaba el buzón de voz al primer tono. Insistió una y otra vez, le envió mil mensajes que el sistema no entregaba. Por último, comprobó que su número ya no aparecía en la lista de contactos sugeridos.

Carmen la había bloqueado.

***

Como no sabía su dirección, a mediodía decidió, en un impulso estúpido, acercarse a la hamburguesería donde habían cenado juntas.

Desde el recrudecimiento del verano no había vuelto a salir de día, así que afrontó las calles como una expedición por el desierto de un planeta muerto, un desierto peligroso y sin oasis, con el sol en lo más alto para destruir cualquier sombra de sombra y desviar hacia las peores enajenaciones a los extraviados como ella.

Se había propuesto ahorrar suprimiendo cualquier gasto fuera de casa, ni en un refresco o un autobús, así que sólo le quedaba caminar bajo el sol.

Caminar.

Caminar.

***

Cuando recuperó el sentido, estaba en el mismo sitio donde había sufrido el síncope. Nadie se había aproximado para ayudarla. Nada había cambiado. El sol la aplastaba con todo su peso.

Se apoyó en una fachada para levantarse trabajosamente y emprendió el camino de vuelta a casa.

***

Estaba segura de que Carmen no asistiría a la proyección de la siguiente película del Ciclo de Cine Censurado pero, como decía el título de aquella novela que había leído hacía meses, no podía considerar *La ridícula idea de no volver a verte*.

En la puerta del cine Albaida, el grupo de perturbados es muy inferior a la anterior proyección, también están más disgregados, nada de hacer cola, todos esperan que se abran las puertas lo más lejos posible de los demás, todos se miran con desconfianza, aunque Paloma había sufrido una abrasión en la frente durante la caída de la mañana y su aspecto de palidísima embarazada con una llamativa herida en el rostro le concedía una especie de puesto de honor entre aquella gente.

Sube la persiana metálica como una guillotina que se prepara para cumplir su función y Carmen no llega.

Espera a que desaparezca hasta el último de los espectadores para entrar.

A lo lejos, pasa una chica canturreando con una botella en la mano, se detiene un segundo y después sigue su avance inseguro hasta perderse en lo oscuro como Paloma siente que ha perdido su última oportunidad.

Ya en la sala, se recuesta en la misma butaca que ocupó la semana pasada con la esperanza de que nadie la distinga, se apagan las luces y comienza *Schramm* con una cita inscrita en el centro de la pantalla:

«Hoy soy sucio, pero mañana seré sólo basura»

Carl Panzram

Después evolucionan lentamente los créditos, rompe una musiquilla tecno que conecta directamente con alguna parte inservible de su cerebro, el protagonista pinta de blanco la pared para ocultar la catarata de sangre arterial de la pareja de evangelistas a los que acaba de asesinar en el salón de su casa, una vaharada de olor a arroz con leche...

Almagro, el dueño del cine acaba de sentarse a su lado.

La sala está completamente a oscuras.

Es arroz con leche agriado, un profundo aroma dulzón a podrido.

No se atreve a mirarlo ni tampoco él la está mirando a ella, pasan unos segundos así, como si fueran un matrimonio de muchos años que han entrado rutinariamente a ver una película por no estar en cualquier otro sitio.

Hasta que él le busca la mano y le entrega una tarjeta de visita.

Cuidaré de que no te falte de nada, sólo quiero estar presente durante el parto —susurra con su voz infantil.

Después se levanta y se va.

Paloma se asegura de que se ha marchado para sacar el móvil y poder distinguir la cartulina en blanco con un número de teléfono escrito a mano. Que arruga entre sus dedos y arroja al suelo.

La película dura mucho menos de que lo que necesita, poco más de una hora, el resto de los espectadores abandonan el recinto con una beatífica sonrisa.

Al cabo, se levanta ella también apoyándose en dos respaldos y emprende la subida de la pronunciada pendiente que la sacará del local, pero cuando llega a las cortinas rojas de falso terciopelo, se detiene.

Siente que tiene mucha suerte de que los demás hayan desaparecido, así nadie la verá llorar. Despacio, se da la vuelta y regresa a su butaca.

La tarjeta sigue allí, formando parte ya de la basura acumulada en el suelo, así que la recoge, la alisa cuidadosamente, se la guarda en el bolsillo del pantalón y vuelve a acometer el pasillo hacia la salida.

No quedarán
aquellos días de verano

POR MARÍA MONTESINOS

Beatriz dejó de lado su lectura y se acercó al ventanal del salón. Nunca se cansaba de contemplar las luces del crepúsculo desplegándose lentamente sobre el cielo nocturno. La sutil gradación de colores blanquiazul-violáceos-rosados. Era una visión grandiosa, estremecedora. *¿Te acuerdas? La suave caricia en tu espalda. Otro amanecer, frente al mar. En lo alto del cabo de Creus, en Cadaqués. Era el verano de tus veintiuno. Corría una brisa fresca y os arrebujasteis bajo una toalla a contemplar cómo se abría el cielo en el horizonte, donde terminaba el mar. Era vuestro primer viaje juntos. A tu madre le dijiste que te ibas con unas amigas, pero te fuiste con él, en un Fiesta de segunda mano que se acababa de comprar.*

La conexión de su dispositivo se activó y la alegre voz femenina del asistente virtual anunció: «El METSOL informa de que el sol saldrá hoy, 20 de junio de 2035, a las 6:41 am y se esconderá a las 21:48 pm. Continúa la alerta climatológica máxima. La limitación horaria a la exposición solar en la región Central se ha establecido entre las 10:00 am y las 18:30 pm. La temperatura prevista en el área metropolitana alcanzará una máxima de 44º y una mínima de 32º. Recuerden comprobar los niveles de radiación UV y extremar las precauciones antes de salir al exterior. He sincronizado esta información con la programación lumínica de la casa. ¿Necesitas algo más, Beatriz?».

—Te has olvidado de decirme las previsiones de cortes de agua para hoy. Xia respondió con voz cantarina: «Tienes toda la razón, perdóname. No sé en qué estaba pensando. La Agencia de Recursos Hídricos ha programado el corte de suministro del agua en esta zona de la ciudad entre las 14:30 y las 16:30 horas. La reserva de agua en el depósito de emergencia de la casa está en un 86%, suficiente para cubrir un corte del suministro durante seis días. No creo necesario tomar ninguna medida especial. ¿Algo más, Beatriz?».

Sí. Necesitaba otro mundo nuevo, gracias. Uno más habitable.

—No, gracias, Xia. Desactívate.

En cuanto el primer rayo de sol despuntara en el horizonte, los cristales de las ventanas se oscurecerían progresivamente hasta volverse opacos durante las horas de más radiación solar y las luces de la casa se encenderían, simulando los niveles de luz diurna. La tecnología tenía soluciones para todo, excepto para protegernos de nosotros mismos, se dijo.

Se asomó a la puerta de la habitación de su hijo. Una libélula-dron fue hacia ella y se detuvo en la punta de su nariz. Otro en forma de mariquita se le posó en el hombro y un tercero revoloteó a su alrededor con un zumbido de avispa.

—¿Has visto cómo controlo los tres drones a la vez? Si consiguiera dos más, podría intentarlo con cinco a la vez y eso ya sería... —el niño hizo un gesto de orgullo con la mano.

Siete años y ya soñaba con batallas de drones en lugares que ni siquiera había podido imaginar. Se parecía tanto a su padre que, a veces, se le encogía el corazón al mirarle. Ella cogió con cuidado la mariquita mecánica y la dejó sobre la mesilla de noche.

—Sería impresionante, pero ahora se acabó la diversión. Es hora de vestirse o llegarás tarde y no te dejarán entrar en el campamento.

El niño hizo un gesto de fastidio. Maniobró el mando hasta aterrizar los otros dos drones junto a la mariquita con una habilidad que nunca dejaba de sorprenderla. Le sacó su ropa del armario y se la dejó sobre la cama. Le metió una toalla de baño seca dentro de su mochila, por si se animaba a bañarse en la piscina que habían montado dentro del refugio climatizado. A Nacho no le gustaba el agua: decía que estaba caliente y que no les dejaban hacer nada dentro, ni jugar a la pelota, ni tirarse a bomba, ni hacer carreras de buceo. Ella le había explicado que era por seguridad, para evitar que se hicieran daño. *Quizás algún días le puedas contar que vosotros sí que os tirabais a bomba en los veranos de tu infancia. Podíais pasaros horas dentro del agua. Luego os tumbabais a secaros al sol sobre la piedra calentita. Un rato boca abajo. Otro rato boca arriba y ¡vuelta al agua! Jugabais a lanzar una moneda a lo hondo de la piscina antes de tiraros todos detrás a buscarla. Tú siempre ganabas, porque no te importaba abrir los ojos bajo el agua y bucear cerca del fondo hasta encontrarla. Presumías de dura, pero bien que lloraste cuando tus padres te mandaron dos semanas de campamento a la montaña. ¡El drama que montaste la primera vez! Descubriste que no era para tanto, que también podías estar bien lejos de casa y valerte por ti misma y hacer amigas nuevas. Aprendiste a distinguir las hojas de los árboles y las huellas de los jabalíes y de los gamos, y a coger renacuajos en el río y a cantar canciones alrededor de la hoguera bajo un cielo lleno de estrellas. Aquellos sí que eran buenos veranos.* Beatriz no le insistía, sabía que el mayor aliciente que tenía el campamento para su hijo era su programa de actividades de diseño y construcción de drones, robots y otros aparatos tecnológicos. Y aun así, le preocupaba que el programa del campamento dedicara tanto tiempo a las actividades dirigidas a dominar herramientas tecnológicas con fines industriales entre los niños, cuando lo más importante era que jugaran, saltaran, corrieran y se divirtieran realizando cosas propias de niños. Pero ¿cómo iban a hacerlas si ya no podían disfrutar del aire libre? Contempló el cuerpo flacucho de su hijo, la palidez de su cara, los ojos enrojecidos tras las gafas. Debían marcharse de la ciudad.

—Nacho, yo hoy no te podré llevar, pero irás con Olga, ¿vale?

—¿Adónde te vas tú? ¿Vas a ir a pintar graffitis? ¡Me dijiste que me ibas a llevar contigo!

—Sí, pero no hoy. Hoy no puede ser.

—¿Por qué? ¡Pero si me lo dijiste! —protestó.

Lo dijo, sí, lo dijo. Lo llevaría cuando estuviera todo listo. Quería enseñárselo ella misma y verlos los dos juntos. Quizás algún día podría explicarle por qué lo hacía, por qué a veces necesitaba perderse por las calles para olvidar y llenarlas de pintadas con las que recordar cómo era la vida antes de que todo cambiara. Pero Evelita le había avisado de que el día anterior habían detenido a Eduardo por enfrentarse a la Brigada Especial de Limpieza mientras limpiaban de pintadas la tapia de los antiguos colegios.

¡Pobre Eduardo! Habían empezado a precisamente con la suya, una simple frase que había pintado en el muro: «Las respuestas a todas las preguntas se hallan en la naturaleza... hasta para quienes no quieren verlas», había escrito. Se lo llevaron a la comisaría, le hicieron algunas preguntas sobre esa y otras pintadas antitecnocracia que, al parecer, estaban apareciendo por toda la ciudad. Beatriz recordó aquel «¿Te atreves o te conformas?», que había visto escrito en grandes letras negras sobre la fachada de un edificio gubernamental. Duró poco, lo borraron en seguida. Todos eran mensajes calificados de subversivos que las brigadas tenían orden de eliminar de los espacios públicos. Eduardo les dijo que él no sabía nada, estaba muy mayor para esas cosas. Solo era un profesor retirado que había dedicado su vida a la enseñanza de la expresión artística. Lo dejaron marchar. En cualquier caso, era una advertencia: debían de andar con más cuidado.

—Te llevaré muy pronto, te lo prometo, pero hoy no.

Oyó el sonido de la puerta al abrirse. Olga ya estaba ahí. Apareció a su lado sonriente, con las huellas del sueño marcadas todavía en la cara juvenil. Beatriz le dio un achuchón, le murmuró gracias al oído. Era consciente del favor que le hacía al venir tan temprano, después de pasarse la noche trabajando en un gastrobar de uno de los municipios de la periferia Oeste.

—Os he traído huevos y dos tomates. Cortesía del chef.

Se le encogió el corazón. Bendita Olga, no sabía cómo se lo agradecía. Beatriz cogió uno de los tomates y se lo llevó a la nariz. Un gesto instintivo que no servía de nada desde hacía muchísimo tiempo. Los últimos tomates de tierra que recuerda eran los del huerto de su abuela Antonia. *Aquel verano lo pasaste entero sola con ella, en el pueblo. Era una mujer de las de antes, de corazón tierno y carácter recio, curtida en los años de la posguerra. Y no quería demostrarlo, pero tú notabas el orgullo escondido detrás de su gesto adusto cuando hablaba y decía: Yo sé lo que es el hambre y enterrar a dos hijos, uno detrás de otro, poco más grandes que tú. Sé lo que es dejarse las manos lavando la ropa en el agua helada del río y arar la tierra para sembrar patatas, nabos, ¡lo que hubiera! Eso ni tu padre lo ha vivido, ni tú lo vivirás jamás y así debe ser, niña, que las miserias no alimentan más que el rencor. Con una generación que pase hambre, frío y calamidades, basta. Ya no más. Mientras cocinaba, te daba un cestillo y te mandaba a coger los tomates ya maduros. Gordos, carnosos, verdirojos. Esos sí que olían —a la rama, a la savia de la planta— y sabían a eso, a huerto, a sol, al agua del pozo, a verano. Desde entonces, no puedes morder un tomate sin pensar en ella, allí en el pueblo.* Luego llegaron los campos de invernaderos y cada vez era más difícil encontrar tomates buenos, «de los de verdad». Y ahora ni los invernaderos servían para cultivarlos, el calor extremo había arrasado con buena parte de la producción en el país.

—Pruébalos, están ricos. Me ha dicho el chef que es una variedad modificada genéticamente para que sepan como los de antes.

Ella sonrió escéptica.

—¡Qué más quisieran! De todas formas, estos los reservo para Nacho.

—A mí no me gustan los tomates —replicó él.

—Claro que te gustan los tomates. Estos te van a gustar, ya verás. Esta noche te lo preparo. Hacía más de tres semanas que no probaban hortalizas frescas, todas eran de lata. Ella podía pasar sin comerlas, pero su hijo estaba creciendo, necesitaba alimentos frescos, nutrientes naturales. Las pocas hortalizas que llegaban al supermercado eran carísimas y desaparecían antes de que pudiera siquiera verlas. Le suplicó a uno de los empleados que la avisara cuando les llegaran al almacén, antes de colocarlas en los estantes. «No puedo hacer eso, me despedirían. Hay veinte padres como tú que me lo piden y les respondo lo mismo: El primero que llega, se las lleva», le dijo. Si le servía de consuelo, les habían informado de que en un par de meses empezarían a recibir más producto fresco: los invernaderos reflectantes de última generación estaban ya funcionando en modo intensivo.

—Me voy a vestir y me marcho —le dijo a Olga después de darle un beso de despedida a su hijo—. He dejado el desayuno casi preparado. Y tienes café hecho, por si quieres una taza.

Ropa clara de algodón, pantalones y mangas largas. Sombrero de ala ancha, gafas de sol y el parasol, por si las moscas. Beatriz volvió a revisar la mochila y comprobó que llevaba todos los objetos que necesitaba antes de salir de la casa. Bajó por las escaleras hasta el segundo piso, y al pasar por delante de una de las puertas, llamó al timbre de la única pareja de ancianos que quedaba en el edificio. Cuando la pantalla electrónica se encendió, ella acercó su rostro. Unos segundos después, la cerradura se desbloqueó y apareció una anciana junto a la puerta, como si la estuviera esperando.

—¡Beatriz! Pasa, pasa, ¿quieres un café?

—Hoy no puedo, Isabel, voy con prisa. Venía a recoger eso que te pedí. ¿Lo tienes? La mujer rebuscó en uno de los bolsillos de su bata y sacó una hoja de papel doblada por la mitad.

—Aquí está. Llevo varios días dándole vueltas, no te creas. No es nada fácil escoger una sola receta de todas las que me sé. Pero me dije: ¿cuál es la que me trae mejores recuerdos de mi vida? Y en seguida lo supe: el rinrán de bacalao. A mí me la enseñó mi madre que, a su vez, la aprendió de su madre, mi abuela Loreto. Si hay una receta que me gustaría que no se perdiera nunca, es esta.

Beatriz examinó la receta escrita con letra pulcra, temblorosa.

—Pues eso es lo que vamos a hacer: evitar que se pierda. Te lo agradezco de verdad, Isabel —Le dio un abrazo de despedida—: Por cierto, ¿cómo sigue Fermín?

—Bien, ha dormido toda la noche como un niño. Lo que tuvo debió de ser una pequeña indigestión, que últimamente anda del estómago delicado.

—Pero ¿lo ha visto su médico?

—Sí, aunque no era el doctor Rubio, sino su nuevo ayudante virtual. Un joven muy agradable. Nos llamó en cuanto recibió la alerta de que Fermín había sufrido una bajada de tensión. Le dijo que se colocara la pulserita, comprobó todos sus datos vitales en el ordenador y nos dijo que no había nada de qué preocuparse. Estaba todo bien, y aun así, nos llamó al día siguiente para interesarse por él.

—Me alegro mucho. Si necesitas algo, ya sabes que solo tienes que apretar el botón del intercomunicador y vengo.

—Eres un sol, hija. No sabes cómo te lo agradezco. Esto de estar todo el día encerrada no lo llevo muy bien, no te creas. Ya ni siquiera me da la vista para hacer un poco de ganchillo, ¡con lo que me entretenían a mí las agujas!

Clac, clac, clac. Sonaban como un instrumento musical entre sus dedos. Clac, clac, clac. Tu madre te miraba y te hablaba y sus manos no dejaban de mover los bolillos de aquí para allá. Los suyos llevaban una cadencia distinta a los de tu tía Tana, que tejía una mantilla de encaje para cuando se casara su hija Aurora. ¡Beatriz! ¿Me estás escuchando? ¡Estás en la inopia, hija!, se desesperaba contigo. Y tú asentías, sí, sí, pero no perdías de vista sus dedos ágiles jugando con los bolillos durante las tertulias de cada tarde en el patio de la tía. Eran los veranos en el pueblo de tu madre, en Valpedral. Allí se juntaban todas, tu madre, las tías, y hasta la abuela. Y cuando ellas bajaban la voz y hablaban de las barrabasadas del primo Roque o despotricaban de la mala vida que le daba el tío Paco a la tía Tana, tú fingías seguir los bolillos mientras te iniciabas sin saberlo en los claroscuros de la vida.

—Deberíais salir a airearos un poco por la noche, cuando ya haya bajado el calor.

Isabel meneó la cabeza poco convencida.

—A esas horas estamos ya muy cansados, Beatriz. Además, aquí ya no queda nadie de nuestros conocidos. ¿Y adónde vamos nosotros solos? —sonrió con lástima.

Cruzó la calle solitaria hasta la cafetería donde había quedado en encontrarse con los demás. Eran seis, dos hombres y cuatro mujeres, todos vecinos del barrio. Un grupo peculiar. Salvo Evelita y ella, que eran amigas desde mucho antes, los demás eran unos desconocidos hasta hacía poco más de tres meses, cuando compartió en un foro de vecinos la foto de unos operarios sustituyendo los bancos de una pequeña plazoleta por pantallas electrónicas para publicidad y soportes de recarga automática de dispositivos. Otra pérdida más. Estaba cansada de pérdidas. Andrés, su madre, su padre. En realidad, pensó, estaba cansada de estar tan enfadada con la vida, de rendirse y callar. Si Andrés estuviera aquí, pensó, no la reconocería. *Os tenéis que marchar de aquí, Bea.* No hacía tanto, en esos bancos solían sentarse los ancianos a pasar las mañanas y luego, ya por las tardes, se reunían allí los jóvenes a fumar y escuchar su música. Añadió un comentario que escribió casi sin pensar: «Nos quieren fuera de las calles. Nos están quitando lo que es nuestro, nuestros espacios, nuestros recuerdos, nuestra humanidad. El mundo real. Sin memoria compartida, ¿qué somos? Yo os lo digo: simples perfiles de usuarios fáciles de manejar por los dueños del universo digital». Su mensaje circuló por grupos y foros, generó mucha discusión, suscitó elogios, insultos; recibió propuestas de trabajo, de matrimonio, de inversión en fondos *cryptos*. Lo único bueno que salió de todo ese revuelo fue ese pequeño grupo de personas, todos ellos artistas o profesionales del ámbito artístico, que se ofrecieron dispuestas a hacer algo más que resignarse y callar.

Al abrirse la puerta, una corriente de aire gélido se escapó del interior del local a modo de bienvenida. Una estrategia de reclamo de clientes arriesgada, pensó Beatriz. La normativa ambiental prohibía bajar de los veinte grados en el interior de los locales públicos; por debajo de esa temperatura, se disparaba la emisión de gases HFG de efecto invernadero. El local se veía casi vacío. Solo había una mesa ocupada por unos turistas. Eran fáciles de distinguir, envueltos en las capas amarillo canario (¡100% Radiation Free!) que les entregaban a su llegada al aeropuerto junto con la conexión a una ruta virtual de movilidad por los cinco lugares turísticos climatizados más emblemáticos y un ¡Les deseamos una feliz estancia en la ciudad! En unos minutos, sonarían las alertas en sus dispositivos personales avisando del inicio de la limitación horaria a la exposición solar y, saldrían corriendo hacia alguno de los apartamentos vacacionales repartidos por el barrio.

En su edificio solo quedaban tres pisos dedicados a viviendas permanentes, el resto eran de uso turístico. Los primeros años ella protestaba a menudo por el trajín constante de personas entrando y saliendo del edificio. ¡Tenía un niño pequeño! ¡Necesitaban dormir! Los propietarios hacían oídos sordos. Ganancias, ganancias, ganancias. Ahora la mayoría se pasaban vacíos todo el verano, salvo que apareciera algún viajero despistado. Y ella sentía una satisfacción íntima, perversa. Pérdidas, pérdidas, pérdidas. Fastidiaos.

De todos modos, ¿quién querría venir a visitar una ciudad, un país, en el que no se podía salir a la calle durante la mayor parte del día? ¿En el que la gente moría por golpes de calor? Y eso, por no hablar de las playas. *¿Cuántas playas como aquella quedarán todavía en Java? Iban en busca de unos bancales de arroz en medio de la jungla y aparecieron en una aldea perdida, bajo una lluvia fina, en una motocicleta recalentada. Sin señal GPS ni mapas para orientarse. Él quería dar la vuelta y regresar; tú te acercaste a una mujer con un crío en el regazo sentada a la puerta de su casa de bambú. Le preguntaste por señas dónde estaban los arrozales. Nasi, arroz, se te ocurrió decirle. Y ella asintió sonriente, te indicó un camino entre la espesura. Andrés desconfiaba, tú tiraste de él: vamos, no seas tonto. Apareció de repente, en un claro entre palmeras. Una playa de arena blanca, de fondo el mar azul turquesa. Dos barquitas de pescadores varadas en la arena y unos cuantos techados de bambú más allá. Un niño corrió a recibirlos gritando ¡makan, makan! ¡Nasi goreng! ¡Ikan Bakan! Os trajo un plato de pescado fresquísimo a la parrilla, dos cuencos de arroz frito, unas rodajas de papaya. Os dijo que se llamaba Koming y Andrés le tomaba el pelo: en español, tú, Comino. El niño lo repetía ¡Comino, Comino! Él te dijo: qué te parece, Bea, ¿nos lo llevamos de vuelta metido en la maleta? Todavía no lo sabíais, pero dentro de ti ya latía otro corazón chiquito y precioso. Os bañasteis solos en las aguas* *cristalinas, os tumbasteis bajo el techado de hojas de palma, frente al mar. Os olvidasteis del tiempo, de la lluvia, de los arrozales. ¿Qué habrá sido de aquel lugar?*

—¿Todavía no han llegado los demás? —Evelita dejó su mochila en la silla y se dejó caer a su lado, con un suspiro de alivio. Se limpió el sudor de la frente, del cuello, de la nuca. Desde que cumplió los cincuenta, los sofocos no la dejaban vivir—: Eduardo me ha dicho que no le esperemos. Irá directamente allí.

Con Ana no podían contar. Esa semana le tocaba guardia en el hospital.

Fátima y Pablo no tardaron en aparecer. Hacían una pareja singular: los dos pasaban de la mediana edad, aunque nada en su aspecto lo delatara: ella era alta, espigada, de maneras resueltas; él, en cambio, era moreno de tez, no muy alto, de constitución fuerte, y tenía un carácter más reposado. El chorro de aire helado les sorprendió tanto como ella. Fátima se llevó la mano a la garganta protegiéndola del frío. Dirigió una mirada de desaprobación a la camarera que la chica no debió captar: los miró de reojo y bajó la vista a la pantalla de su dispositivo. Bea les hizo una señal con la mano.

—¿Cómo pueden tener este frío? —protestó Fátima. —. Habría que denunciarlos. Es innecesario, insolidario y estúpido.

Evelita le dio la razón: no tenía ningún sentido.

—Bueno, al lío. ¿Lo tenemos todo? —preguntó Beatriz.

—Yo fui anoche a casa de mi amigo Tomás y me dio un lote de revistas viejas que guardaba de cuando tenía el kiosko de prensa —respondió Pablo.

Los demás también habían recopilado lo que necesitaban para recuperar la memoria de lo que era antes la vida en el barrio, de las cosas buenas que merecía la pena conservar porque formaban parte de su identidad común, de sus valores más humanos.

—Pues listo. Deberíamos marcharnos cuanto antes —dijo Evelita—. Mi dispositivo personal dice que dentro de ocho minutos la mitad sureste de la plaza estará en sombra.

Solo tendremos un par de horas hasta que empiece a dar el sol, así que habrá que darse prisa.

Se pusieron en marcha. Cada uno cargaba su material y sus botellas de agua, aunque luego acabaran todas juntas dentro de la neverita de Eduardo. La luz del sol destellaba contra las ventanas opacas de los edificios. Recorrieron el camino a paso ligero. Uno detrás de otro, en fila india, buscando las sombras afiladas. Al cruzar la calzada, Beatriz notó cómo las suelas de los zapatos se hundían suavemente en el asfalto reblandecido. Sus huellas quedarían impresas ahí para siempre como prueba infalible de su delito. Con todo, lo más inquietante eran la quietud y el silencio en las calles. No se oían voces, ni gritos infantiles, ni bocinas de coches, ni ruidos de obras. Nada. La ciudad entera permanecía a cubierto hasta que comenzara a bajar el sol.

Su dispositivo emitió una vibración: el nivel UV había subido a 7. Alto. La temperatura, 37 grados. Todavía soportable.

Cuando llegaron a la plaza, Eduardo los esperaba a la sombra, sentado en su vieja silla de playa bajo el parasol plateado. Un libro entre las manos y la neverita a sus pies. Se levantó al verlos, los recibió con los brazos en jarras, como diciendo: aquí estoy yo.

—A ti no te intimida nadie, ¿verdad, profesor? ¡Tú siempre al pie del cañón! —Pablo lo saludó con una cariñosa palmada en el hombro.

Él le restó importancia con un gesto de la mano.

—Soy hueso duro de roer.

Evelita meneó la cabeza con resignación. Fátima se abrazó a él.

—Pero Eduardo, ¿cómo se te ocurre enfrentarte a esa gente? —le reprendió con cariño.

—No te preocupes: volveremos a poner tu frase en la pared cuando quieras —añadió Beatriz.

Pero ahora no. Ahora debían ponerse manos a la obra. Montaron los artilugios electrónicos, los compresores de pintura y se dispersaron por la plaza. Cada cual frente a su pared, proyectaron con láser los dibujos que traían preparados: Evelita en la esquina sudeste; Pablo se colocó en la pared frente al antiguo kiosko de prensa; Fátima, un poco más allá. Eduardo eligió la pared central y ella dejó sus bártulos cerca de la esquina, junto a la puerta del bar de Paola y Santiago. Unos días antes, les había contado su idea y aceptaron encantados que decorara la pared alrededor del bar. Tintó de blanco el fondo a modo de cuaderno; en una esquina, pintó dos tomates bien rojos; en la otra, una ramita de perejil. Encima, un plato de rinrán, y al lado, copió en letra de caligrafía la receta de Isabel, paso a paso. Retrocedió tres pasos para contemplar la obra. Sonrió para sí, satisfecha.

Echó un vistazo al trozo de pared de Pablo. Había terminado de pintar el kiosko de prensa, decorado con las portadas de sus viejas revistas. Fátima había dibujado un grupo de niños y niñas jugando al escondite; Eduardo había optado por dos parejas bailando en un ambiente de verbena popular, del que se había encargado Evelita. Por ahí sueltos, habían copiado unos versos de aquella canción de Radio Futura que decía: *Arde la calle al sol de poniente... hace falta valor, hace falta valor, ven a la escuela de calor.*

A medida que se acercaban a las horas centrales del día, el calor arreció, el aire se volvió denso, casi irrespirable. Beatriz consultó su dispositivo otra vez: El nivel UV estaba a punto de llegar a 9. La temperatura, 41 grados. No les quedaba mucho tiempo.

Sonó un golpe seco a sus espaldas. Se dio la vuelta, sobresaltada, igual que Eduardo.

Había un gorrión muerto en el suelo. Justo cuando se acercaron los demás, se desplomó a sus pies otro gorrión. Y, en seguida, otro más. Fátima se tapó la boca, ahogó un grito de horror. Beatriz alzó la mirada al cielo inmisericorde. *Si piensas en aquel día, solo recuerdas la imagen de un caballo calcinado. Lo debiste ver en alguna parte, quizás en las noticias. Hablaban del peor incendio del último siglo, el más virulento, el más asesino. Lo mismo habían dicho de los incendios que habían arrasado enormes extensiones de tierra por toda la península en los últimos veranos. Pueblos, campos, montes y montañas. Provincias enteras convertidas en un erial de ceniza. «Una mujer y un hombre mueren calcinados al intentar salvar a sus animales del fuego», era el titular. No era verdad, no fue así. No eran sus animales, ni sus caballos. Ni siquiera querían salvarlos. Él solo intentó convencer a Antonia de que los dejara, que no volviera a por ellos. Pero la mujer salió corriendo hacia el cubil y Andrés la siguió detrás. «Tú vete a casa, espérame allí; no vayamos a tener una sorpresa», dijo. Te dio un beso rápido en los labios, una suave caricia en la panza. Debiste retenerlo, debiste pedirle que se volviera contigo, que tú lo necesitabas más. Pero no dijiste nada. Lo viste marchar sujetándote la tripa. Ocho meses de torpeza encima no te ayudaron a reaccionar. Y luego, la espera en casa. Los murmullos, las miradas preocupadas, los silencios. No te quisieron enseñar su cuerpo. Temían que afectara a tu estado de gestación, y fue tu madre quien lo decidió. Dijo que era lo mejor para para ti. Debiste agradecérselo en vez de perdonarla. Gracias a ella, te queda el recuerdo de Andrés vivo en tu memoria.*

Si los pájaros caían desplomados del cielo, era hora de recoger y marchar.

Vuelve a Valpedral, Bea.

Al anochecer, las calles bullían de gente y de actividad como si fueran las nueve de la mañana. Los obreros volvían a sus trabajos en la construcción. Repartidores, barrenderos, dependientes de tiendas, bares y supermercados comenzaban su jornada laboral desplazada al horario tarde-noche. Beatriz consultó su dispositivo, ya faltaba poco.

—¿Vamos a ver las pintadas? —le preguntó a Nacho.

—¿De verdad? ¿Ahora?

Cogió de la mano a su hijo y recorrieron las calles hasta llegar a la que fuera la plaza del barrio tiempo atrás. Ahora parecía apagada, casi vacía. Beatriz divisó a un pequeño grupo de personas en el centro y se encaminaron hacia allí. Nacho se quejó, no veía nada. Ella le pidió que esperara unos segundos más.

—¡Habéis venido! —los recibió Evelita, que saludó al niño con un choque de manos. Allí se encontraban todos, reunidos otra vez. Habían venido con algún familiar y amigos a los que habían hecho partícipes del proyecto. No tantos, ya no quedaban muchos en la ciudad. Se saludaron entre ellos, Beatriz les presentó a su hijo, Nacho; Fátima se había traído a sus dos sobrinos, dos niños de diez y once años, con cara de no querer estar allí. Evelita elevó la voz para avisar, empezaba la cuenta atrás. ¿Preparados?

...tres, dos, uno... Las luces blancas de las farolas se encendieron a la vez y los coloridos murales aparecieron ante sus ojos. Nacho los miró y se volvió a ella, sorprendido. Cada escena representada —los niños jugando, las parejas de baile al son de la música, la vieja librería— parecía cobrar vida sobre los baldosines de la plaza. Era como si se oyera la música de la verbena, los niños corrieran a esconderse entre las parejas de baile, el olor a fritos inundara la plaza y al fondo, el kiosko de prensa de don Tomás volviera a vender chucherías a los niños.

—¿Qué son chucherías?

Beatriz sonrió al recordarlo.

—Pues una especie de caramelos de diferentes formas y sabores. Todavía existen, aunque es difícil encontrarlos. Antes los vendían en muchos sitios: regalices, gominolas, chicles, piruletas... Cuando yo era pequeña, me daban dos monedas de paga a la semana, con las que podía comprarme un helado gigante y dos chuches. En los veranos en el pueblo de tu abuela, en Valpedral, nos pasábamos el día por ahí, íbamos a bañarnos al río por la mañana; subíamos al monte o íbamos en bicicleta hasta las ruinas del torreón árabe a merendar con nuestro bocadillo en la mochila.

—¿Con el sol?

Ella asintió, con una sonrisa melancólica. Sí, a plena luz del día. Eran unos días espléndidos.

—Y después de cenar, salíamos otra vez y nos dejaban quedarnos en la calle a jugar con los amigos hasta las once o las doce de la noche. No teníamos dispositivos electrónicos que nos avisaran y se nos pasaba el tiempo volando, así que siempre volvíamos a suplicar que nos dejaran un ratito más...

Su hijo la miró con expresión de desconcierto.

—¿Y a qué jugabais entonces?

—Pues no sé... al escondite, al pilla pilla, a la pelota, a tirar globos de agua... siempre se nos ocurría algo.

Nacho se quedó mirando el mural de los niños jugando al escondite.

Una luz tenue iluminó el dispositivo de Beatriz: Nivel de UV: 0. Temperatura, 31 grados. Lo consultó al dispositivo, solo por curiosidad. La pantalla se volvió a iluminar: Previsión meteorológica para mañana 21 de junio de 2025 en Valpedral: Temperatura máxima, 37º. Mínima, 25º.

Septiembre, 2025.

Cuando la Casa de las Ideas era una casa de monstruos.

POR RAFAEL JIMÉNEZ SÁNCHEZ

ILUSTRACIÓN CaMiNaNTe

Todo el mundo conoce en la actualidad a la llamada "casa de las ideas", la **editorial Marvel**, la mayor productora de cómics de superhéroes del momento. Sus personajes son populares en todo el mundo, iconos más allá del papel que han dado el salto a la gran pantalla y monopolizan las salas de cine y las plataformas de televisión de pago. Personajes como *Spiderman*, *Thor*, el *Capitán América*, *Iron Man*, la *Viuda Negra* o *Hulk* se han convertido en ídolos del cómic y embajadores de la cultura norteamericana. Sus imágenes se lucen en camisetas, mochilas, material escolar o cualquier objeto propenso a ser utilizado como *merchandising*.

Pero **la Marvel** que conocemos ha ido cambiando a lo largo de sus más de ochenta años de vida, y no solo los personajes o las publicaciones, sino también su propio nombre. Esta historia comienza en 1939 cuando Martin Goodman crea esta editorial que en sus comienzos se llamaba **Timely Comics**, siendo su primera publicación importante el *Marvel Comic número 1*, por el que años más tarde tomaría su nombre. En aquella época en la **Timely Comics** encontrábamos un universo de superhéroes con personajes como la *Antorcha Humana* (no confundir con *Johnny Storm*, el miembro más joven de los *Cuatro Fantásticos*), el hombre submarino *Namor* o el *Capitán América*,

Comics, pero no solo sustituye de nombre, sino que su contenido también es otro. Los superhéroes quedan aparcados y en su lugar son reemplazados por historias fantásticas de monstruos y terror. Seres de otros planetas, monstruos venidos de otras dimensiones o de lo más profundo de la tierra o, peor aún, provocados por la radiación. Estos seres comienzan a pulular por las viñetas de los títulos de la nueva editorial. El terror reemplaza a los superhéroes. Los trajes de mallas son sustituidos por escamas, pieles cubiertas de pelo, los superpoderes por el horror y las historias de acción por la tensión.

personaje que sería recuperado en los años 60. Esta primera hornada de superhéroes estaba muy influenciada por el momento en que nacieron, la Segunda Guerra Mundial. Los personajes luchaban protegiendo a EE. UU. de las amenazas nazis y japonesas.

Una vez terminada la Segunda Guerra Mundial, la editorial comenzó a entrar en crisis. Los gustos del público cambiaron y las inquietudes pasaron de lo meramente superheroico al terror. Esto se produce por el cambio del interés del público, pasando de lo bélico a la preocupación por la incipiente Guerra Fría con la URSS y a un conflicto nuclear entre las dos grandes potencias. Y es en este contexto y siguiendo el ejemplo de EC Comics (ojo, no confundir con DC Comics), donde Timely Comics cambia y se convierte en **Atlas**

Los gustos del público cambiaron y las inquietudes pasaron de lo meramente superheroico al terror

Historias *pulp* con la intención de provocar miedo en los nuevos lectores. Uno de los aspectos más interesantes de esta era fue la forma en que los artistas y escritores jugaron con los miedos comunes de la sociedad. El odio racial, la violencia, la locura o el miedo a la tecnología y sobre todo a la radiactividad, eran temas recurrentes que reflejaban no solo la cultura de la época, sino también los horrores internos que acechaban en la psique colectiva. También en el cine comienzan a proliferar estas historias; *La invasión de los ladrones de cuerpos*, *El enigma de otro mundo* o *Invasores de Marte* son claro ejemplo de lo que aquí exponemos. Pero en este artículo nos estamos centrando en los cómics y los monstruos en el cine de los años cincuenta daría para otro artículo.

Las historias de **Atlas**, aunque presentaban elementos típicos del género como zombis, fantasmas y asesinos, se caracterizaban por su aguda observación de la sociedad estadounidense de la época; las consecuencias de las decisiones humanas dominaban la narrativa. Un notable ejemplo es *"Strange*

Tales", donde personajes enfrentan situaciones aterradoras que, a menudo, sirven como metáfora de dilemas éticos contemporáneos. En estas narrativas, la monstruosidad no solo reside en seres sobrenaturales, sino también en las acciones de los propios personajes.

El éxito de estos cómics no solo tiene su raíz en los temas que trataron, sino también por la parte gráfica. En la cabecera de aquellas portadas comenzaban a asomar nombres que más tarde se convertirían en leyendas del género de superhéroes, como **Steve Ditko** o **Jack Kirby**. Steve fue el cocreador de *Spiderman* dándole el aspecto gráfico al *Hombre Araña* y Jack creó la imagen de la mayoría de personajes de **Marvel**. Dos auténticas leyendas de los cómics de superhéroes que comenzaron sus carreras dibujando cómics de terror. Su trabajo en los cómics de terror de la **editorial Atlas** marcó un hito en la historia del cómic estadounidense. Ditko, conocido por su estilo distintivo y su habilidad para crear atmósferas inquietantes, aportó una visión única a las historias de terror, utilizando sombras y ángulos inusuales para intensificar la tensión. Por su parte, Kirby, con su estilo dinámico y su capacidad para crear personajes memorables, contribuyó a dar vida a criaturas y situaciones aterradoras que capturaban la imaginación del público. Ambos artistas, cada uno con su estilo, crearon historias gráficas visuales impactantes. Ditko, con su enfoque más psicológico, exploraba los miedos internos de los personajes, mientras que

Kirby, con su enfoque más épico, ofrecía visiones grandiosas de lo sobrenatural. Esta combinación de estilos permitió que los cómics de terror de Atlas se destacaran en un mercado saturado, atrayendo a un público diverso. La influencia de Ditko y Kirby en el género del terror no se limitó a su trabajo en **Atlas**, sino que sentó las bases para futuras generaciones de creadores. Sus innovaciones en la narrativa visual y su capacidad para evocar emociones a través del arte han dejado una huella indeleble en la industria del cómic. A medida que el género evolucionaba, las técnicas y enfoques que ambos artistas desarrollaron continuaron inspirando a otros dibujantes y escritores, asegurando que su legado perdurara mucho más allá de su tiempo en **Atlas**. Así, el trabajo de Ditko y Kirby no solo definió una era, sino que también ayudó a establecer el cómic de terror como un género respetado y apreciado en la cultura popular. Sus dibujos eran capaces de provocar miedo y fascinación, uniendo lo macabro con lo visualmente impresionante. El uso del color también jugó un papel crucial en el aspecto gráfico. Atlas utilizó paletas vibrantes que, lejos de suavizar las temáticas, acentuaban el horror. Las portadas, a menudo más impactantes que las historias mismas, capturaban la atención de los lectores en los quioscos y contribuyeron a la popularidad de las distintas series.

Los monstruos que protagonizaban las publicaciones de **Atlas** se dividían en diferentes tipos. En primer lugar, aquellos que se

basan en los clásicos de la literatura y el cine de terror. Frutos de la rica tradición del horror, estas criaturas incluían vampiros, hombres lobo, momias, experimentos fallidos o aquellos salidos de la naturaleza como acto de venganza de esta por las acciones del hombre. Estos personajes no solo eran referentes de miedo, sino que servían como metáforas de las ansiedades humanas, como la muerte, la sexualidad o lo desconocido. Los años 50 también fueron testigos del auge de la ciencia ficción, un género que atrajo a muchos lectores jóvenes. Las publicaciones de **Atlas** no se quedaron atrás y presentaron una variedad de monstruos que surgían de mundos extraterrestres o de experimentos científicos fallidos. Estos seres, a menudo grotescos y deformes, representaban los miedos frente a la tecnología y los avances científicos, temas de gran relevancia durante la Guerra Fría.

Ejemplos notables incluyen criaturas como los "mutantes" creados debido a radiaciones nucleares o experimentos de laboratorio que salieron mal. Estas historias exploraban conceptos de evolución y la posibilidad de que la humanidad pudiera ser superada por sus propias creaciones, un mensaje que resonaba fuertemente en una sociedad ansiosa por la guerra nuclear y los peligros de la ciencia descontrolada. Otro tipo de monstruo presente en las publicaciones de Atlas eran aquellos que encarnaban el horror psicológico. Estos seres se manifestaban no como criaturas físicas, sino como fuerzas invisibles que acechaban en la mente de los personajes. Las historias solían centrarse en trastornos mentales, paranoia y obsesiones, reflejando el creciente interés por la psicología en la década de 1950. El monstruo en estas narrativas puede ser visto como una representación de los temores internos y las luchas de identidad. Personajes atrapados en sus propios miedos, incapaces de distinguir entre la realidad y la locura, ofrecían una visión escalofriante de lo que significaba perder el control. Estas narrativas resonaban con un público que empezaba a explorar temas de ansiedad y salud mental, abriendo un espacio para conversaciones que antes estaban silenciadas. Luego están los monstruos que emergen de la naturaleza; también fueron un elemento recurrente en las publicaciones de Atlas. Estas

criaturas, a menudo gigantescas y amenazantes como los kaijus japoneses, entre ellos el más conocido, *Godzilla*, servían como una advertencia sobre el poder de la naturaleza y la fragilidad de la civilización humana. Historias que involucraban criaturas prehistóricas o monstruos marinos revelaban un profundo respeto y temor hacia los elementos de la tierra y el mar. En muchas de estas narrativas, el monstruo natural simbolizaba las consecuencias del descuido humano hacia el medioambiente. Con el auge de la contaminación y la industrialización en la posguerra, estas criaturas se convirtieron en un recordatorio de que la naturaleza podía volverse contra aquellos que la habían explotado. La llamada de atención sobre la responsabilidad ambiental fue un tema relevante que

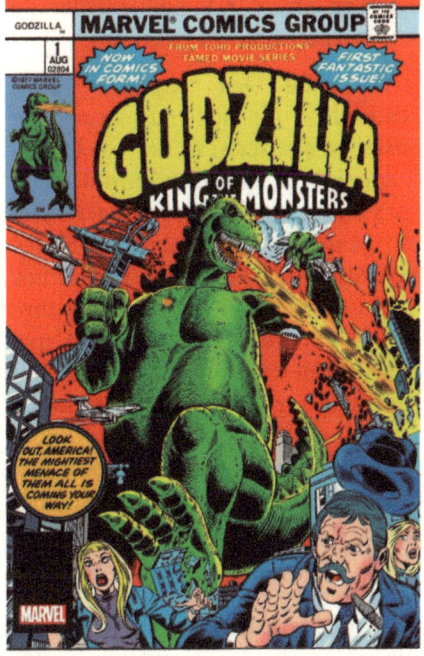

también encontró eco en la literatura y el arte de la época.

Finalmente, los monstruos de **Atlas** también pueden ser entendidos como metáforas de problemas sociales y políticos. A medida que Estados Unidos enfrentaba tensiones raciales, luchas por los derechos civiles y el miedo al comunismo, estos seres extraños se convirtieron en símbolos de la lucha entre el bien y el mal, lo conocido y lo desconocido. Los monstruos representaban a menudo a "el otro", ya sea en términos de raza, clase o ideología. Esto se puede observar en la forma en que algunas historias exploraban la paranoia del "enemigo interno", fomentando temores y prejuicios que perduran en la cultura popular. Al convertir estos problemas en criaturas monstruosas, los autores lograron abordar temas difíciles de manera accesible y entretenida.

Uno de los aspectos más destacables de los monstruos de **Atlas** es, sin duda, su nomenclatura. Los nombres que la editorial eligió para sus criaturas eran impactantes, intrigantes y resonaban con los lectores. Algunos de los monstruos más destacados incluyen: *El Hombre de los Mil Ojos*. Este monstruo, que apareció en varias publicaciones, era conocido por su apariencia grotesca y su capacidad para observar todo a su alrededor. Su nombre evocaba la idea de vigilancia, un tema pertinente durante la Guerra Fría. Y evocador de la figura del Gran Hermano. *El hombre lobo de Londres*. Inspirado en leyendas clásicas, este personaje encarnaba la lucha interna entre la humanidad y la bestialidad. Su nombre evocaba la elegancia de Londres y al mismo tiempo el terror de lo sobrenatural, atrayendo a una amplia gama de lectores. *La Criatura del Pantano*. Con un diseño que recordaba a los monstruos de las películas de terror clásicas, esta figura se convirtió en un símbolo de las profundidades oscuras de la naturaleza. Su nombre evocaba no solo el horror, sino también la tristeza y soledad inherentes a su existencia. *El gigante de la montaña*. Con sus proporciones colosales, este monstruo no solo representaba un desafío físico para los héroes de las historias, sino que también simbolizaba las fuerzas de la naturaleza. Su nombre era un recordatorio del poder abrumador de la tierra. *La Esfinge Maldita*. Un homenaje a la mitología clásica, este ser combinaba misterio y peligro. Su

nombre evocaba enigmas y desafíos intelectuales, siendo un personaje clave en historias que preguntaban sobre la condición humana y la moralidad. El dragón *Fin Fang Foom*, un alienígena cambiaformas con aspecto de dragón chino, originario del mundo de Maklu IV (Kakaranthara) en la Gran Nube de Magallanes, cuyo origen tenía que ver con el peligro de la China comunista. *Groot*, un extraterrestre y una criatura sensible similar a un árbol, apareció originalmente como un invasor que pretendía capturar humanos para experimentar con ellos.

Nombrar aquí a todos los monstruos sería imposible; más de 60 criaturas se crearon en las páginas de las publicaciones de Atlas, todas con la firme intención de acabar con la humanidad. *Orrgo*, un extraterrestre

con poderes hipnóticos que buscaba controlar a la humanidad. *Grottu*, el rey de los insectos, una hormiga gigante e inteligente. *Rorrg*, el rey de las arañas monstruosas. *Kraa*, un coloso de piedra con la apariencia de las estatuas de la Isla de Pascua. *Goom*, una criatura gigante con un retoño, que se llamaba "*El hijo de Goom*". *Gigantus*, un gigante cósmico que aparecía en los cómics de la época.

Algunas de aquellas criaturas sobrevivieron a la conversión de **Atlas** en **Marvel** y al fin del universo de monstruos y su transformación en el universo superheroico. Varios de estos personajes han sido incorporados al vasto universo superheroico de Marvel. Esta fusión no solo revitaliza a estas criaturas clásicas, sino que también ofrece un nuevo contexto narrativo. Los monstruos, reimaginados y con habilidades asombrosas, interactúan con héroes como *Spider-Man* y los *Vengadores*. Esta integración refleja la evolución del cómic, fusionando horror y acción, y capturando la atención de nuevas generaciones de lectores. El caso más llamativo es el de *Groot*, que cambió su rol de extraterrestre conquistador al de superhéroe intergaláctico perteneciente a los *Guardianes de la Galaxia*.

Aunque la presencia de aquellos monstruos en los personajes de la editorial va más allá de la supervivencia aislada de algunos de los personajes en la actualidad. El monstruo clásico se convierte en un espejo de la condición humana, algo que se puede ver reflejado

en varios personajes de **Marvel**. Uno de los ejemplos más claros de esta influencia es *Hulk,* creado por Stan Lee y Jack Kirby en 1962. Aunque *Hulk* puede parecer un derivado de los monstruos de Atlas, su creación está profundamente ligada al concepto del monstruo como un símbolo del conflicto interno. *Bruce Banner* es un hombre atormentado por sus propios demonios, y *Hulk* surge como una manifestación física de su ira y frustración. Esta dualidad resuena con los temores e inseguridades explorados en las historias de los monstruos de **Atlas**. Al igual que los monstruos de **Atlas**, Hulk es un personaje que provoca miedo, pero también una profunda empatía. Se le ve como una víctima de circunstancias, lo que marca un contraste importante con los antagonistas típicos de la era dorada

del cómic. Aquí, el monstruo no solo busca causar terror, sino que también simboliza una lucha interna más universal.

Otro ejemplo destacado es el *Hombre Cosa*. Este personaje, cuya forma está inspirada en el horror de los monstruos de **Atlas**, también refleja la influencia de las alegorías sobre el miedo. *El Hombre Cosa* es un guardián de la naturaleza, actuando como un eco de la preocupación ambiental que comenzó a surgir en la sociedad durante los años sesenta. La narrativa de *El Hombre Cosa* combina elementos de horror, tragedia y heroísmo, un enfoque que también se deriva de los monstruos de **Atlas**. Su capacidad para percibir el miedo en otros seres humanos resuena con la idea de que los monstruos pueden ser tanto el reflejo de nuestros miedos como sus más grandes adversarios. A través de este personaje, **Marvel** adopta una visión más matizada de lo que significa ser un "monstruo", trayendo una capa adicional de complejidad a la narrativa.

La Cosa (Ben Grimm) es otro personaje fuertemente influenciado por la tradición de los monstruos de **Atlas**. Transformado en una criatura de roca tras un experimento fallido, Ben Grimm personifica la lucha entre la humanidad y la monstruosidad. Al igual que los monstruos de Atlas, que a menudo enfrentaban la incomprensión y el rechazo, *la Cosa* vive en un estado de alienación y tristeza, buscando reconciliar su vida pasada con su nueva realidad. Este dilema se deriva de las historias de monstruos de **Atlas**, donde los protagonistas frecuentemente se encontraban atrapados entre el deseo de ser aceptados y la realidad de ser vistos como amenazas. *La Cosa* ofrece una exploración emocional de esta tensión, mostrando que ser un "monstruo" implica un viaje personal hacia la aceptación y la lucha contra los estigmas sociales.

Por último, destacar a *los Agentes de Atlas*, un grupo de superhéroes a caballo entre la edad de los monstruos y la de los superhéroes. Este grupo lo componen *Namora, Gorilla-Man, Marvel Boy, Venus* y *M-11*. Personajes recuperados para la continuidad de los personajes Marvel en 2006.

La influencia de los monstruos de la editorial Atlas en el universo Marvel es innegable. Creando un puente entre el horror, la identidad y la lucha personal, estos personajes han enriquecido el paisaje narrativo

de los cómics. Desde *Hulk* hasta el *Hombre Lobo*, cada uno captura aspectos de la condición humana, reflejando nuestras luchas y miedos más profundos. Así, los monstruos de **Atlas** no solo fueron precursores de un género, sino que establecieron un paradigma que todavía resuena en cada nueva historia de **Marvel**.

Uno de los títulos más emblemáticos de **Atlas** fue "*Journey Into Mystery*", el cual comenzó a publicarse en 1952. Este cómic se centraba en narrativas de ciencia ficción y elementos fantásticos que envolvían al lector en mundos alternativos, criaturas místicas y aventuras intergalácticas. A través de historias sobre dioses y mitología, Atlas exploró el significado de la grandeza y la lucha del individuo contra fuerzas externas. Una de las tramas recurrentes incluía viajes en el tiempo y dimensiones paralelas, lo que ofrecía un escape de la realidad cotidiana del lector. Otro título que merece ser mencionado es "*Tales to Astonish*", que comenzó como una antología de terror y ciencia ficción. Las historias que aparecían en este cómic solían abordar temas de lo sobrenatural y lo inexplicable, como monstruos, extraterrestres y fenómenos inexplicables. Este enfoque en lo extraño y lo desconocido respondió a un contexto social marcado por los miedos de la Guerra Fría y la incertidumbre ante el futuro. Los relatos se caracterizaban por giros inesperados y morales sorprendentes, elementos que capturaban la atención del lector y fomentaban la reflexión.

finales impactantes, reflejando el interés del público por el misterio y la intriga en tiempos de desconfianza e incertidumbre. Este tipo de narrativa fue particularmente relevante en la era de la posguerra, donde los miedos personales y sociales estaban en la mente de la gente. El título *"Uncanny Tales"* se dedicó principalmente al horror y lo macabro. Este cómic se volvía un vehículo para explorar los miedos más profundos de la humanidad, como la muerte, la locura y lo desconocido. A través de cuentos de fantasmas y criaturas sobrenaturales, **Atlas Comics** capturó el espíritu de la época, ofreciendo tanto entretenimiento como una exploración de las tensiones emocionales y psicológicas que afectaban a la sociedad estadounidense.

"Strange Tales" fue otro pilar fundamental de **Atlas Comics** que comenzó su publicación en 1951. Este título abarcaba una amplia gama de historias de terror, fantasía y ciencia ficción. La serie introdujo personajes memorables y desarrolló historias que a menudo incluían un toque de crítica social. A través de sus relatos, **Atlas** no solo entretuvo a sus lectores, sino que también ofreció un espejo que reflejaba las preocupaciones sociales y psicológicas del momento. Las historias en *"Strange Tales"* a menudo cuestionaban la moralidad y la naturaleza humana, llevando al lector a reflexionar sobre sus propios valores. *"Mystery Tales"* fue un título que se enfocó en relatos de misterio y suspense, combinando elementos de horror con giros argumentales intrigantes. Las historias eran impactantes y a menudo tenían

Estas historias llegaron a España en los años 70 en la colección *"Selecciones Marvel"* de la **editorial Vértice**. La edición en un formato reducido y en blanco y negro era pobrísima y reducía el espectacular dibujo a su mínima expresión. Aunque entre los coleccionistas españoles los tomos son muy apreciados por su valor sentimental y sobre todo por las portadas de Rafael López Espí.

Pero la **editorial Atlas** comienza su declive, en la segunda mitad de los años 50, entre otras cosas, por la aprobación de la *Code Comics Authority*, una autorregulación que los editores estadounidenses crearon para limitar el contenido de violencia, horror gráfico, crueldad, desnudos o insinuaciones sexuales en sus cómics. Si los cómics superaban la revisión por parte de la *Comic Magazine Association of America*, se les podía poner en portada un sello que aseguraba que no tenían los contenidos antes descritos. Esto supuso una reducción de temas y contenido que empobreció las obras y limitó la creatividad de los autores.

La guerra de Corea de nuevo enciende el matiz patriótico en los cómics de superhéroes y hace que personajes como el *Capitán América* vuelvan a ganar protagonismo.

Igualmente marcarían un antes y un después la incursión en el mundo del cómic de una dupla creativa que haría historia. Stan Lee y Jack Kirby. Estos dos artistas crearon todo un nuevo universo de personajes interrelacionados entre sí. *Los Vengadores, los Cuatro Fantásticos, la Patrulla X...*

El género de superhéroes vuelve a reactivarse. Los lectores abandonan el género de terror y vuelven a demandar superhéroes con la aparición de personajes como *Hulk, Iron Man, Spiderman* o reviviendo personajes como *Namor, la Antorcha Humana* y el *Capitán América.* Con este cambio de paradigma, la **editorial Atlas** cambia su nombre y toma el conocido por todo el mundo, **Marvel**, y el mundo nunca volvió a ser el mismo.

Rafael Jiménez Sánchez, guionista.

Dibujado y escrito por
Juan Carlos Villacampa

Técnica: Pigmentos ocres
(oxido de hierro y ocre
amarillo claro Sahara)
aglutinados con cola, carbón
y tinta.

"La Tierra no nos pertenece, nosotros pertenecemos a la Tierra."

Jefe Seattle

¿De qué color es tu tierra?
No la de tus macetas, sino la tierra que pisas, esa que hay debajo del asfalto y de los adoquines, en la que te enterrarán.
La que arañan las raíces más profundas de los árboles.
¿Es color negro, balnco, es marrón, es color tierra verde, gris, color tierra tierra?
La más abundante es la tierra ocre, del amarillo al rojo, todos son óxidos de hierro.

En el tiempo en el que únicamente era posible el ocre, los dos grupos humanos estaban separados por algo menos de un día de camino: los CLAROS y los OSCUROS.
Los otros, el otro grupo humano, siempre fueron, en tono despectivo, "los ocres".
Los dos vivían, como se podía vivir en ese espacio y tiempo, pegados a la tierra.

2

Unos, a la orilla del río ocre
con fondo de limo amarillo,
entre agudos cañones de
piedra cargada de limonita, y
los otros en el páramo de
tierra ocre oscura, puro
almagre y tierra roja.

Mis manos que siempre han
sido claras se volverán
oscuras

Unos disponían de agua
y otros se lavaban con
hierbas y humo. Unos
comían vegetales y
otros, carne cruda. Los
dos se comunicaban con
humo y mascaban raíces.

Yo que he recorrido las tierras
rojas, las verdes y las negras,
ahora he de ir, por primera vez, a
las tierras blancas.

4

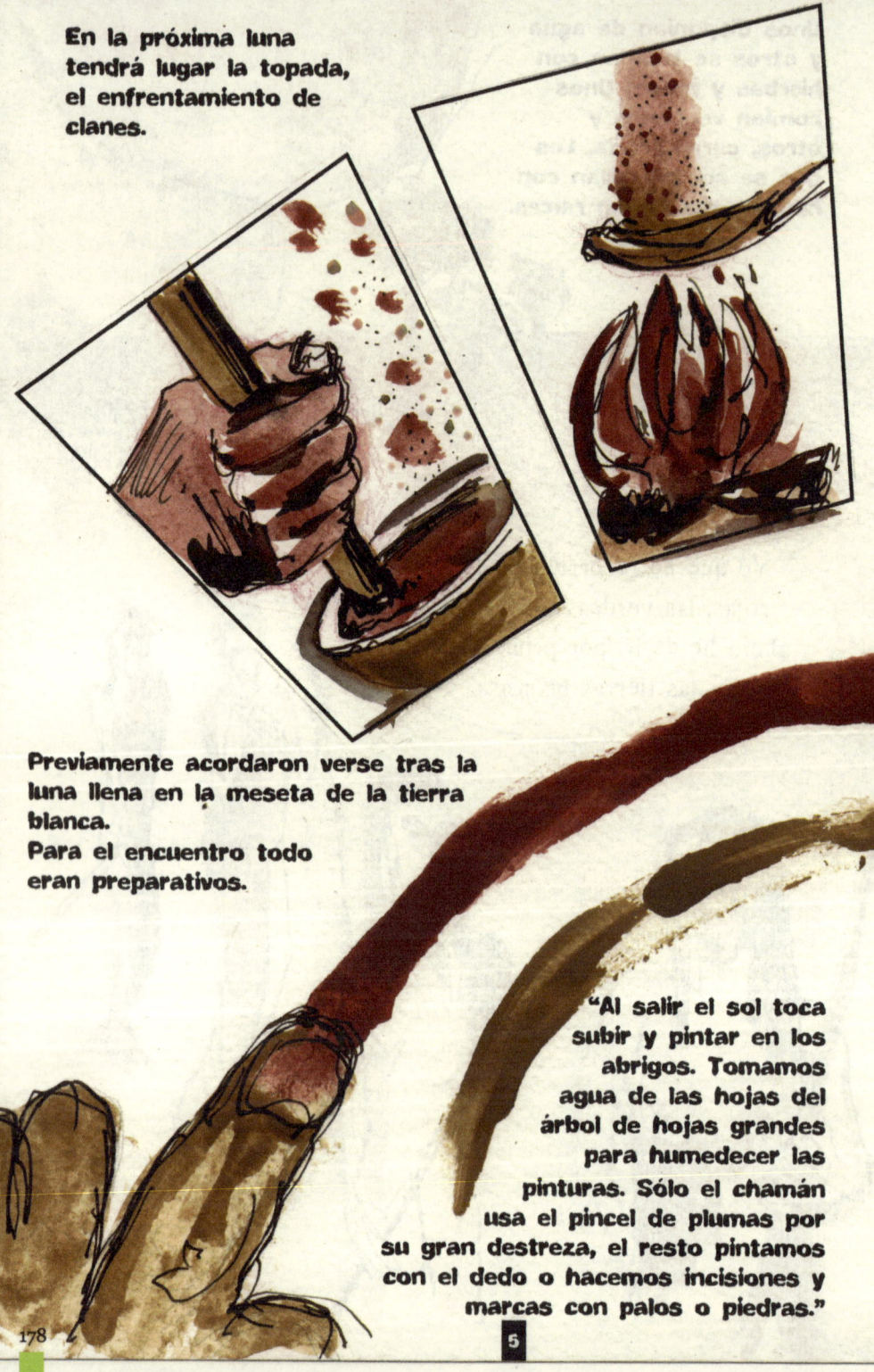

En la próxima luna tendrá lugar la topada, el enfrentamiento de clanes.

Previamente acordaron verse tras la luna llena en la meseta de la tierra blanca.
Para el encuentro todo eran preparativos.

"Al salir el sol toca subir y pintar en los abrigos. Tomamos agua de las hojas del árbol de hojas grandes para humedecer las pinturas. Sólo el chamán usa el pincel de plumas por su gran destreza, el resto pintamos con el dedo o hacemos incisiones y marcas con palos o piedras."

La jornada pasaba haciendo útiles y preparando los colores para la protección.

En la próxima luna tendrá lugar la topada, el enfrentamiento de clanes.

"El polvo, mezclado con grasa animal, hace que mi cuerpo esté en comunión con la tierra y con todos los antepasados que fueron enterrados. No me cubro de tierra sino que me protejo con mis ancestros."

En la noche previa se preparó el banquete con pescado, raíces y verduras, unos. Otros, carne cruda, frutas y raíces.
Para MUR era su primer choque. Ya era un hombre maduro y tenía que proceder como tal.

Tras la danza en torno al fuego, se adentran en las cuevas para
tratar con sus antepasados
Para NAVA era su primer encuentro, ya era una mujer
desarrollada, tenía sangrado.

Los dos grupos humanos saldrían con el primer rayo de sol.

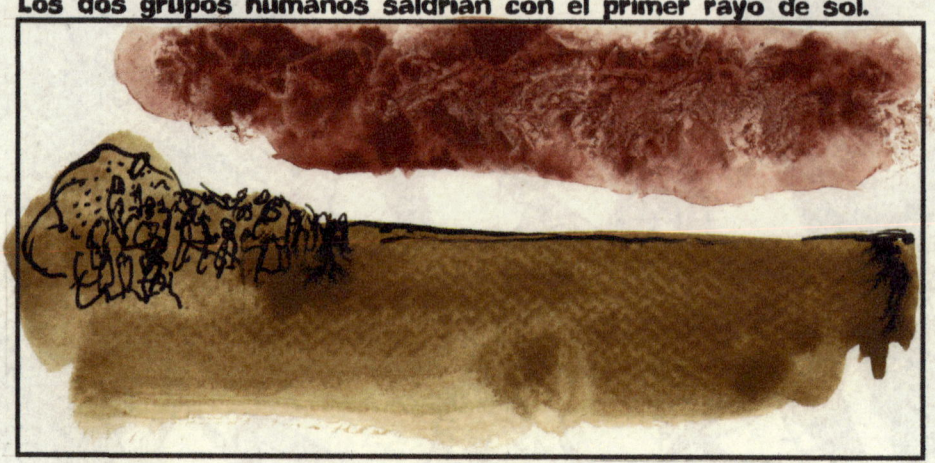

Para llegar al pedregal de tierra blanca con el sol en el zénit.

Tras el canje grupal de utensilios, víveres y adornos, llegan los regalos personales.

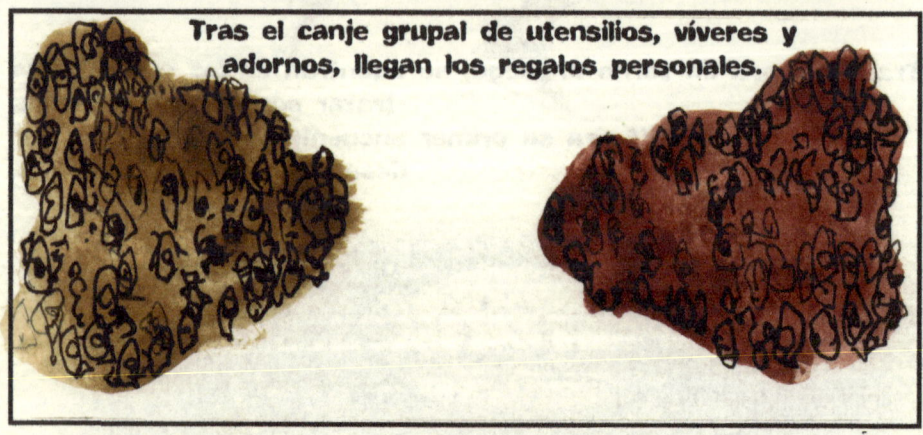

Él, regala cinco mariposas azules, una por
cada ciclo desde que se vieron. Las lleva
encerradas en una jaula que ha construido con
pinocha y resina.

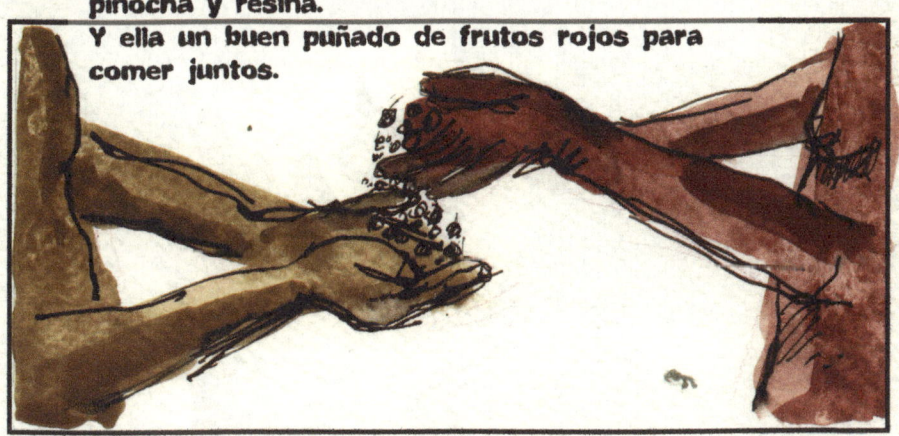

Y ella un buen puñado de frutos rojos para
comer juntos.

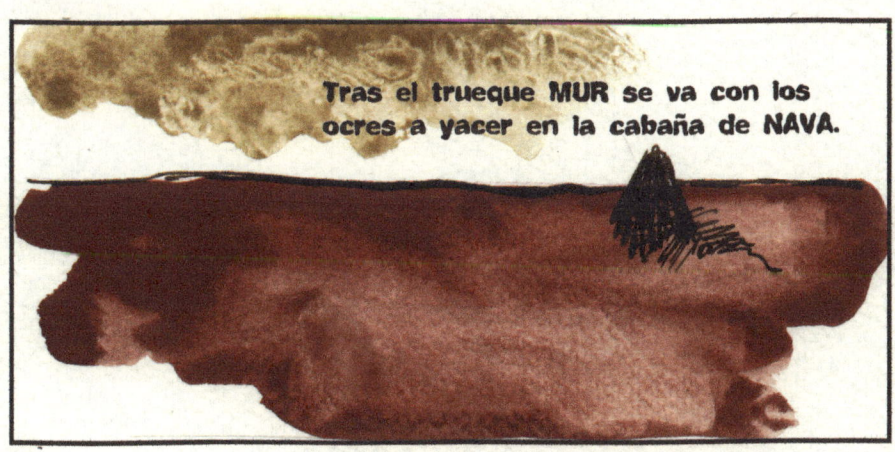

Tras el trueque MUR se va con los
ocres a yacer en la cabaña de NAVA.

octubre 2025

Dedicado a las tribus presentes y pasadas
que se pintan la cara. para ir a la paz.

De Comala a Macondo

Precursores de WandaVision

Karel Čapek & Edgar Allan Poe

POR FERNANDO IWASAKI

ILUSTRACIÓN DIVERGENTE[84]

EN ESTAS FECHAS en que los replicantes, las brujas, los androides, las melusinas, los cyborgs, las momias y los zombis salen a pedir caramelos, incluso por las calles de ciudades levíticas y barrocas, quisiera cumplimentar a Edgar Allan Poe (1809-1849) y al checo Karel Čapek (1890-1938), dos genios de lo insólito y lo fantástico que nos dejaron una constelación de criaturas y pesadillas que se han fecundado entre sí, porque la brujería y la informática, los hechizos y las máquinas, tanto desmontan, desmontan tanto, Wanda como Visión, arrejuntados en los cómics desde 1963.

Visité la tumba de Poe en 1997 y la de Čapek en 2017. Ambas continúan alicatadas de flores, postales, regalos y expresiones de gratitud. Como estas mismas líneas, que unen Baltimore con Praga pasando por Toledo.

Noche de brujas en Baltimore

Llegué a la estación de Baltimore después de casi cuatro horas a bordo del Amtrack que cogí en New Brunswick, un soñoliento pueblo de New Jersey famoso por sus mapaches, poetas y equilibristas.

Baltimore tiene del norte algunas manzanas erizadas de rascacielos, y del sur unos cuantos suburbios encrespados de navajas. A pesar de la distancia con Nueva Inglaterra, las copas encarnadas de los arces me recuerdan el otoño espléndido de Providence, Boston y Cambridge. Estoy alojado en Broadview, en los alrededores de Johns Hopkins

University, un recoleto barrio residencial que nada tiene que ver con los barracones por donde pastorea la canalla de Baltimore, célebre por su bohemia marinera, lírica y musical.

Poco más de cien años atrás los esclavos fugitivos se asentaron en Fellspoint —un arrabal próximo al puerto—, creando así unas zahúrdas que cobijaron a la cimarronería americana. Melville en *Moby Dick* (1851) elogió el arrojo de los arponeros bozales de Fellspoint, quienes preferían el salario del miedo de los balleneros a las carimbas de los negreros. Ahora el antiguo territorio liberado es una pintoresca zona de *pubs* y restaurantes caros que vive de su leyenda criminal, aunque algunos figurantes disparen todavía balas de verdad.

Recorro Lancaster street buscando un lugar para comer y deploro mi aprensión hacia los cangrejos, que adivino exquisitos bajo sus caparazones colorados. Las cartas de los escaparates ofrecen el cangrejo *soft shell* que tanto conmovió a Julio Camba en Nueva York, y apabullado por la destreza quirúrgica de un comensal me inhibo de hacer la prueba. Desguazar crustáceos es cosa de médicos o de escritores finísimos como Josep María Sagarra, y con el propósito voraz de aprender a comerlos antes de jubilarme, enfilo hacia Little Italy porque la *pastaciutta* es más proletaria.

Desde mi mesa percibo las caricias de la brisa marina y pienso en el ritual que me ha traído hasta Baltimore. En las páginas del *Sun*, uno de los periódicos más antiguos de los Estados Unidos, leo que el famoso Yo-Yo Ma interpretará las seis suites para violonchelo de Bach en el auditorio del Peabody Institute. Habría sido un agradable programa si aquella noche no hubiera coincidido con Halloween, el día de las brujas.

En 1832, cuando Baltimore no era más que una madriguera de hampones, libertos y bucaneros; María Clemm —una modistilla indigente y viuda— arrendó una casucha para instalarse con sus hijos Virginia y Henry Clemm, su madre Elizabeth Cairnes, y sus sobrinos Edgar y Henry Poe. Edgar Allan Poe vivió en Baltimore de 1832 a 1835, frecuentando a los más insignes borrachines y sablistas de la localidad hasta aventajarles con creces. Los vicios portuarios engolfaron tanto a Poe, que el 29 de setiembre de 1849, tras una escala en Baltimore camino a Philadelphia, desapareció para siempre entre los garitos y cantinas de la ciudad. Desde entonces su tumba se ha convertido en lugar de romería y peregrinación.

Salgo de la *trattoria* y me recreo en el malecón del Inner Harbor, nostálgico de balandros y chalanas. Paso delante del AVAM —que no es un museo valenciano— y subo por Pratt street, que tampoco es una calle catalana. En el camino veo las anaranjadas calabazas de

Halloween y a los niños bien disfrazados y subidos en coches inmensos como hidroaviones. Una nota del *Sun* recomendaba a los padres llevar a sus hijos a pedir golosinas en los *malls* y grandes almacenes, para evitar así los envenenamientos que algunos desaprensivos provocaron el año anterior.

Mi primera parada es en el 203 de Amity street, un pequeño chalé de dos plantas y media que, a pesar de los cristales impecables y las relucientes cerrajerías, no consigue disimular los verdugones de un pasado menesteroso y barriobajero. Ahí renqueó Edgar Allan Poe y allí tiene su sede la E.A. Poe Society of Baltimore, institución filantrópica que mantiene el inmueble y destina parte de sus fondos a socorrer a los *homeless*, esos pordioseros y vagabundos que brindaron con Poe hasta morir.

La casa es realmente minúscula: los bajos consisten en un recibidor que debió hacer las veces de salón-comedor-cocina. Por unas estrechas y empinadas escaleras de madera llegamos a la primera planta, donde apenas caben dos habitaciones que con toda seguridad fueron las de *Muddie* Clemm y las demás mujeres de la familia. Sólo queda la asfixiante buhardilla que Edgar y su hermano tuberculoso compartieron hasta la muerte de Henry en 1833.

Dentro de aquel hórrido sotabanco Poe manuscribió poemas y relatos que aportan pistas sobre sus miserias y necesidades; cuentos que hablan de enfermedades irreversibles como «El Rey Peste» y de obsesivas angustias como «Sombra». De aquella buhardilla salieron también «El Visionario», «Manuscrito hallado en una botella», «La incomparable aventura de un tal Hans Pfaall», «Leones» y esas joyas de su espíritu enamoradizo y necrofílico: «Morella» y «Berenice», esta última inspirada en su prima Virginia.

El cielo empieza a teñirse del mismo color de los arces y dejo la mustia casa de Poe para dirigirme a su tumba, adonde quiero llegar antes que comience la verbena de las brujas.

La tumba de Edgar Allan Poe está en la vieja iglesia de Westminster, en una esquina sucia en la que confluyen Greene street y Fayette avenue; donde los negros pobres hacen la cola de la sopa y todavía huele a musgo por las mañanas. Desde los chapiteles de los campanarios los arces tienen que formar una gran calabaza de Halloween, con sus copas rojas y sus dientes de lápidas.

El cementerio de Westminster tiene trazas de convención de muertos insolventes. A Poe lo enterraron gracias a una colecta de los niños de una escuela vecina, quienes dieron un *penny* para costear el funeral. Fue una buena inversión: la tumba del escritor sigue en su sitio y en cambio la escuela ha desaparecido.

Los epitafios y exergos funerarios son los retazos de una crónica social que a veces reserva sorpresas. Al lado de Poe me topo con la cripta de los Watson y más cerca del baptisterio yace la familia Holmes. Jane Holmes murió a los tres años en abril de 1790, y cinco meses más tarde falleció su madre Anne. Tal vez fue la misma enfermedad, acaso Anne no soportó la ausencia de la niña o quizá les mató el hambre, como algún día les ocurrirá a los negros de la sopa.

Me seduce fantasear que Conan Doyle visitó estos jardines cuando se enroló en la tripulación del ballenero *Hope* en febrero de 1880, recorriendo Terranova, Groenlandia y otros parajes árticos antes de fondear unas semanas en Boston y luego emprender el regreso hacia Edimburgo en octubre del mismo año. El joven Conan Doyle veneraba a Edgar Allan Poe y pudo embarcarse a Baltimore para rendir un discreto homenaje al creador del detective Auguste Dupin. Entonces, barruntando ficciones policiales bajo los árboles Conan Doyle vería las sepulturas de los Watson y los Holmes. El resto es elemental. Seguro que nunca fue así, mas sería hermoso que fuera cierto.

En la tumba de Poe hay flores muertas como murciélagos de colores, devotos que se amontonan para celebrar un aquelarre en el cementerio y turistas con los gatillos engrasados de sus cámaras. Cada noche de brujas los melancólicos y algunos curiosos recitan poemas, tocan jazz y derraman brandy sobre el sediento túmulo. Este año han representado «El corazón delator» y «El tonel de amontillado», y regado su lápida con una botella de Jack Daniel's etiqueta negra. Nadie sabe cuándo comenzó el ritual y nadie desea ponerle punto final.

Todos hemos sido muy decentes y nos vamos del cementerio con la música a otra parte. La cita es en el *Buddy's*, uno de los últimos reductos del jazz «jondo» de Baltimore y taberna de pensionistas, trileros, fulanas, progres *in progress* y algún que otro *nerd*. Los parroquianos me explican que el *Buddy's* tiene solera dentro del jazz, y para persuadirme descuelgan una foto dedicada por Ethel Waters, quien debutó como profesional en Baltimore. "Billy Holiday también nació aquí", me ilustra un *fan* escuchimizado. "Tenía *punch*", apuntó uno. "Tenía *swing*", terció otro. Y yo concluí que aquel boliche melancólico tenía un viento a peña flamenca o tertulia taurina.

A la mañana siguiente decido distraer mis últimas horas en Baltimore haciendo de antropólogo: quiero ver la barriada de Hampden, un típico *american white ethnic enclave*. Algo así como el negativo de Harlem o un corral de vecinos con avenidas propias.

La visión de esas hileras de casas de madera con sus balaustres y toda la parentesca apoltronada en mecedoras, me transporta a las películas de John Waters, divulgador empedernido de los aspectos más cutres de la vida de Baltimore. Ahí están las chillonas estampas de *Pink Flamingos* (1972), *Polyester* (1981) y *Hairspray* (1987), por citar algunas de las producciones más conocidas de su vasta filmografía.

Y mientras desayuno en un tenderete vegetariano y naturista que despacha un *hippie* reciclado, me digo que Edgar Allan Poe sólo podía morir en una ciudad como Baltimore, a caballo entre los sueños gloriosos del norte y las peores pesadillas del sur.

Ya en el autobús camino a Washington DC rememoro la espirituosa charanga del cementerio, y me figuro que a esa hora de la mañana el musgo ya habrá embriagado a los caracoles y que los arces habrán conocido una dulzura nueva. Cuento las monedas que me quedan y caigo en que la entrada me costó cinco dólares. Y no me convidaron ni whisky, ni sopa, ni nada.

Edgar Allan Poe sigue bebiendo a costa de todos.

Máquinas sentimentales y humanos de cuerda

A diferencia de mis hijos —que firmarían encantados un manifiesto por los derechos de los robots porque crecieron viendo *Artificial Intelligence* (2001), *I, robot* (2004) y *Wall-E* (2008) , yo pertenezco a una generación que conoció a los robots desde que eran electrodomésticos de compañía. En realidad, mis hijos y los robots han crecido al mismo tiempo, con la diferencia de que mis hijos ya son adultos y los robots contemporáneos permanecen en «modo adolescencia», rechinante utopía que ha desplazado a otras con más enjundia como la pansexualidad, el orden espontáneo, la sociedad sin clases o el código abierto universal.

Me consta que parece mentira, pero —aunque en el colegio me enseñaron el alfabeto Morse y mis primeros libros los escribí a máquina— los robots también formaron parte del paisaje de mi infancia. El más remoto en mi memoria fue Astroboy, un niño mecánico creado por Osamu Tezuka —el padre del *Manga*— y que fue el primer *anime* doblado al inglés y al español en la década de los 60. El nombre original de Astroboy en japonés era *Atom* y las acciones de aquellos dibujos transcurrían en el futurista año de 2003[1]. Astroboy se estrenó en el Perú en 1967, el mismo año que otro robot japonés apareció en nuestras pantallas. Me refiero al Hombre de Acero —*Tetsujin Nijūhachi-gō*—, un coloso manipulado por control remoto y cuyo poder estaba al servicio de quien tuviera el mando a distancia. El

[1] Primer episodio de Astroboy en *anime*:
https://www.youtube.com/watch?v=pnX-ofbXzyA.

Hombre de Acero no pudo estrenarse en USA como «Iron Man 28», porque allí el nombre ya estaba pillado por Marvel Comics, pero como el Hombre de Acero nipón llegó primero a América Latina, al *Iron Man* de la Marvel no le quedó más remedio que llamarse «Hombre Invencible». *Tetsujin* fue el precursor del género *mecha* -es decir, robots dirigidos o tripulados por humanos-, cuyo máximo exponente en los 80 fue *Mazinger Z*. Junto a estos paladines metálicos japoneses se abrió paso el robot B-9, defensor de la familia Robinson en *Lost in the Space*, mítica serie de los 60. B-9 hablaba, sabía de todo, advertía de los peligros, lanzaba rayos láser y en el fondo era un sentimental porque era amigo de Will Robinson y sentía cariño por el Dr. Smith. El robot B-9 era ideal, porque era una mezcla de perro, guardaespaldas, tío consentidor y computadora personal programada para ayudarte en lo que hiciera falta.

Pero entonces yo era un niño e ignoraba la genealogía literaria de los robots, criaturas creadas por Karel Čapek (1890-1938) para su obra teatral *R.U.R.* (1920), siglas de la empresa Rossum's Universal Robots, industria de criaturas artificiales creadas para auxiliar al hombre hasta que las máquinas tomaron conciencia de su esclavitud.

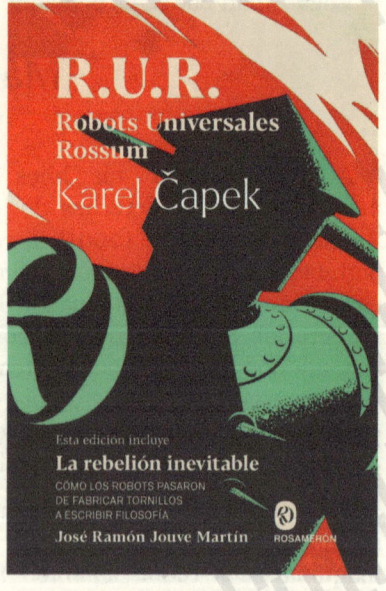

Las obsesiones de Karel Čapek fueron inspiradoras para Isaac Asimov (1920-1992), autor de una fastuosa constelación de ficciones robóticas donde la ambición por la «condición humana» era el principal conflicto de sus criaturas en *I, Robot* (1950), *The Caves of Steel* (1953), *The Naked Sun* (1955), *The Robots of Dawn* (1983), *Robots and Empire* (1983) y los cuentos reunidos en *Robot Visions* (1990). Todo eso lo descubrí muchos años más tarde, mientras los robots de mi infancia oscilaban entre los superhéroes que he citado y Rosey, la mucama robot de la familia Jetsons en «Los Supersónicos».

Precisamente, una de las diferencias entre la infancia y la adolescencia consiste en que de niños todos queríamos tener robots –como R2-D2 o C-3PO- y de adolescentes tan sólo nos hacían falta las prestaciones de algunas piezas, prótesis o artilugios mecánicos. A comienzos de los 70 se estrenó en todo el mundo una serie norteamericana —«The Six Million Dollar Man»— cuyo protagonista era Steve Austin, un ex-astronauta accidentado a quien la NASA le implantó piernas biónicas, un brazo nuclear y un ojo telescópico. Algo parecido le ocurrió a Luke Skywalker en el Episodio V de *Star Wars* —*The Empire Strikes Back* (1980)—, porque Darth Vader le amputó la mano de un guadañazo láser y en lugar de atornillarle un garfio, los médicos de la Resistencia le colocaron una mano nueva (como a todo el mundo). A mí de adolescente no me habría importado tener una pierna nuclear, un brazo atómico y alguna que otra parte medio biónica, para los juegos de pelota, los juegos de raqueta y los juegos de villanos, que no sé por qué dicen que se juegan con las manos. La «vida artificial» comenzó así, por piezas.

Sin embargo, aunque *Star Wars* popularizó desde 1977 toda una constelación de robots cuando estrenó el Episodio IV, en 1979 Ridley Scott creó un robot distinto, el primer humanoide capaz de ser confundido con una persona de carne y hueso. Me refiero al oficial científico de la nave «Nostromo», que para horror de la tripulación terminó siendo un androide en *Alien* (1979). Ridley Scott le cogió el gusto a los androides porque recurrió de nuevo a ellos en *Blade Runner* (1982) y puso en los labios del «replicante» Roy Batty el monólogo más bello pronunciado por un robot en toda la historia del cine:

> *I've seen things you, people, wouldn't believe. Attack ships on fire off the shoulder of Orion. I watched C-beams glitter in the dark near the Tannhäuser Gate. All those moments will be lost in time, like tears...in rain. Time to die.*

Los androides o replicantes estaban a medio camino entre los hombres y los robots, aunque ya en la década de los 80 irrumpió un nuevo linaje de criaturas artificiales. En efecto, con el estreno de la saga *Terminator* en 1984 aparecieron los cyborgs de toda la vida, cuya ambigua naturaleza híbrida encarnó —o mejor dicho, ensambló— *Robocop* (1987), un cyborg justiciero construido con los despojos de un policía, embutidos dentro de un exoesqueleto.

Todas las criaturas mecánicas que he enumerado fueron las que me impresionaron antes de cumplir los 26 años y cuando todavía ni el fax ni las computadoras se habían convertido en artículos de consumo masivo, pues yo no jubilé mi máquina de escribir hasta 1993. Mi primer fax lo compré en 1990, mi primera laptop la adquirí en 1991, mi primera impresora en 1992 y mi primer módem en 1994. Toda mi capacidad de asombro se marchitó durante aquellos años y desde entonces se convirtió en una vulgar expectativa de progreso. Por eso los modernos robots del cine y la literatura contemporáneos me dicen muy poco, pues padecen los mismos traumas de los modelos antiguos a pesar de estar construidos con mejores materiales, contar con tecnologías más sofisticadas y ser igualitos a los seres humanos. En realidad, convertirnos en usuarios exigentes de informática, redes digitales y mensajería instantánea nos ha robotizado a los seres humanos, hasta el punto de soñar con una eterna juventud gracias a la vida artificial. Antaño los androides querían ser seres humanos y hogaño los seres humanos matarían por ser androides. Pinocho era un muñeco que deseaba ser un niño, mas hoy una mayoría de niños y quizá muchos más adultos, desearían ser muñecos para siempre.

Si aquel fino humorista que fue Karel Čapek tuviera la oportunidad de volver a escribir sobre las pesadillas de sus criaturas mecánicas, sin duda se imaginaría a los robots del futuro acojonados ante la posibilidad de ser sustituidos por humanos mejorados, provistos de celulares de última generación, constantemente conectados a la red y erizados de microchips y alfileres de memoria en forma de *piercings*.

Por alguna razón que tal vez me puedan explicar un urólogo o un psicoanalista, acepto la inminencia inexorable de mi decadencia con resignada abnegación. Descreo de todas las utopías, aunque admito que me encantan las distopías y esas ficciones post-apocalípticas donde la humanidad termina devorada por ratas y cucarachas, animalitos mucho más entrañables que los zombies. Es maravilloso el tiempo que invierten algunos escritores, guionistas y directores de cine del Primer Mundo, en barruntar futuros distópicos y post-apocalípticos donde la gracia reside en imaginar Londres, París y Nueva York convertidas en sucedáneos de Lima, Puerto Príncipe y Tegucigalpa. El Tercer Mundo como metáfora del fin del mundo. Como peruano, me siento muy honrado.

Sin embargo, en algunas sofisticadas ficciones distópicas el futuro es de las máquinas porque los hombres se convertirán en cyborgs, androides o en torrentes de energía que fluyen de un cuerpo a otro como en el universo de *Matrix*. No espero otra cosa de un europeo, un japonés o un gringo, pues hasta las vidas artificiales que crean para sus novelas y sus películas son perfectas, infalibles y desarrolladas. En realidad, hasta cuando les salen mal es porque las construyen demasiado bien, porque de otro modo no se entiende que recién salidas del taller sus criaturas se propongan dominar la Tierra, conquistar otros planetas o directamente destruir la galaxia. Por el contrario, si el escritor o director de cine fuera boliviano, chileno o argentino, el peligro de sus robots consistiría en que se pudran, se malogren o que exploten cuando sus cables mal empalmados entren en contacto. Los robots no tienen identidad, pero tienen *made in*, que es peor.

No podría demostrar en esta ocasión lo que voy a sugerir, pero creo que la mejor literatura checa conecta de maravilla con lo mejor de la literatura latinoamericana, pues Franz Kafka, Jaroslav Hašek y por supuesto Karel Čapek, fueron maestros de lo insólito, lo humorístico y lo fantástico para autores latinoamericanos tan diversos como Borges, García Márquez, Ibargüengoitia, Cortázar, Cabrera Infante o Monterroso, entre muchos más. Por eso pienso que los robots literarios de América Latina son los genuinos descendientes de las máquinas sentimentales de Karel Čapek.

La primera novela latinoamericana sobre autómatas que leí por placer fue *Amor portátil* (1989) del húngaro-argentino Kalman Barsy, donde un par de pícaros recorren América Latina con un burdel ambulante de muñecas hinchables, no sólo más baratas sino más rubias, turgentes y obsequiosas que las trabajadoras de carne y hueso. Por supuesto, el feminismo rampante y la falta de higiene se cargaron el invento.

Ricardo Guzmán Wolffer fantaseó con un México arrasado por la guerra y la radioactividad en *Que Dios se apiade de todos nosotros* (1993), novela desopilante protagonizada por dos cazurros y una guapísima réplica robótica de Kim Novak. Sexo, mugre y violencia en el remoto y distópico año 2010, cuando los narcos y los corruptos ensangrentaron a México de verdad.

De México también es Alberto Chimal, autor de una brevísima sarta de microrrelatos titulada «Veinte de robots» (2010), compilada en diversas antologías de sus cuentos. Los droides de Chimal están para el desguace, bailan como las cabras de los gitanos ambulantes y el lubricante chamuscado se les chorrea como a los carros viejos. Lo mismo le ocurre al Hombre de Hojalata del cuento «Oz» (2011) del peruano Carlos Yushimito, pues se trata de un robot que malvive con su dueño enfermo de Alzheimer, quien todo el tiempo le echa en cara al robot la paliza que le infligieron por dejarse ganar jugando al ajedrez. Uno espera que un robot se vuelva incontrolable e intente apoderarse del universo —como Ultrón en *The Avengers*—, pero que se deje ganar al ajedrez para fregar a su dueño es algo que sólo podría suceder en los circuitos de un robot tercermundista.

Tal vez por eso los robots, androides y demás seres artificiales que pueblan el devastado planeta que el boliviano Edmundo Paz Soldán creó en *Iris* (2014), resultan a veces mejores que unos humanos estragados de implantes, circuitos y unidades de memoria. Iris, entonces, viene a ser un universo distópico y post-apocalíptico donde el problema no es la destrucción de la humanidad sino lo que entendemos por humanidad.

Por supuesto que existen otros autores latinoamericanos que han explorado las posibilidades de los robots como protagonistas de sus ficciones[2], mas he tratado de citar a quienes considero los más originales por haber fantaseado androides inútiles construidos por científicos devotos de las ciencias exactas pero nacidos en países reñidos con la exactitud. Sin embargo, aunque sus contribuciones al género contradicen la imagen del robot tercermundista, no quiero dejar de mencionar los cuentos de autómatas y muñecas de *El androide y las quimeras* (2011) del mexicano Ignacio Padilla, y la turbadora

replicante que el peruano Santiago Roncagliolo fraguó para su novela *Tan cerca de la vida* (2010). Ambos libros se leen con gusto e interés, mas las criaturas de Padilla son europeas y la androide de Roncagliolo es japonesa, aunque la mala leche de todas sea inequívocamente latinoamericana; pero ya dije que el *made in* de los robots me interesa más que su identidad, porque después de todo los robots no tienen lectores sino usuarios.

Un alemán, un inglés o un suizo estarían encantados de viajar en un avión tripulado por androides fabricados en sus países, pero les aseguro que los peruanos desconfiaríamos hasta de los ascensores si fueran hechos en nuestro país. Lo que uno espera de un autómata, un androide o una poderosa inteligencia artificial es que sobrepase los límites de la capacidad humana llevada al máximo. Sin embargo, en el Tercer Mundo sobrepasar los límites de la propia capacidad nacional no es gran cosa. Si el acelerador de partículas que pretende reproducir dentro de un tubo el choque primordial que engendró el universo no estuviera instalado en Ginebra sino en Corea del Norte, les aseguro que el estrés planetario podría envasarse al vacío, como esos campos de fuerza, mini supernovas y micro-agujeros negros que

---

[2] Ver la antología de ciencia-ficción latinoamericana en ePub *¿Sueñan los androides con alpacas eléctricas?*, Libros al Viento (2012).

supuestamente crepitan ahora mismo dentro del acelerador ginebrino, como palomitas cósmicas de maíz.

Con todo, reconozco que simpatizo con los robots de Alberto Chimal y Carlos Yushimito, porque en lugar de sobrepasar las cualidades humanas representan el límite las capacidades humanas, que nunca serán biónicas porque somos de cuerda. Por eso yo mismo me considero «discontinuado», como mi Windows XP, mi vieja Blackberry, mi Word 2003 y mi Eudora 5.1, el programa de correo que utilizo desde 1995.

Cuando Umberto Eco publicó *Apocalípticos e Integrados* (1965), la informática y la tecnología digital eran rudimentos tan primitivos que nunca pudo imaginar que medio siglo más tarde, entre ambas trincheras deambularíamos como Fabrizzio del Dongo los «discontinuados»; individuos arcaicos, inútiles y vetustos que ni estamos a favor de la máquina de escribir ni en contra del Google Docs Online, aunque a duras penas aprendimos a usar el Word Perfect 5.1. Los «discontinuados» queremos integrarnos, pero cada actualización la vivimos como un apocalipsis porque la última versión de cualquier programa siempre nos sorprende tratando de aprender la trasantepenúltima. Me siento como un robot de Chimal o Yushimito, porque no existe *upgrade* para mí: soy y estoy «discontinuado».

No obstante, como cualquier usuario deseo velocidad, multifunción y *wifi* permanente; aunque esa agónica expectativa ya no es «humana» sino «robótica», y por eso —en cierta forma— debo tener algo de robot, como todo el mundo. El problema es que ese «algo» no es ni la mano de Luke Skywalker ni el ojo de Steve Austin, sino la íntima certeza de ser anticuado, obsoleto y discontinuado. Y aquí es donde entra la literatura y la mala baba checa y latinoamericana.

¿Para qué sirve la vida eterna, la energía infinita y la memoria ilimitada si no hay *upgrade* posible? En aquel universo distópico y post-apocalíptico poblado de máquinas y seres artificiales, mi *alter-ego* sería un *robocop* de modelo caducado -en todo semejante a los cavernícolas que Karel Čapek fantaseó en *Apócrifos* (1932), burlándose de los cavernícolas que fabricaban las primeras flechas de hueso-, pues cada vez que mi *alter-lego* mecánico sorprendiera a un nuevo androide vacilando con recochineo a los antiguos, le recordaría divertido que tuviera cuidado, porque el robot desciende del hombre.

Fernando Iwasaki, Escritor.

Tras los pasos de Jeannine Baticle

POR ISABEL M. RUBIO

HETERODOXIAS

La primera vez que caí en la importancia de la gran biógrafa francesa de Goya me encontraba en mi habitación de la cuarta planta del Colegio de España en el 7E Bd Jourdan dentro de la Cité Internationale Universitaire de París. Era un primaveral día de abril de 2022. Había llegado gracias a una beca del Ministerio de Cultura de España a investigar para una novela cuya protagonista, la Condesa de Chinchón, fue retratada por el pintor a principios del siglo XIX. Y como si ella moviera los hilos desde la eternidad para que me encontrase con Jeannine, aquella mañana, preparando la visita a la exposición Pionneres, Artistas en el París de los locos años veinte, entré en la web del Museé du Luxembourg. Y ahí estaba la convocatoria que definitivamente me uniría a ella: "Congreso Internacional Ser mujer e hispanista: el papel de las pioneras", los días 6 y 7 de octubre de 2022 en la Maison de la Recherche de la Sorbonne Nouvell. Se proponían varios nombres y casualidades de la vida, Jeannine Baticle aparecía como opción para desarrollar una ponencia, pues como suele pasar a menudo, y en consonancia con las artistas marginadas y discriminadas a las que se dedicaba la exposición, Jeannine fue pionera en los estudios hispánicos y en el mundo del arte a principios del siglo XX, como explico en el artículo que nos ocupa. Y, sin embargo, apenas se la conoce. He de confesar que yo misma poco sabía de Jeannine. No había reparado en su relevancia, a pesar de que su nombre figurase en multitud de libros y artículos que consultaba para la novela. Ya tenía la excusa perfecta para indagar en la vida de Baticle, independientemente de que mi propuesta a la Sorbona de intervenir como ponente fuera aceptada o no, y lo mejor de todo, había una posibilidad real de volver a París en otoño, ciudad de la que enamoré nada más llegar.

Jeannine Baticle

Cerca de Toulouse, al sur de Francia, existe una deliciosa localidad llamada Castres. Esta ciudad medieval se encuentra cruzada por el río Agout. Es por lo que se la conoce como la pequeña Venecia del Languedoc, la región que la acoge. ¿Quién pudiera imaginar que, entre sus bonitas calles de piedras adoquinadas, la magnífica catedral románica, sus casas de colores a la orilla del Agout o la plaza dedicada a Jean Jaurès[1] se hallaría la mayor muestra europea de pintura española fuera de nuestras fronteras? No en vano el museo acoge más telas hispanas que el mismo Louvre.

Sin duda, Jeannine Baticle eligió el mejor sitio para retirarse. Pensé que la gente que lo lleva en la actualidad debía conocer detalles de su vida e investigaciones que la red no podía ofrecerme. Así pues, contacté por mail para preguntarles sobre su última etapa de trabajo en activo allí de 1980 a 1986. Y cuál fue mi sorpresa cuando me enviaron el pdf de *Fonds Jeannine Baticle, archives personnelles,* donado en 2005 al *Musée Castres* junto a su biblioteca que incluía más de dos mil obras. Y lo mejor de todo, me invitaron a revisarlo personalmente.

El Musée Castres se inauguró en 1840, siendo una muestra genérica de arte francés. Unos años después Pierre Briguiboul, hijo del pintor y coleccionista Marcel Briguiboul, legó a la ciudad ochenta cuadros españoles. Su padre se había enamorado del arte hispano durante su estancia en Madrid. Tras la maravillosa donación de Pierre, entre la que se encontraban tres tesoros goyescos, *La junta de Filipinas, el Retrato de Francisco Madrazo* y *Autorretrato con gafas,* se decidió cambiar el nombre a *Museo de Goya.* Era un homenaje al pintor aragonés que acabó sus días en el exilio a poco más de tres horas en coche de Castres, en Burdeos, en 1828.

Llegué a Castres el 14 de septiembre de 2022. El museo estaba en obras y, por lo tanto, cerrado al público. Estuve merodeando unos minutos por los maravillosos jardines diseño del jardinero de Luis XIV rememorando mi visita a Versalles en la primavera de aquel mismo año mientras pensaba que tal vez no había entendido bien el mail de invitación. Quizás mi francés de principiante me había jugado una mala pasada.

---

[1] Jean Jaurès (Castres, 3 de septiembre de 1859–París, 31 de julio de 1914. Defensor de posiciones pacifistas y antinacionalistas, fue asesinado tres días después del estallido de la Primera Guerra Mundial. Jaurès fue un marxista heterodoxo: rechazó la dictadura del proletariado e intentó conciliar el idealismo y el materialismo, el individualismo y el colectivismo, la democracia y la lucha de clases, el patriotismo y el internacionalismo.

Entonces sentí que Jeannine desde el esplendoroso cielo soleado de Castres me invitaba a colarme entre andamios y sacos de cemento. Y así, decidida, traspasé los muros del magnífico edificio principal del museo, antiguo palacio episcopal construido en 1675 y diseñado por Jules Hardouin-Mansart, uno de los arquitectos de Versalles. Y en cuanto subí las escaleras que estaban a mi izquierda apareció como una ensoñación Joelle Arches, actual directora y conservadora. Con un termo de café en una mano y una gran sonrisa en su cara, me dio una calurosa bienvenida. Acto seguido me invitó a que pasara sin miedo y me adentrara en la biblioteca, pidiéndome disculpas por las obras. Allí me presentó al resto del equipo: Cecile, Regine, Laurence Bader, Laurence Giacoletto y Bernadette Roux. Un elenco de mujeres orgullosas de formar parte del legado de Baticle me recibieron con ilusión, me acogieron y me agradecieron una y mil veces que estuviera allí interesándome por su antecesora. Tras las presentaciones de rigor me pusieron una mesa cerca de la ventana y me indicaron la correcta manera de manejar la documentación. Unas noventa carpetas colocadas en varios frontales de los bajos de las estanterías me esperaban. Contaba con tres días para sumergirme de lleno en el mundo Baticle: cientos de documentos, cartas, apuntes, fotografías, artículos. Prácticamente todo el trabajo de la gran hispanista a mi disposición. Un sueño hecho realidad.

Fonds Jeannine Baticle. Archives personelles. Musée Goya, Castres.

Durante los tres días que pasé en el museo pude comprobar la gran pasión de Jeaninne por el arte español, y sin duda encontré valiosos documentos sobre sus estudios sobre Francisco de Goya, de los que paso a describirles tan solo una pequeña parte.

De los estudios que realizó sobre el cuadro de los fusilamientos del 2 y 3 de mayo encontré una carpeta del *Congreso internacional del 2 de mayo y sus precedentes*, celebrado en Madrid del 20 al 22 de mayo de 1992. Había documentación en relación a la hipótesis de la localización del famoso cuadro. Luego Baticle llegaría a la conclusion de que los fusilamientos sucedieron en Príncipe Pío, y no en Moncloa, como se había creído hasta entonces. Encontré también postales, artículos de revistas, la tesis doctoral de Jesús María Alia Plana, Doctor en Historia del Arte, en la que se hace un estudio detallado de los uniformes militares de la época. Una invitación a la exposición, *toros y toreros* de 1990. Gracias a estos archivos pude conocer la dirección de la residencia de Baticle en Paris: Rue de Vaugirard 334. Hallé un curioso documento titulado *Heroico pueblo de Madrid* en relación a la firme postura de los madrileños frente a la invasión francesa. También había documentos de los Archivos de Protocolos de Madrid, planos antiguos de la ciudad de Madrid, una postal de la imagen de las Capitulaciones de Bailén, dosieres de Madrid de 1808. Todo se presentaba escrupulosamente ordenado, con apuntes a rotulador de punta fina en los márgenes, anotaciones que demostraban su laborioso estudio del más mínimo detalle. Todo le interesaba. Cualquier cosa le resultaba valiosa.

Cuando abrí la carpeta de *Goya en Burdeos* un escalofrío me recorrió el cuerpo al leer la bienvenida de Ramón Villanueva Echevarría, cónsul general de España, así como la carta fechada el 27 de junio escrita por Leandro Fernández de Moratín[2] a uno de sus mejores amigos, Juan Antonio de Melón: "Llegó en efecto Goya sordo, viejo, torpe y débil, y sin saber una palabra de francés...y tan contento y deseoso de ver mundo "

Llama la atención el altruismo de Jeannine con sus colegas, una vez jubilada y la manera de agradecérselo. Muestra de ello es una tarjeta postal del Museo del Prado con la imagen de un bodegón de Luis Eugenio Meléndez de Isadora de Viejo, autora de la tesis doctoral de

las colecciones de Manuel Godoy[3]: "Querida Jeannine: Creo recordar que su cumpleaños es el 11 de julio ...". Gracias a esta carta, descubrimos también la fecha del nacimiento de la hispanista, desconocida hasta entonces.

Jeannine Baticle atesoraba con sumo cuidado cualquier documento en relación al pintor, como un menú que incluía algunos platos como

Consomé Fuentetodos. Esta es la localidad aragonesa donde nació Goya. Se sitúa en la comarca de Campo de Belchite, a cuarenta y cuatro kilómetros al sudoeste de Zaragoza.

Truites de Riviere (truchas de río) *a la Chinchón*. María Teresa de

---

[2] (Madrid, 1760-París, 1828). Hijo del también literato Nicolás Fernández de Moratín. Dramaturgo y autor de El sí de las niñas, o La mojigata (...) Residió después en Montpellier, París y Bolonia, junto a grupos de españoles exiliados. La restauración de la Constitución en 1820 le permitió regresar a Barcelona, pero una epidemia le obligó a marcharse a Bayona, y desde entonces ya no volvió a España. Los últimos años los pasó en Burdeos y París (...)

[3] *Manuel Godoy, Patrón de las Artes y Coleccionista*, publicada por la Universidad Complutense de Madrid en 2 tomos en 1983. Esta colección cuenta con más de mil obras y se formó en los años del reinado de Carlos IV entre 1792 y 1807.

Borbón y Vallabriga, la condesa de Chinchón, fue la hija mayor del Infante Don Luis, retratada por Goya en varias ocasiones y a la que tenía un cariño especial.

Poularde farcie (pollo relleno) *a la Tirana*, el retrato que representa a la actriz teatral María del Rosario Fernández, elogiada por la intelectualidad ilustrada de la época y llamada así por ser la esposa del actor Francisco Castellanos el *Tirano*.

También había una factura del 2 de diciembre de 1969 de la Librería Mirto sita en la calle Ruiz de Alarcón, 27 de Madrid en la que aparecen registrados algunos de los libros que adquirió: *El traje español en la época de Goya, Esbozo psicológico, enfermedades y muerte de la duquesa, Miscelánea Madrileña Histórica y La Duquesa de Alba y Goya*, por un total de 1.990 pesetas, al cambio 14,10 euros.

Seguía inmersa en el trabajo de Baticle. Ella me acompañaba cuando abrí la carpeta que dedicó a la familia del Infante Don Luis, el hermano de Carlos III y primer empleador de Goya en el Palacio de Arenas de San Pedro, en Ávila, España. Conozco bien el asunto y me encanta comprobar que ambas, ella y yo, separadas por el tiempo hemos coincidido en el estudio de estos personajes. Encuentro la *Pragmática Sanción de 1776* por la cual Carlos III regula los matrimonios desiguales. Un artículo me llama la atención. Es de Antonio Morales y está publicado en la revista La antiquaria: *La*

Condesa de Chinchón y su hermana María Luisa:

"Desde Burdeos escribe en noviembre de 1824 Goya a la duquesa con gran confianza y amistad, en la que caben esas bromas de los enanos y la confidencia de que "me hallaba sin dinero y admití la oferta de unos amigos que me anticiparon los gastos del camino".

Termino mi primera jornada pletórica. A la mañana siguiente regreso y encuentro un articulo del periódico *El Heraldo de Aragón* de 1996: *Jeannine Baticle, la gran biógrafa de Goya, cree que no se han investigado bastante las relaciones del pintor con Aragón*. Titular: La experiencia de la guerra cambió a Goya. Habla sobre la conferencia que dio en la asistencia a los Cursos de la Institución Fernando el Católico por el 250 aniversario del nacimiento de Goya el 30 de marzo de 1746: *Goya en 1808. Entre Madrid y Zaragoza.*

He aquí algunos extractos significativos:

"Si Goya reaccionó tan violentamente frente a los horrores de la guerra es porque amaba apasionadamente la vida. Ya lo he dicho antes. Solo deseo, para demostrarlo y como conclusión, a manera de antítesis, mostrar el maravilloso retrato de un niño aragonés, Luis María de Cistué, pintado en 1791, a la edad de dos años y medio. (...)

Así era Goya: podía pasar del encanto y de la pureza de la infancia a la sombra negra de los adultos, en tiempos de guerra. Con la misma verdad y la misma potencia emocional en los dos casos"

Termino mi trabajo con el gran logro de Jeannine, colofón a toda su carrera. Se trata de la monografía de Goya publicada por *Fayard* en 1992. Reviso los dosieres que utilizó, bibliografía, artículos, cartas inéditas, las críticas. Incluso en una de las carpetas puedo tocar con mis propias manos un tesoro: el manuscrito de la edición francesa. Alzo los ojos llorosos ante tal descubrimiento. Frente a mí, Regine me mira emocionada compartiendo el motivo de mi plena felicidad. Pero para mi gusto ahí no acaba la sorpresa. Me ha concertado una entrevista con Jean–Louis Auge, conservador del museo en Castres en 1982. Es una de las últimas personas que trabajó junto a ella. Está vivo y dispuesto a contarme todo lo que quiera saber de su querida Jeannine o como él la llamaba cariñosamente *Miss Marple*.

Visita a la casa de Jean–Louis Auge, Conservateaur en Chef des musées de Castres en 1982.

Llegué a una villa del XIX a orillas del río que parecía irreal. Aquel pequeño palacete se abría ante mí con un hall de techos altísimos y columnas de mármol. En la puerta Jean Louis y su mujer Sylvie me recibieron con los brazos abiertos. Habían preparado un pequeño refrigerio de bienvenida. Todo riquísimo. Les había comprado una botella de vino el día anterior cuya etiqueta representaba a la diosa Afrodita, la misma estatua que me sonreía desde el ángulo derecho mientras Jean–Louis relataba anécdotas de su gran amiga y colega en el museo. Ella había sido su directora desde que entró hasta que se jubiló en 1986.Cuatro años compartidos de confidencias, buen hacer, entusiasmo y profesionalidad.

–Jean–Louis ¿Cómo era Jeannine?

– Era una persona muy especial. Baticle decía: "Historia del arte, más historia que arte" Ella se centró menos en la clasificación de estilo. Con René Andioc mantuvo discusiones sobre la ubicación de los fusilamientos.

Jean–Louis me relató sus grandes logros.

–En la gran exposición de Zurbarán del Grand Palais en Paris, el obispo de Sevilla le prestó personalmente los cuadros por ser ella. Grandes amigos españoles como Sánchez Cantón, Angulo, Alfonso Emilio Pérez Sánchez, director del Museo del Prado la apreciaban mucho.

Le pregunté por el apodo de Madame Infante. "Imagino que será por el sentimiento que le unía a España" me dijo.

"Espíritu", "lista "o "conciliadora" fueron palabras hermosas que salieron de la boca de su compañero, que la recordaba con añoranza y nostalgia contenida en el temblor de sus labios.

– ¿Qué sintió Jeannine cuando le ofrecieron la gestión del Museo Goya?

–En Castres estaba tranquila: su manera de decir, la colaboración, la amistad, mantuvimos una relación filial. Fíjese si era cariñosa que a mí me llamaba "mon petit Jean-Louis". Independientemente de eso, Jeannine fue una gran profesional. Durante su etapa en Castres se consiguieron interesantes créditos para el museo de la ciudad.

– ¿Por ejemplo?

–Le diré que gracias a Baticle fue posible adquirir muy buenas obras, como los tres grandes lienzos de Alonso Cano del Convento del Ángel de la Guarda en Granada y luego de la colección de JT Arrigui de Casanova en el Chateau de Courson. Baticle aseguraba que se encontraban joyas documentales en los Archivos más pequeños, como el de Protocolos del Palacio Real de Madrid o el de Simancas, en la provincia de Valladolid.

Tras el café Jean-Louis me llevó en coche a la estación de tren. Aquella misma noche volvía a Madrid en vuelo directo desde Toulouse. Entonces me dijo:

–Por supuesto no le interesará cara a su conferencia en La Sorbonne, pero le diré que después de tanto esfuerzo en vida, Jeannine falleció prácticamente sola. Tan solo Claudia Resort, mi esposa y yo acudimos a su entierro. Durante sus últimos años sufrió problemas de circulación. Desde 2004 hasta que falleció vivió en una residencia de ancianos cerca de París.

En el aire se le quedó un proyecto de novela que nunca salió. Leía a Agatha Christie. Por eso Jean-Louis a veces la comparaba con Miss Marple, pues como la británica, Jeannine indagaba en los misterios de los cuadros con una sagacidad detectivesca extraordinaria.

Y hasta aquí mi ponencia sobre Jeannine Baticle, Madame Infante, el espíritu de Goya, agradeciéndoles por parte del personal del Museo de Goya en Castres, de Jean Louis y Sylvie y yo misma, la oportunidad de rendir tributo a una gran mujer e hispanista apasionada: Jeannine Baticle, referente para las generaciones presentes y futuras.

Merci Boeacoup!

Breve reseña biográfica:

La hispanista Jeannine Baticle nació en 1920 en Villiers de Bel, a unos veinte kilómetros al norte de París, una pequeña localidad de dos mil habitantes entonces. De padre francés y madre inglesa, sus conocidos indican que este detalle se notaba en sus modales, su distinguida forma de expresarse y su gusto por el *bon tea*. Nunca rechazaba un dulce pastel que lo acompañase. No se la conoce pareja ni hijos, aunque tuvo un hermano y dos sobrinos. Jeaninne aseguraba que una mujer no podía dedicarse a la familia si quería aspirar a un nivel profesional de prestigio. En este sentido, la hispanista trabajó como conservadora del Louvre y directora del Musée Goya en Castres durante sus últimos años de actividad profesional en activo. Tras su jubilación en 1986 y hasta que falleció en 2014, con 94 años, siguió dedicada en cuerpo y alma al oficio.

Jeannine Baticle estudió en la Ecole de Louvre, en la que entró con diecisiete años. Trabajó como asistente en el Departamento "grande" de pinturas, dibujos y la colección Rothschild[4]. Su maestro fue Gabriel Rouches, autor de *La pintura española. La Edad Media*. La hispanista siempre guardó un recuerdo conmovedor de su mentor, quien la introdujo en las maravillas del arte español,

---

[4] ..." Como conocedor, el barón Edmond James se benefició de la guía de expertos e historiadores del arte, entre los que destaca André Blum (1881–1963), que acompañaría la transición al Louvre. Un fondo proporcionado por los tres hijos del barón, James, Alexandrine y Maurice, aseguraría la instalación y la curaduría continua de la Colección Edmond de Rothschild en el Louvre..." Edmond de Rothschild Foundations.

al que desde entonces consagraría toda su vida. En 1947, Baticle defendió su tesis *El dibujo español en el siglo XVII. Escuela Madrileña.*

La carrera de Jeaninne Baticle en el Louvre fue paso a paso: en 1952 es nombrada asistente titular, en 1962 conservadora de primera clase y en 1977 conservadora de clase excepcional, acabando como inspectora general.

Jeannine Baticle fue una mujer combativa que defendió sus derechos y el del resto de sus compañeros ejerciendo de delegada sindical en el Louvre. Coincidió con el gran director Michael Leclotte[5] cuando el porcentaje de mujeres era mínimo. En 1963 colabora con él en la presentación de los *Tesoros de la pintura española en las iglesias y museos de Francia*, en el Museo de las Artes Decorativas de París.

Durante su época en el Louvre, Baticle forjó una gran amistad con Claude Resort, la cual asistió discreta pero muy eficientemente a la hispanista en su serie de importantes exposiciones. Ejemplos como *Goya* (con AB De Vries, Orangerie des Tuileries, París; Mauristhuis, La Haya, 1970, *Zurbarán* (París, Grand Palais; Nueva York, Metropolitan Museum, 1987-1988) o *Eugenio Lucas et les satellites de Goya* (Museos de Lille y Castres, 1972) son las muestras de una complicidad entre ambas que dio resultados magníficos.

Potencia intelectual donde las haya, de su larga etapa en el Louvre como conservadora de la galería de Pinturas españolas, caben destacar sus trabajos sobre Luis Felipe de Orleans en colaboración con Cristina Marinas: La Galerie espagnol de Louis–Philippe. Esta fue una colección de más de cuatrocientos cuadros adquiridos en España por el Barón Taylor que se expuso en el Louvre durante diez años (1838-1848). Tras el exilio, fueron repartidos en subasta pública en Christie (Londres).

---

[5] El historiador del arte, curador y director del museo Michel Laclotte ha estado a la vanguardia de la vida cultural francesa durante el último medio siglo (...) y tomando las riendas del Louvre para liderar el esfuerzo que culminó en la transformación del museo en el "Gran Louvre", una de las atracciones culturales preeminentes del mundo. Levantando el telón de cincuenta años de erudición, intriga y logros artísticos occidentales, Laclotte presenta un extraordinario elenco de personajes que establecieron la dirección cultural de Francia en el período de posguerra desde Charles de Gaulle y André Malraux en la década de 1950 hasta François Mitterrand en las décadas de 1980 y 1990(...)
LACLOTTE M. (1999) A key to the Louvre. Memoirs of a curator. Abbeville Press.

Pero Jeannine también se ocupó de otras cuestiones museísticas que consideraba de máxima importancia. Se interesó por los problemas de la iluminación de los cuadros en las salas, en particular de la gran galería Waterfront. Colaboró con los ingenieros para conseguir que la luz natural y la artificial conjugasen a la perfección para ofrecer al visitante una experiencia única. Además, participó en la decisión de poner el cuadro más famoso del mundo en una vitrina con aire acondicionado. Gracias a ella la Mona Lisa está a salvo de las inclemencias climáticas y humanas desde entonces.

Jeannine Baticle fue autora de muchos artículos científicos en la *Revue du Louvre* y de varios libros como *Goya, de sangre y oro* (1989) y *Velázquez, el pintor hidalgo* (1990), publicados en España bajo el sello de Aguilar Universal. Además, es la autora de la importantísima monografía de Goya publicada en 1992 por Fayard en Francia.

Condecorada en Francia con el grado de oficial de la Legión de Honor y en España con las órdenes de Isabel la Católica y de Alfonso X el Sabio, es académica correspondiente de la Real Academia de San Fernando y miembro de la Hispanic Society of América.

Bibliografía

BATICLE, J. Goya, de sangre y oro. Aguilar Universal, 1989

BATICLE, J. Velázquez, el pintor hidalgo. Aguilar Universal,1990

FONDS JEANNINE BATICLE. Archives personnelle. Musée Goya. Castres

https://docta.ucm.es/entities/publication/a2e99326-0973-4044-9b6c-0f023c7760a7

ROSE-DE VIEJO, I. (1981) Manuel Godoy: Patrón de las artes y coleccionista. https://www.isadorarosedeviejo.eu/

Tesis doctoral UCM. www.isadorarosedeviejo.eu

GERAND-POWELL, V. Claudie Ressort, obituary Claudie Ressort (1933–2021) ARTES. Iberian&Latin American Visual Culture Group. 2021 Disponible en https://artes-uk.org

INVENTAIRE GÉNÉRAL DES COLLECTIONS DU MUSÉE GOYA. PEINTURES

HISPANIQUES. Sous la direction de Jean–Louis Augé, Conservateaur en Chef des musées de Castres. Ville de Castres.

JUNQUERA, J. J. Jeannine Baticle (1929-2014). Archivo Español De Arte, 88(350), 221. 2015 recuperado a partir de https://archivoespañoldearte.revistas.csic.es/index.php/aea/article/view/904

LACLOTTE M. (1999) A key to the Louvre. Memoirs of a curator. Abbeville Press.

MARTÍNEZ LEIVA, G. La reapertura del Museo Goya en Castres. Un recorrido por seis siglos de arte español. 2023 InvestigArt. https://www.investigart.com

PALOMAR S. A. Castres, la desconocida ciudad del sur de Francia con un Museo Goya. 2023 Viajes National Geographic. https://viajes.nationalgeographic.com.es

RESSORT, C. Disparition de Jeannine Baticle. 2015 La Tribune de l'Art. https://www.latribunedelart.com

VOZMEDIANO, E. Jeannine Baticle : Goya. 1996. Traducción de Juan Vivanco. Critica. Barcelona,1995.382 páginas. Publicado en Arte y Parte nº4, Madrid agosto

septiembre 1996. http://elena.vozmediano.info

https://www.edmondderothschildfoundations.org/

https://www.cervantesvirtual.com/nd/ark:/59851/bmcjh451

https://musees-occitanie.fr/articles-decouverte/briguiboul-et-lespagne/.

Briguiboul y España. Pintura/escultura. Jean –Louis Augé, Conservador jefe de los museos Goya y Jaurés. Musées Occitanie

RÍOS CARRATALÁ,J.A Diccionario de Literatura española e hispanoamericana, Madrid, Alianza, 1993. Ricardo Gullón (dir.)

Isabel M. Rubio

Licenciada en Filología Hispánica por la Universidad Nacional a Distancia (UNED), investigadora y escritora.

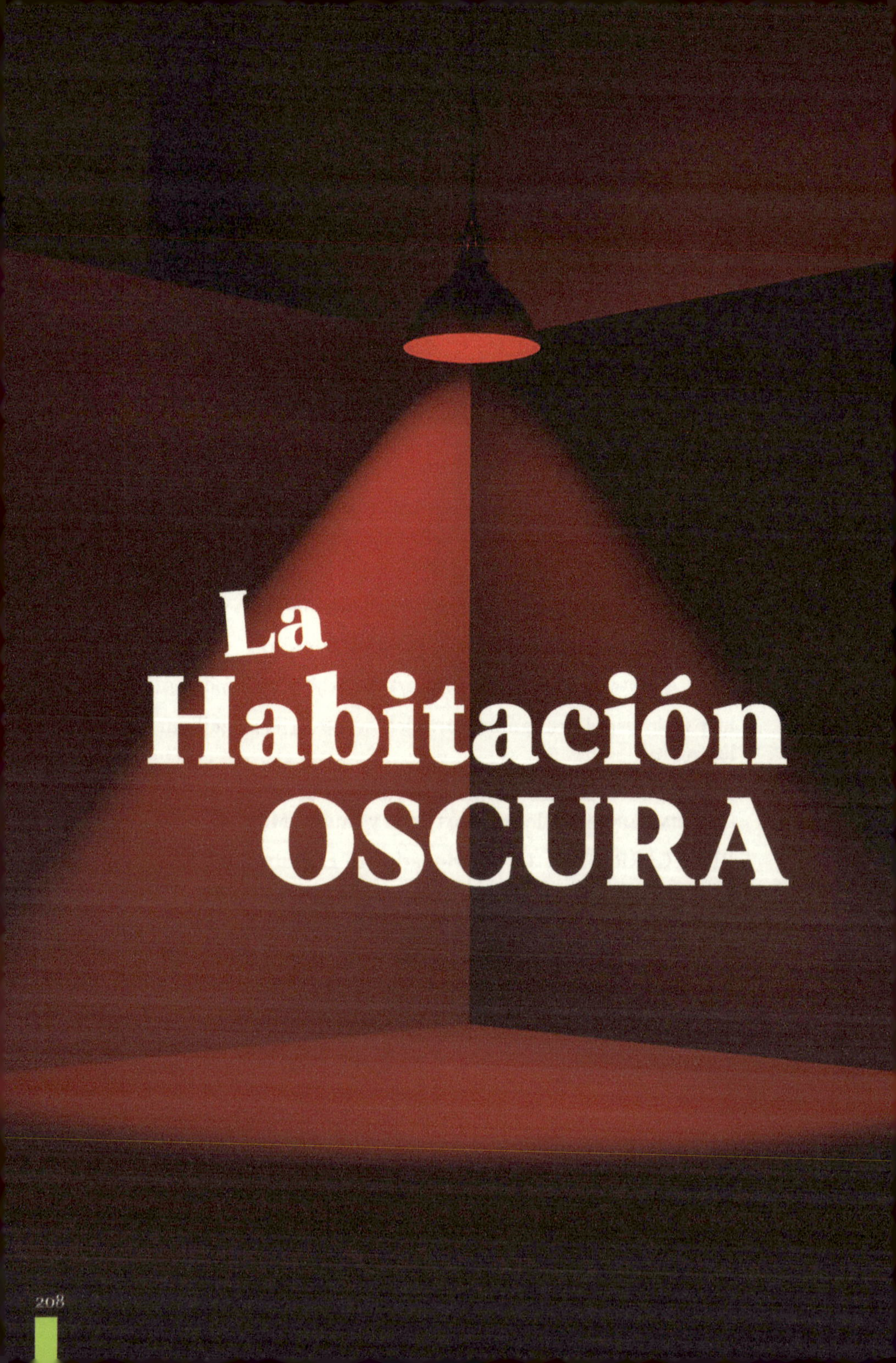

La Habitación OSCURA

Diablerías
(Segunda parte)

POR JESÚS PALACIOS

ILUSTRACIÓN DIVERGENTE[84]

Dejamos a nuestro buen amigo el diablo (aunque como bien sabemos su nombre es Legión) a punto de entrar, tras escaparse de las páginas de *pulps* y bolsilibros, en el mundo del *best-seller*, es decir, lisa y llanamente, de los grandes éxitos de ventas. Y es que si en los años sesenta del siglo pasado el Eón de Horus de Crowley y sus thelemitas no acabó nunca de llegar y la Era de Acuario pasó de largo, como Mr. Marshall en la diabólica película de Berlanga, lo que sí llegó implacablemente fue el reinado del best-seller, cuando las listas de los libros más vendidos empezaron a gozar de más peso entre los lectores que las críticas literarias. De repente, vender más, pero que mucho más, se convirtió en un valor

en sí mismo, de mayor importancia, desde luego, que consideraciones tan nimias como la calidad literaria, la originalidad o el riesgo creativo. Naturalmente, si alguien tenía todo el derecho a beneficiarse de las superventas, ese era, desde luego, Satán, que rápidamente se colocó a la cabeza de las mismas.

El primer *best-seller* netamente satánico con derecho a rápida versión cinematográfica fue, como es bien sabido, *Rosemary´s Baby*, publicado en 1967 y convertido un año después por Polanski en película de culto, polémica, maldita y ejemplar donde las haya: *La semilla del diablo* (*Rosemary´s Baby*, 1968). Su autor, Ira Levin (1929-

2007), era una especie de prodigioso monstruo literario que había ganado ya el prestigioso premio Edgar con su primera novela de misterio, *Un beso antes de morir*, publicada con tan solo veintidós años y llevada también al cine en dos ocasiones. Los derechos de su *thriller* psicológico sobre satanismo moderno, histeria femenina y la venida del Anticristo, publicado en plena fiebre del ocultismo *underground* de los sesenta, fueron adquiridos por William Castle, el simpático Hitchcock del pobre, por cien mil dólares. El mejor negocio de su vida, sin duda. Tanto novela como película se convirtieron en éxitos arrolladores que, acompañados poco después por los fúnebres sones de Charlie Manson, su "familia" y los crímenes Tate-La Bianca, confirmarían a Polanski como director satánico a su pesar —pero... ¿lo es realmente a su pesar?— y a Levin como valor seguro en Hollywood y Broadway, donde sus *thrillers*, tanto teatrales como novelísticos, siempre han dado buenos resultados.

Las continuaciones, *remakes* y series de televisión basadas en este clásico diabólico moderno no han dejado de llegar hasta fecha tan reciente como 2024, con el estreno de la precuela *Apartamento 7A* (*Apartment 7A*), dirigida por Natalie Erika James. Luego dicen que pactar con el diablo nunca funciona... Eso sí, hay que reconocer que ese mismo éxito no sonreiría a Levin con motivo de la tardía publicación de su propia y nada desdeñable secuela literaria de su obra maestra: *El hijo de Rosemary* (1997), cuyo tono de

sátira y humor negro no convenció a muchos de esos lectores que siempre esperan de las segundas partes una más o menos exacta repetición de la jugada original.

En cualquier caso, el efecto inmediato del fenómeno Rosemary´s Baby fue la primera y arrolladora avalancha de películas y novelas satánicas, dispuestas a explotar su éxito. Una de las imitaciones más resultonas del *best-seller* de Levin sería *El vals Mefisto*, del pianista y escritor americano Fred Mustard Stewart (1932-2007), publicada en 1969 y convertida en película por Paul Wendkos, en 1972. En *Satán, mon amour* (*The Mephisto Waltz*), tal y como se tituló en España, Alan Alda interpreta a un crítico musical cuya carrera como pianista se ha ido al infierno, literalmente... Pero que aún tiene la oportunidad

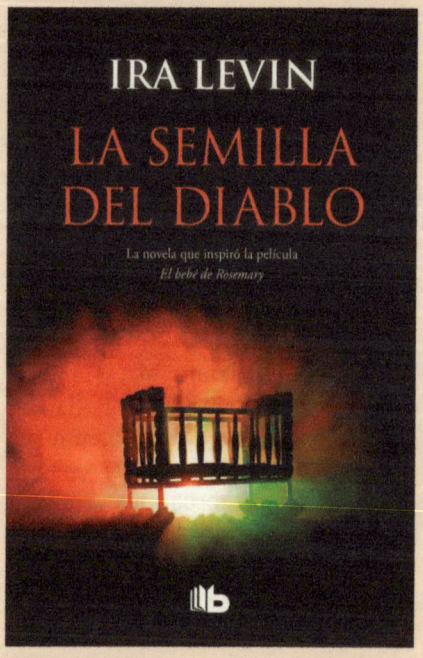

de recuperar el éxito dejándose arrastrar a un diabólico pacto por aquellos amigos y seres queridos que le rodean, miembros todos de un culto satánico sin que él mismo lo sospeche. Menospreciada habitual e injustamente, la película de Wendkos posee una atmósfera elegante y malsana, un excelente reparto en el que destacan la bella Jacqueline Bisset y el siempre inquietante Bradford Dillman, y un clímax final onírico y delirante que no desmerece del filme de Polanski, evidentemente superior en otros muchos aspectos.

La más eficaz de las "imitaciones" de *La semilla del diablo*, quizá precisamente por no ser tanto una imitación como una respuesta, sería una novela —y película— capaz de generar, a su vez y por derecho propio, una nueva olcada de satanismo literario y cinematográfico, aunque de rasgos bien distintos. William Peter Blatty (1928-2017) publicaría *El exorcista* en 1971, pasando rápidamente a ocupar los primeros puestos en las listas de ventas y convirtiéndose en 1973 en una de las películas más famosas de la historia, además de uno de los primeros filmes de horror dirigidos al gran público y no a las legiones de aficionados y *freaks*. *El exorcista* (*The Exorcist*. William Friedkin, 1973) es un clásico absoluto del cine satánico, aunque quizá no del todo indiscutible, sino por el contrario muy, pero que muy discutible. Especie de reverso cristiano del cínico, agnóstico y ambiguo filme de Polanski, el catolicismo de Blatty y el inquieto judaísmo de Friedkin se conjugaron para dar astuta

credibilidad casi documental a una historia, lejanamente inspirada en "hechos reales", acerca de la posesión diabólica de una niña y del desafío que esta supone para los sacerdotes encargados de expulsar al demonio de su interior, con algunos inteligente toques de *thriller*.

Para muchos, quizá por la impronta que el diablo como representación tradicional del Mal tiene todavía entre los creyentes o al menos entre quienes fuimos educados en la fe cristiana, se trata de una película terrorífica, genuinamente asustante. Para el que suscribe, es sobre todo un espectacular e inteligente "falso" docu-drama, eficaz, sofisticado y moralista. Pero de lo que no se puede dudar es de su calidad, éxito e impacto inmediatos. Blatty escribiría años después un nuevo *thriller* diabólico,

Legión, publicado en 1983, que acabaría convirtiéndose en tercera secuela del filme de Friedkin como *El exorcista III* (*The Exorcist III*, 1990), saltando por encima de la segunda parte realizada por John Boorman y siendo dirigida esta vez por el propio autor del libro, experto guionista cinematográfico, quien aumentó los elementos de la novela que tenían relación con la primera parte, para así acentuar su continuidad. El resultado, bien distinto del tono más dramático del filme original, es un divertido e imaginativo *thriller* teológico y ocultista, protagonizado por George C. Scott, basado en la premisa igualmente moralista y reaccionaria de que los asesinos en serie psicópatas no son otra cosa que auténticos posesos, prácticamente demonios en sentido literal. No deja de ser curioso que también la novela de humor negro e intriga psicológica de Blatty *La novena configuración* —reescritura publicada en 1978 de su anterior *Twinkle, Twinkle, "Killer" Kane* (1966)— se desarrolle en el mismo universo de ficción que El exorcista, con la que comparte el personaje del astronauta Billy Cutshaw. También Blatty convertiría esta rareza en no menos extraña pero muy recomendable película: *La novena configuración* (*The Ninth Configuration*, 1980). Añadamos como curiosidad, un tanto siniestra, que tanto *La semilla del diablo* de Levin como El exorcista de Blatty fueron publicados en España con algunos recortes, por obra y gracia de una censura todavía entonces en vigor, imbuida de no menos vigor nacionalcatólico.

WILLIAM PETER BLATTY
AUTOR DE *EL EXORCISTA*

LA NOVENA CONFIGURACIÓN

Planeta

La invasión de best-sellers satánicos desatada por El exorcista adquirió dimensiones alucinantes y, en cierta medida, sigue vigente hoy

La invasión de *best-sellers* satánicos desatada por *El exorcista* adquirió dimensiones alucinantes y, en cierta medida, sigue vigente hoy. Muchos acabaron pronto convertidos en producciones cinematográficas del más variado estilo. Así, *La lluvia del diablo* (*The Devil's Rain*, 1975), dirigida en horas bajas por el británico Robert Fuest, genial autor de la saga del Dr. Phibes, supuso el debut de John Travolta en el cine —y su primer encuentro, por cierto, con la Iglesia de la Cienciología— y contiene un simpático *cameo* de Anton LaVey, amigo personal de Fuest, en el papel de sumo sacerdote satánico, lo que venía a ser también en la vida real, como líder y fundador de la Iglesia de Satán original, creada en 1966. Su inverosímil y psicotrónico argumento, con algo de *weird western* o wéstern fantástico, sobre un culto diabólico en medio del desierto americano y la reencarnación de un viejo satanista vengativo ejecutado en la hoguera, se basaba en la novela *The Devil's Rain*, publicada el mismo año 1975 por la escritora de *best-sellers*, autora de las novelas de la serie televisiva *Dinastía* y creadora de *La mujer biónica*, Eileen Lottman (1927-2013), con el pseudónimo de Maud Willis.

Pero una vez más, al igual que ocurriera con *El exorcista* en relación a *La semilla del diablo*, una suerte de exploitation de la primera se convertiría en fenómeno diabólico por derecho propio. Aunque no se basa realmente en ninguna novela, *La profecía* (*The Omen*. Richard Donner, 1976) generaría su propia novelización a cargo del guionista original, David Seltzer (1940-), siendo firmadas las siguientes entregas literarias de la saga por Joseph Howard la

segunda, y por Gordon McGill – autor de numerosas adaptaciones novelísticas de películas de éxito- las tres posteriores, independizándose de la serie cinematográfica a partir de su cuarta entrega, que nada tiene que ver ya con las siguientes películas realizadas. Aunque la novela de Seltzer se publicó dos meses antes del estreno del filme, se trata de una adaptación de su propio guión original y no a la inversa, utilizando el truco publicitario de la aparición del libro como reclamo para la película. *La profecía*, con su eficaz estilo de estupendo *thriller* setentero, sus "muertes creativas" y su énfasis moralista, nuevamente de sesgo cristiano y conservador pero con pesimista final, más afín al de *La semilla del diablo*, volvió a reflotar la industria del *best seller* satánico y sus equivalentes en pantalla, con especial dedicación a los niños diabólicos. Su éxito resultó tan arrollador que el propio Seltzer lo aprovecharía para marear la perdiz con su guión para el filme de eco-terror y monstruo mutante *Profecía maldita* (*Prophecy*. John Frankenheimer, 1979), que nada tenía que ver con ominosas predicciones satánicas ni diabolismo alguno.

Unos años antes, en 1974, Jeffrey Konvitz (1944-), guionista y productor de la más genuina exploitation, de *Noche silenciosa, noche sangrienta* (*Silent Night, Bloody Night*. Theodore Gershuny, 1974) a *Espía como puedas* (*Spy Hard*. Rick Friedberg, 1996), había publicado su novela de terror satánico *The Sentinel*, lamentablemente inédita en castellano, y en 1977 esta se convirtió en una curiosa y singular película dirigida por el injustamente menospreciado Michael Winner, con un reparto encabezado por Chris Sarandon y Cristina Raines, donde destaca la presencia de actores y actrices de la talla de Martin Balsam, John Carradine, José Ferrer, Arthur Kennedy, Ava Gardner, Burgess Meredith, Eli Wallach, Christopher Walken o la letal pareja de lesbianas compuesta por Sylvia Miles y Beverly D´Angelo. La historia, sobre un edificio que guarda una puerta al infierno y los encargados de vigilarla para la eternidad, resulta notablemente más original que la media, y su atmósfera opresiva y paranoide, que estalla en un apocalipsis final digno de El Bosco, donde el director británico utilizó auténticos *freaks* al estilo Tod Browning como extras desatando la polémica tras su estreno, dotan al filme de una personalidad propia, bien distanciada de la mera explotación comercial de la moda diabólica.

En 1978, la veta satánica de posesiones y exorcismos varios continúa, ahora con una curiosa y simpática adaptación a la pantalla de la novela *Manitú*, publicada en 1975 por el británico Graham Masterton (1946-). Aunque esta vez no se trata de un demonio de la tradición cristiana, su intriga alucinante con ecos lovecraftianos sobre un tumor que se convierte en la reencarnación de un viejo y diabólico hechicero indio, responde a todos los tópicos del género, tanto literario como cinematográfico, y fue resuelta por

el artesanal William Girdler con algo más de alegría y medios de lo que es habitual en su filmografía, contando con un buen reparto encabezado por el veterano Tony Curtis y la guapa Susan Strasberg, ella misma creyente en los fenómenos paranormales —tiene su encanto el que muchas películas satánicas de los setenta, como las de su coetáneo el cine-desastre, estén a menudo protagonizadas por veteranas estrellas del viejo Hollywood—. El libro sería el primero de una serie de ocho, protagonizada por el personaje que interpreta Curtis, el falso psíquico y genuino investigador de lo paranormal Harry Erskine, que desgraciadamente, salvo en lo que se refiere a su primera y más famosa entrega, sigue sin publicarse entre nosotros.

Con autores como Graham Masterton entramos ya en el domino satánico de los escritores de *best-sellers* de género estrictamente fantaterrorífico, destinados, más tarde o más temprano, al mercado popular del libro de bolsillo. Esos mismos libros que ha recuperado gozosamente para las nuevas generaciones Grady Hendrix en su indispensable *Paperbacks from Hell* (2017). Si Ira Levin cultivaba el *thriller* en general, pasando sin pestañear del policíaco al terror satánico, sin desdeñar la ciencia ficción o el *murder mistery* teatral, y autores como Blatty o Seltzer se han bandeado en toda suerte de géneros —incluyendo el bélico o la comedia—, al calor infernal del éxito de películas y novelas como *La semilla del diablo*, *El exorcista*

David
SELTZER

LA
PROFECIA

M CLÁSICOS MINOTAURO

y *La profecía*, van surgiendo una serie de escritores profesionales que, enraizados en la vieja tradición *pulp* con la que empezó todo, se dedican a elaborar, siguiendo viejas fórmulas mágicas de éxito comercial asegurado, novelas de fantasía y horror de tintes satánicos, con las que ganarse buenamente el sustento y llenar las listas de ventas de olor a azufre.

En 1983, Michael Mann dirige *El torreón* (*The Keep*), una curiosa y fascinante, por fallida que también resulte, adaptación de la novela de terror del mismo nombre de F. Paul Wilson (1946-), publicada en 1981, en la que un grupo de soldados alemanes del Tercer Reich debe enfrentar la presencia maligna de Molosar, antiguo demonio encerrado en el torreón del título. Si bien las pretensiones filosóficas y

esotéricas del filme dan a veces un tinte ridículo a su discurso moral, en vena *New Age*, lo cierto es que el estilo atmosférico y esteticista de un Mann todavía algo bisoño pero lleno de imaginación visual, dota a su película de un carácter distintivo, muy agradecido para el aficionado al género. Por otro lado, su originalidad frente a la mayor parte de los filmes satánicos al uso es indiscutible: la idea de un horror demoníaco y metafísico manifestándose en medio del horror humano de la Segunda Guerra Mundial, enfrentando a los soldados con sus propios miedos más profundos, ha sido después imitada hasta la saciedad.

William Hjortsberg (1941-2017) fue un peculiar escritor y guionista afecto al género fantástico, aunque no muy prolífico. Algo debía tener el diablo que le tiraba, pues a él se debe también el guión de *Legend* (Ridley Scott, 1985), fantasía feérica y épica en la que Tim Curry interpreta a un fornido, cornudo y espléndidamente miltoniano Señor de las Tinieblas, con un vago toque de su no menos mítico *Sweet Transvestite from Transexual, Transylvania* de *The Rocky Horror Picture Show* (Jim Sharman, 1975). Años antes, en 1978, en plena fiebre diabólica setentera, había publicado su simpática *Falling Angel*, hábil mezcla de horror sobrenatural y novela negra —aparecida en castellano primero como *El ángel caído* y reeditada después con el título *Corazón de Ángel*, más acorde con el de su adaptación cinematográfica—, que sería llevada a la pantalla casi diez años después por Alan Parker como

El corazón del ángel (*Angel Heart*, 1987). Simbiosis casi perfecta entre el terror satánico, pacto diabólico incluido, y el clásico estilo *hard boiled* de Hammett y Chandler, el director añadiría de su cosecha unos apreciables toques de vudú de Nueva Orleans, además de su típico esteticismo videoclipero, netamente ochentero. Tanto película como novela se apartan del tópico de los niños y niñas diabólicos o poseídos, enlazando directamente con la tradición *pulp* de *Black Mask* y *Weird Tales*. Además, el sibilino Robert DeNiro, en su papel de Lou Cypher (¿ingenioso, eh?) ha pasado a la historia como uno de los mejores diablos de película. Todo gracias a un huevo duro. Lástima que la secuela escrita por el propio Hjorstberg, publicada ya póstumamente, *Angel´s Inferno* (2020), siga sin ser traducida al castellano.

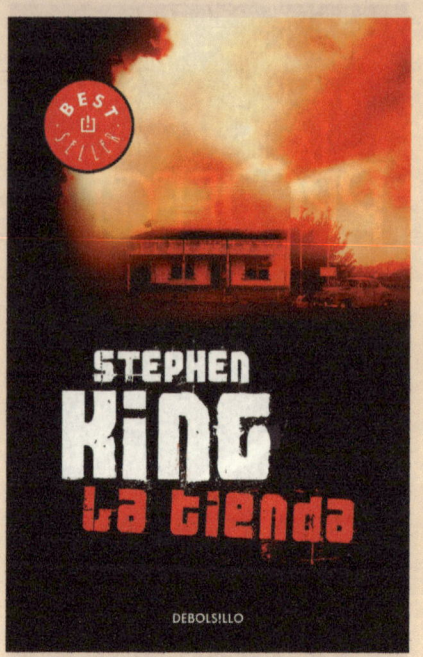

Era inevitable que, tarde o temprano, el rey del *best-seller* de horror por excelencia nos diera su propia novela satánica, que de forma también inevitable habría de ser rápidamente llevada a la pantalla. *La tienda*, publicada en 1991, es probablemente una de las pocas obras del Stephen King (1947-) más consagrado capaces de sorprender un poco al lector, a pesar de tratarse, sobre todo, de una reelaboración del tema de la pequeña ciudad de provincias "pervertida" por un extraño que, como en la vieja *nouvelle* de Mark Twain *El forastero misterioso* (1916) e incluso en las más viejas tradiciones folclóricas recogidas por Claude Seignolle en su cuento "El diablo con zuecos" (1959), no es otro que el propio demonio. Comedia negra que pretende y consigue parodiar eficazmente el típico culebrón (o *soap opera*, con más propiedad) estilo *Peyton Place* —con todos mis respetos para su autora, Grace Metallious, a quien creo que King ha "copiado" en más de una ocasión—, falla finalmente como sátira cruel al otorgar su "perdón" a los protagonistas, de manera facilona y poco sutil. Aún así, la novela resulta superior a su versión cinematográfica, *La tienda* (*Needful Things*, 1993), dirigida por el hijo de Charlton Heston, Fraser Clarke Heston, donde las malas intenciones de King se van completamente al diablo, literalmente, a mitad de metraje. Menos mal que Max Von Sydow, después de haber combatido enérgicamente al Enemigo en *El exorcista*, interpreta con estilo y elegancia satánica al diabólico Leland

Gaunt. Bastantes años más tarde, el hijo de King, Joe Hill, ofrecería su propia, pretenciosa y no muy lograda fábula moral sobrenatural con guiños (mejor dicho: con cuernos) fáusticos vagamente satánicos: *Cuernos* (2010), llevada al cine en 2013 por Alexandre Ajá, con fidelidad no del todo necesaria ni deseable.

Tan prolífico, aunque mucho menos prestigioso, como King, su máximo competidor durante años, Dean R. Koontz (1945-) ha visto también varios de sus *best-sellers* de terror más o menos satánico llevados a la gran pantalla, respetando en gran medida tanto su estilo barato y *pulp* —dicho en el mejor sentido—, como su moralismo generalmente reaccionario, que aprovechó descaradamente para el éxito de sus libros la paranoia anti-satánica y anti-sectas que invadió los Estados Unidos durante los reaganianos años ochenta. *Servidores del crepúsculo* (*Servants of Twilight*, 1991), basada en la entretenida novela con secta y niño quizás (o quizás no) diabólico del mismo título, publicada en 1988 con el pseudónimo de Leigh Nichols, fue dirigida por el habitual de la más tirada *exploitation* Jeffrey Obrow, con un estilo típicamente televisivo y directo a vídeo, que no convenció a nadie pero que tampoco molesta. Un poco más efectiva y contando con mejor reparto sería *Asesino del más allá* (*Hideaway*. Brett Leonard, 1995), donde la mayor profesionalidad del director y la presencia de actores como Jeff Goldblum, Alicia Silverstone o Rae Daw Chong, salvaba en parte la función, dedicada a ilustrar las hazañas de un adolescente psicópata vuelto de la muerte, poseedor de poderes sobrenaturales gracias a un sangriento pacto satánico. La novela, publicada por Koontz en 1992, fue traducida al castellano como *La Tercera Fundación*. Quizá el único intento hasta ahora de superproducción según Koontz haya sido *Phantoms* (1998), basada en su obra *Fantasmas*, publicada en 1983, y dirigida por otro profesional de las secuelas, la televisión y el *exploit* como es Joe Chapelle, pero con notable reparto encabezado por un joven Ben Affleck como el típico *all american heroe*, por unos casi adolescentes Rose McGowan y Liev Schreiber y por el gran Peter O'Toole. Sin ser ninguna maravilla, esta mezcolanza típica de Koontz de elementos lovecraftianos, terror, ciencia ficción, satanismo y suspense, funciona con el automático puesto en modo pulp, siempre y cuando no exijamos demasiado de la misma.

Por cierto que *Engendro mecánico* (*Demon Seed*, 1977), basada en la novela de Koontz del año 1973 *La semilla del demonio*, a pesar de su título original, no es un filme satánico, sino de ciencia ficción, dirigido por el malogrado y *crowleyano* Donald Cammell, notablemente más curioso y logrado que el resto de las adaptaciones de Koontz a la pantalla, entre otras cosas por los elementos esotéricos, metafísicos, psicodélicos y posthumanistas *avant la lettre* que introduce el director en su trama de, diríamos ahora, Inteligencia Artificial rebelde. De hecho, incluso la novela resulta bastante sorprendente, ejemplo de un tiempo ya muy lejano en el que su autor era una nueva promesa de la literatura fantástica y de ciencia ficción.

En 1997 se estrenaba con notable éxito la en absoluto desdeñable película de Taylor Hackford, director poco o nada dado al género de terror, *El abogado del diablo* (*The Devil's Advocate*), *thriller* sobre el poder y la corrupción en las altas esferas legales y judiciales, que convierte el mensaje de *La tapadera* (*The Firm*, 1993), película de Sydney Pollack y novela de John Grisham, en satánica y mefistofélica parábola sobrenatural, repleta de constantes alusiones a Milton, Dante y Goethe, con un "ingenuo" Keanu Reeves, joven abogado honesto y prometedor, arrastrado al Lado Oscuro por el literalmente diabólico Al Pacino, sobreactuado Tentador curtido en el *Actor's Studio* que se preparó el papel leyendo el "Inferno" de *La Divina Comedia*, *El Paraíso perdido* y revisando *El hombre que vendió su alma* (*The Devil and Daniel Webster*. William Dieterle, 1941), para aprender de Walter Huston. El filme adapta una novela de 1990 del prolífico Andrew Neiderman, autor de clásicos psicotrónicos como *Pin* (1981), llevado al cine en 1988, y genuino *ghost writer* de la fallecida V. C. Andrews, continuador tras la muerte de esta de sus románticas, siniestras e interminables sagas de gótico americano. *El abogado del diablo* es una de sus pocas obras editadas en España, si no la única, gracias al éxito de la película, lo que no puede decirse precisamente de su precuela, *Judgment Day*, publicada por el escritor en 2014, a la espera de convertirse algún día en filme, serie de televisión... o incluso en musical.

No deja de ser curioso que el británico Ramsey Campbell (1946-), veterano profesional del género a la inglesa, se haya convertido en favorito de los directores españoles modernos de cine de terror, siendo objeto de tres adaptaciones en nuestro país: el *thriller* de Paco Plaza *El segundo nombre* (2002); la historia de brujería y misterio *La influencia* (Denis Rovira van Boekholt, 2019) y la intriga de secta satánica y perniciosa *Los sin nombre* (1999), basada en la novela de Campbell del mismo título, publicada en 1981. Opera prima de Jaume Balagueró, que para algunos sigue siendo su mejor película, *Los sin nombre* se distingue agradablemente de la mayor parte de los productos hollywoodienses del género gracias a un cierto toque malsano e inquietante, propio del director de cortos como *Alicia* (1994) y *Días sin luz* (1995). Más recientemente aún, la novela original ha sido transformada en miniserie de televisión... ¡también española!

Y es que, finalmente, el *best-seller* de género llegó a la literatura española, y con él, nuestro señor de la pata hendida. *El Club Dumas* de Arturo Pérez-Reverte (1951-) fue publicado en 1993 y constituye todavía uno de los títulos más conocidos de su autor, quien fuera pionero del género en nuestro país—me refiero al del *thriller* formato *best-seller*—, donde este se encuentra todavía un tanto incómodamente afincado, pese

1973)—, *La novena puerta* (*The Ninth Gate*, 1999) es una incomprendida joya del *eurotrash* de lujo, con un final apoteósico a mayor gloria de la diabólica Emmanuelle Seigner, nueva Lilith, que, por una vez, conduce al protagonista, y al espectador con él, a un luminoso Amanecer Dorado, en el que las llamas del infierno resultan más deseables que ningún aburrido paraíso judeocristiano.

No corren buenos tiempo para el diablo en la literatura popular actual. Las distintas fiebres satánicas desatadas por fenómenos como *La semilla del diablo*, *El exorcista* y *La profecía*, aunque siguen gozando de renovada popularidad en las pantallas, grandes y pequeñas, han remitido editorialmente salvo contadas excepciones, generalmente afines a la moda cinematográfica de posesiones y exorcismos. Excepciones que van del humor de *El exorcismo de mi mejor amiga*, novela de Grady Hendrix de 2016, adaptada al cine en 2022 y estrenada ya directamente en Prime Video, al delirio de un filme como *El exorcista del Papa* (*The Pope´s Exorcist*. Julius Avery, 2023), teóricamente basado en los libros autobiográficos del fallecido exorcista vaticano Gabriele Amorth (1925-2016), transformado en una suerte de sacerdote superhéroe enfrentado a demonios y misterios de auténtica *pulp fiction*. Una estrategia similar pero más exagerada a la seguida también por *El Rito* (*The Rite*. Mikael Håsftröm, 2011), cinta protagonizada por Anthony Hopkins como carismático exorcista,

a su popularidad. Más cerca, en realidad, de la estela de *El nombre de la rosa* de Umberto Eco que de *El exorcista* o *La semilla del diablo*, la novela de Reverte, *thriller* ocultista culterano y literario por definición pero escrito con funcionalidad totalmente *pulp*, acabaría por caer en manos del mismísimo Roman Polanski, quien la despojó de buena parte de su trama metaliteraria, intraducible cinematográficamente, centrándose como avezado experto en su argumento esotérico, diabólico y detectivesco. Con un perfecto Johnny Depp como protagonista y un pluscuamperfecto Frank Langella como villano, rodada parcialmente en nuestra amada y diabólica Toledo —donde Mario Bava filmara también su deliciosa *El diablo se lleva a los muertos* (*La casa dell´esorcismo*, vagamente inspirada a su vez en el libro autobiográfico del Padre Gary Thomas *The Rite: The Making of a Modern Exorcist*. Con más interés que optimismo esperamos el próximo estreno de la adaptación a la pantalla de la inquietante y ambigua novela de posesiones y *reality shows* de Paul Tremblay, *Una cabeza llena de fantasmas* (2015), cuyos pretenciosos directores, Severin Fiala y Veronika Franz, forman parte de esa actual ola del cine de "terror elevado" que raramente alcanza las alturas que se propone.

También el cómic, la literatura gráfica, ha sido fuente de varios filmes diabólicos del siglo XXI como *Constantine* (Francis Lawrence, 2005), basado con no demasiada fidelidad, para escándalo de *fans*, en el tebeo de culto *Hellblazer*, protagonizado por el mago y exorcista John Constantine, creación del prestigioso y esotérico guionista y escritor Alan Moore; o la divertida serie *Lucifer* (2016-2021), adaptada también libremente de los cómics del escritor Mike Carey, publicados del 2000 al 2006, a partir del personaje creado a su vez por el hoy satanizado Neil Gaiman.

Pero en el terreno del *best-seller* literario, el diablo ha cedido en gran medida su sitial al esoterismo barato y la historia secreta, con cierta tendencia a los grandes misterios del cristianismo. Las sociedades secretas masónicas, el ocultismo nazi, el Cuerpo de Cristo, la Sábana Santa y demás reliquias, el Grial, María Magdalena y sus aventuras amorosas, los secretos del Vaticano, los manuscritos del Mar Muerto, los Gnósticos, Templarios, Cátaros, Illuminati y demás sectas reales o ficticias de todo pelaje y condición, combinados convenientemente con nombres rimbombantes como los de Da Vinci, Dante, Nostradamus, Poe, Goya, Hitler o Conan Doyle, además de con el supuesto simbolismo oculto en las grandes y pequeñas obras del arte y la literatura, constituyen, hoy por hoy, una de las fórmulas favoritas para el *best-seller* de género más o menos fantástico o terrorífico. Su poco sutil pero a menudo eficaz combinación de misterio clásico —¿quién lo hizo?— con supuesta Historia —enseñar divirtiendo. Pero, ¿enseñar qué?—, *thriller*, romance y toda clase de consoladoras mixtificaciones *New Age* —inmortalidad, vida después de la muerte, retorno de Cristo, clonación, matriarcado original...—, es un auténtico bálsamo de

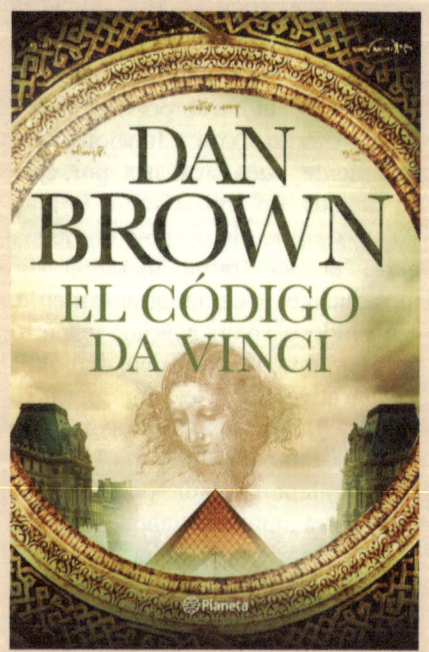

fierabrás literario, que asegura la colocación, si no siempre en la lista de los más vendidos, sí al menos en las mesas de novedades de las grandes librerías. Ejemplos por antonomasia, *El Código Da Vinci de Dan Brown* (1964-) y sus varias secuelas, así como sus adaptaciones cinematográficas, fueron todavía no hace mucho verdaderos equivalentes a éxitos de antaño como *La profecía*, *El exorcista* o *La semilla del diablo*, provocando como ellos un tsunami, aún vigente hoy día, de imitaciones, continuaciones y copias, enterrando bajo el peso de sus irregulares y pretenciosas páginas al Señor de las Tinieblas.

Naturalmente, este *thriller* esotérico de nuevo cuño no es más que un moderno disfraz de la más vieja *pulp fiction*. De un género que ya fuera cultivado, generalmente con más gracia y fortuna literaria, por autores como Algernon Blackwood, Machen, Conan Doyle, William Hope Hodgson, Seabury Quinn, Sax Rohmer, Dennis Wheatley, Abraham Merritt, John Dickson Carr, Michael Burt, etc., y hasta por españoles como Emilio Carrere, húngaros como Antal Szerb o checos como Leo Perutz. Por eso mismo, no sería de extrañar que

en este loco, divertido y a veces ya un poco patético universo del *bestseller* —esa algo engreída *pulp fiction* actual—, que corre también riesgo de estar en peligro de extinción y donde los fenómenos de éxito se suceden y devoran entre sí a velocidad vertiginosa (del *thriller* esotérico al *nordic noir*, de los *psychothrillers* con asesinos culteranos al *rural noir* y el *folk horror*, del *domestic noir* al *cozy mystery*, de la *urban fantasy* y el *steampunk* al *romantasy*, todo cada vez más inclusivo, feminista... y mediocre) volviera a asomar en cualquier momento sus cuernos el diablo.

Bastará una "nueva" y "sorprendente" novela, preferentemente escrita por una joven autora e inevitablemente llevada a la pantalla de inmediato, si es en formato serie mejor, que plagie o imite cualquier vieja historia diabólica, aderezándola con nuevas tecnologías, varios cientos de páginas más, algunas pretensiones y, sobre todo, mucha inclusividad, feminismo, drama, duelo y trauma, para que Satán (¿o será ahora Lilith?) vuelva a reinar en el infierno de la literatura barata. Su dominio por derecho propio.

AMOR IMMODERATUS VERBI

LEDORIA

Desaforado amor por la cultura

POR SANTIAGO SASTRE

ILUSTRACIÓN DIVERGENTE[84]

1. Treinta años de la Editorial Ledoria (no Ledoira)

En el tango "Volver" que canta Carlos Gardel se afirma que veinte años no es nada. Para mí sí que lo son veinticinco (las llamadas bodas de plata) y treinta ya me parecen un montón.

Pues eso es lo que celebra la editorial Ledoria (no Ledoira, por favor, que hay que aprender a decirlo bien, que a nadie le gusta que se equivoquen con su nombre), nada menos que ¡treinta años editando libros! ¡Oh là là!

El escritor y filólogo Jesús Muñoz Romero, nacido en el pueblo toledano de Las Ventas con Peña Aguilera, es el creador y mantenedor de la editorial. Igual que Luis XIV, podríamos decir que la editorial c'est lui, pues es él el que contrata, maqueta, corrige y envía los libros a la imprenta, de modo que se trata de una empresa que gira en torno al sol de su persona.

2. La mesa de campin: el inicio

Yo lo conocí hace muchos años, cuando participó por primera vez en la feria del libro de Toledo (en una de ellas me firmó Manuel Vázquez Montalbán su volumen *carvalhiano* de La rosa de Alejandría y Francisco Umbral lo hizo con *Pío XII, la escolta mora* y *un general sin un ojo*, que fue finalista del premio Planeta en 1985.)

Jesús Muñoz ofrecía al público unos pocos libros en una mesa de campin en Zocodover.

¡Cuánto ha llovido desde entonces! Arrancaba su andadura con unos libros sobre gramática inglesa, en concreto sobre el papel del sustantivo, el artículo y el adjetivo; y con una novela breve de fantasía titulada *El valle de la luna llena*, publicada en 1996 con el seudónimo de Alcor Mizar, dedicada al escritor Juan Goytisolo, a quien conoció cuando estudiaba en la Universidad Complutense, y a una mujer "que me dejó en los labios muertos su nombre puesto".

En algunos momentos de su historia la editorial dio un paso para ser algo más que editorial. En el 2013 llegó a convertirse durante una temporada en una librería, que Jesús bautizó como un libroespacio, en un local ubicado en la calle del Ángel número 8.

Allí se celebraban muchos actos culturales (recitales, exposiciones, presentaciones, tertulias...). Pero quizá no funcionó porque se trataba de un sitio un poco alejado y, además, lo ataba todo el tiempo a estar en ese lugar, que visitábamos a menudo los amigos, y Jesús prefería trabajar con más sosiego desde su casa del barrio de Santa Bárbara, sin interrupciones, como hace normalmente. En ese pulso entre el librero y el editor me alegro de que ganara el editor.

3. Más de quinientos libros

Desde entonces la editorial ha publicado más de 500 libros. Y suma y sigue. Ha obtenido algunos reconocimientos, como el premio Literatura de la Real Academia de Bellas Artes y Ciencias Históricas de Toledo en el 2017 y el IX premio Clara Delgado Valero que le concedió la Asociación Tulaytula en el 2019.

Pero el mejor premio que puede recibir una editorial es el de contar con lectores, que es lo importante. Recuerdo que Miguel Delibes era reacio a ir por distintos puntos de la geografía española a dar conferencias y a hablar de sus libros. Y, con toda la razón, decía: "¿Para qué? Lo que tiene que hacer la gente es leer, leer mis libros. Eso es lo importante. Y yo tengo que sacar tiempo para leer y escribir". O si se trataba de dar charlas, como era el caso de Antonio Gala, pedía mucho dinero con el fin de que le dijeran que no, pero a veces esa técnica no funcionaba porque estaban dispuestos a pagar sus elevados emolumentos. Hoy hay muchos escritores que no paran de ir de bolos de aquí para allá para conseguir la añorada publicidad y muchos lo hacen, además, de balde y por amor.

La historia y la literatura de Castilla-La Mancha no se pueden escribir sin citar algunos de los libros de Ledoria. Ha publicado manuales, folletos, guías, novelas, poemarios, textos de psicología, antologías poéticas, revistas, obras de teatro... de todo y en todos los formatos.

Yo destacaría la Biblioteca de Autores Toledanos, la colección Toledo/10, su sección infantil, la colección Lapsus de Toledo de psicología dirigida por Cristina Jarque, la de Toledo en tu mano, la revista Cuatro Calles (que llega a la edad a la que murió Cristo: nada menos que 33 números, todo un logro), la de los estudios filológicos (que incluye una magnífica investigación sobre la poesía de José Hierro a cargo del profesor

La "misión imposible" de don Jorgito el Inglés
¿Qué fue de Alberto Sánchez?
Murallas medievales de Talavera
Entrevista a Fernando Aranda
El médico toledano de Amadeo de Saboya
La Virgen Blanca de Toledo y Madrid
Anatomía de un incendio: Toledo, 1520

Isidoro Pisonero), su apuesta por temas ultramodernos de la mano de Federico Dilla y Consuelo Sánchez-Castro en una sección editorial denominada Tabulae Prudentia...

Y no hay que olvidar la convocatoria de los premios "Alfonso X el Sabio" y "María Pacheco" para promover la investigación histórica y literaria de Toledo; el primero lo acaba de ganar el profesor Francisco Javier Fernández Gamero con una investigación sobre el mundo romano y tardorromano en Toledo; y el segundo, Carmen Vaquero y Fernando Garrido con la edición y análisis de *Los mozárabes de Toledo*, una obra de teatro de Juan Hidalgo, del estilo de Lope de Vega, cuya trama transcurre durante la conquista de Toledo por Alfonso VI en 1085. O sea, todo esto pone de relieve que es un canto a la multidisciplinariedad. Se trata de una editorial que no pedalea a piñón fijo, pues se caracteriza por el pluralismo.

Ha publicado a primeros espadas y a autores que cogían por primera vez una espada (toledana o no). Ha publicado textos clásicos (como el *Arte cisoria*, acerca del arte de cortar con el cuchillo de Enrique de Villena, y l*a Relación de las Comunidades de Castilla* de Pedro de Alcocer en edición de Ramón Sánchez) hasta textos que no parecían interesar a nadie (como Di*álogo de dos doncellas d*e Luisa Sigea, recuperación de textos relacionados con Toledo publicados en el extranjero, y piezas de teatro clásico, como la comedia *Obligados y ofendidos* de nuestro Rojas Zorrilla en edición del propio Jesús Muñoz).

Ha sabido compensar editando libros que tenían más público, frente a otros que a priori tendrían menos lectores, pero que por su valor histórico o filológico deben ser rescatados de las garras del olvido.

4. Cuidadín con el mercado

Y es a esto último a lo que quiero ir: se trata de una editorial que no tiene los ojos puestos solamente en el mercado. Algunas editoriales no arriesgan, publican si cuentan con ayudas públicas, o si el autor se paga la edición o si hay a priori una venta garantizada de libros, que suele correr a cargo del autor. Este es el camino fácil.

El sistema de autoedición y las herramientas informáticas han transformado el mundo de la edición: ahora cualquiera escribe un libro y cualquiera lo edita en un plisplás. Se publica a cascoporro. Y en ese río revuelto es muy difícil hacer un donoso escrutinio para distinguir lo que tiene calidad de lo que no. Ni siquiera puede uno fiarse de los suplementos literarios, pues la crítica literaria muchas veces está al servicio de intereses (editoriales y de amiguismo). Nunca como ahora parece que en la literatura todo vale.

La editorial Ledoria apuesta por el autor como han hecho las editoriales de toda la vida. Habrá libros que vendan mucho y libros que vendan poco y estos últimos también merecen ser editados.

Como afirmaba A. Machado, no debemos confundir valor y precio. El valor de un libro no depende del mercado, capaz de encumbrar a Megan Maxwell y a Defreds y bajar a segunda división a Torrente Ballester y a Cervantes (al que ha dedicado, por cierto, Alejandro Amenábar su última película, titulada "El cautivo", en la que narra los cinco años que estuvo preso en Argel).

Es obvio que el hecho de que un libro se venda mucho (alcance la consideración de ser un bestseller) no significa que sea mejor ni peor, simplemente que ha conseguido una buena respuesta en el mercado. El mercado es un ámbito que se rige por la oferta y la demanda y está influido por otras circunstancias, algunas planificadas y otras azarosas.

Esta es una idea que Jesús acepta con claridad y que se demuestra comprobando que ha editado a autores noveles o principiantes, raros o extravagantes (siempre recordaré los poemarios surrealistas de Javi

García), incluso asumiendo algunos libros que son manifiestamente mejorables.

Publicar en Ledoria es apostar por alguien y por un libro; es decir, asumir un riesgo. Y eso es lo mejor que le puede pasar a un escritor.

5. La relevancia de lo inútil

A Jesús Muñoz le gustan mucho los libros del profesor y filósofo italiano Nuccio Ordine, que fue premio Princesa de Asturias de Comunicación y Humanidades en el 2023 pero no pudo recogerlo porque falleció un mes después de la concesión del premio, a los 64 años, de un derrame cerebral.

Pues bien, en su estudio *La utilidad de lo inútil* (cuya primera edición es de 2013) ha insistido en que no podemos dejarnos llevar por la utilidad, por el pragmatismo, por lo que solo tiene valor de cara al mercado, que es lo que nos hace ver el capitalismo. El dinero enseguida nos pone unas gafas para verlo todo desde la retina de la rentabilidad económica.

¿Por qué? Porque la mayoría de las cosas que nos hacen felices están fuera de esa utilidad. ¿Para qué sirve un amanecer, un cuadro de Dalí, la filosofía, la sinfonía número 40 de Mozart, un abrazo, un poema de Luis Alberto de Cuenca, un paseo, una conversación entretenida, el artículo dominical de Manuel Vicent, sentir la respiración, bailar, el vuelo de un gorrión o un murciélago, la dignidad humana, una rosa, acariciar a un perro, rezar, pisar las hojas secas de un parque, el olor a limón o a resina o a petricor? ¿Para qué vale?

Está mal planteada la cuestión, porque en realidad lo que aparentemente es inútil es capaz de llenar nuestras vidas, nos hace ver la grandeza y la belleza de vivir. De esta manera advertimos que lo inútil nos abre más los ojos (más que a lo largo y a lo ancho es a lo hondo) acerca de lo supone verdaderamente vivir. ¿Alguien se imagina a un hombre de la etapa medieval, que tiene el lujo de estudiar en un monasterio, diciendo que para qué vale adentrarse en los saberes de la astronomía y la retórica? Yo desde luego no, porque es maravilloso e impagable el gusto y el afán por conocer. Al mundo le crecen paralelos y meridianos cuando se amplían los límites del conocimiento.

Por todo ello debemos alejarnos del típico "para qué vale esto" o "esto para qué sirve". Yo lo he oído millones de veces a mis alumnos por ser profesor de filosofía y respondo que no hay nada más práctico que una buena teoría y que Da Vinci afirmaba que la práctica era un soldado y la teoría un capitán. Y Aristóteles sostenía que la filosofía es la disciplina más importante precisamente porque no está manchada por la técnica, por la práctica, porque carece de una utilidad inmediata. ¿Por qué digo todo esto? Pues porque lo relevante no puede ser valorado con esa vara de medir. Muchos aspectos de la vida, como el saber y el amor, escapan a lo mensurable. ¿Vas a medirlos con una escuadra y un cartabón?

El hombre moderno es una especie de Sísifo que empuja dos enormes piedras: la del tiempo (con la obsesión de saber aprovecharlo) y la de la utilidad (con la obsesión de hacer cosas productivas). Esto me recuerda a los hombres grises que aparecían en la novela *Momo* del genial Michael Ende. Estos hombres pertenecían al Banco del Tiempo, iban con corbata y maletín, fumaban puros, y trataban de convencer a la gente de que era importante ahorrar tiempo en actividades que no servían para nada, como el ocio, la amistad y el arte y que lo correcto era dedicarse sobre todo a producir y a consumir. Es aquello de que el tiempo es oro.

Por tanto, hay que advertir que perder el tiempo y hacer cosas inútiles es lo único que nos acerca en realidad a lo que supone vivir. Si no, el hombre-hámster estará dando vueltas todo el tiempo en la rueda con la obsesión de la productividad en esta sociedad competitiva caracterizada por la tecnología digital.

Yo le he dicho a Jesús muchas veces: "¿Por qué publicas ese libro, no te parece que carece de interés?" Y siempre me ha dado una lección, diciéndome que no mira la publicación de los libros solo desde el punto de vista de la ganancia económica o por interés te quiero, Andrés.

6. Un deber con la cultura

Pero eso no es todo. Queda un argumento más que me deja absolutamente maravillado: el sentido del deber para con la cultura.

A mis alumnos les digo que todos somos herederos. ¿Por qué? ¿Te parece poca herencia vivir en una ciudad que cuenta con un hospital, una catedral, un teatro, una universidad, hermosas plazas, colegios, jardines y bibliotecas públicas? Y todo eso nos ha caído del cielo, lo hemos encontrado gratis, lo han conseguido personas anteriores a nosotros, de otro tiempo.

Y ahora viene lo importante: debemos valorarlo y conservarlo para que puedan disfrutarlo las generaciones futuras y también está en nosotros el aportar cosas para hacer la vida mejor a los que vendrán después de nosotros. Somos eslabones de una cadena que debe continuar, como el espectáculo al que hace referencia el grupo Queen en su célebre canción. O como sucede con esa cadena de bondad que se propone en la película Cadena de favores (que es altamente recomendable; no es raro que en filmaffinity tenga una puntuación de 6,7, que no es moco de pavo). Es algo tremendamente egoísta que pensemos solo en nosotros sin tener en cuenta en nuestras deliberaciones a los que vendrán después.

Hay gente que piensa que la libertad es hacer lo que a uno le dé la gana. Y eso tiene un nombre: egoísmo. La libertad se ejerce teniendo en cuenta cómo afectan nuestras decisiones a las personas que nos rodean, porque a ellos les salpican las consecuencias de lo que hacemos, en especial a las personas que queremos y nos quieren. Cuando mis amigos me proponen ir al cine siempre pienso en cómo afecta esa decisión a mi esposa, a mis hijos y a mi madre (a la que tengo que cuidar). La libertad se ejerce, como diría Ortega, desde unas circunstancias y cada uno tiene las suyas. No decido como si estuviera solo igual que Adán en el paraíso o Robinsón Crusoe en la isla. Es por eso por lo que a este problema se le ha denominado adanismo.

Pues bien, Jesús Muñoz concibe su labor de edición como un compromiso así con la cultura. Él siente el trabajo de publicar libros como un deber de servicio a la cultura, más allá del prestigio del autor y de la previsión positiva de las ventas. Un libro debe ser leído, si no hoy, por las generaciones que vendrán y eso es aportar un grano de arena por la cultura. Él suele decir: "Que nunca se diga que no hicimos nada, que nos dio igual, que dejemos el testimonio de lo que

pensábamos que debe ser disfrutado por los que vengan después". Se debe pensar en la herencia que se ha recibido y en la que se dejará de cara al futuro. El heredero también debe tener en cuenta la herencia que dejará.

El logo de Ledoria es un dibujo en forma de aspa que aparece en una piedra visigoda situada en un lateral de la entrada a las Cuevas de Hércules. Y su lema es "Desaforado amor por la palabra". Algo desaforado es algo con exceso, desmedido, fuera de lo común. En ambos hay amor a la palabra, tanto la que viene apegada al mundo de los hechos del pasado como sucede en la historia, como la que se usa para construir otra realidad como es el caso de la literatura.

Y, como digo, es un deber con la cultura en el sentido fuerte del que hablaba el filósofo alemán Kant, por encima de apetencias y circunstancias, del negocio y los chanchullos, de las ventas y la repercusión inmediata o el cortoplacismo. El compromiso de Jesús con la cultura me parece admirable, emotivo, incluso diría que casi espiritual.

7. La alineación del equipo

Yo me siento muy orgulloso de ser un autor ledoriano. Hasta ahora he publicado ¡quince libros! en la editorial Ledoria. Y hay algunos que están en camino, como mis novelas *El aire es mi maestro, Una hormiga en la piscina* y el poemario *El pájaro*

acompañado (frente a la idea del pájaro solitario que recomendaba San Juan de la Cruz en sus *Dichos de luz y amor*, porque pienso que yo estoy hecho para la compañía).

Formo parte de un equipo en el que jugaron y juegan autores como

Juan Sánchez -siempre añorado-, Miguel Larriba (director de la revista *Cuatro Calles*), Jesús Gallardo, Alejandro Vega, Mariano Serrano Pintado, Macarena Alonso, Valle y Carmen Vaquero, Juan Pereira, Antonio Martínez Ballesteros, Antonio Zárate, Ángel del Cerro, María de Gracia Peralta, Quique Galindo, Miguel Ángel Dionisio, Julio Porres Martín-Cleto, Francisco Marcos, Nacho Carmona, José Ramón Gómez Cabezas, Ramón y José Luis Sánchez, Carlos Mendo, Javier Oliva (que quedó finalista del premio Nadal y acaba de fichar recientemente con una editorial de renombre), Luis Rodríguez Bausá, Fernando Pinilla, Juan Carlos Pantoja, Noemí García Jiménez, Wilfredo Mariñas, Mariano Crevillén, Roberto Jiménez Silva, Bienve Maquedano, Quique García Gómez, Joaquín García Garijo, Rubén Suárez, Manuel Fernández de la Cueva, José María González Cabezas, Consolación González Rico, Ángel Santos Vaquero, Paco Maeso, Mayte González, Carlos y Carlitos Muñoz, Guillermo Suazo (autor de una maravillosa edición de la *Historia de los templos de España*: *Toledo* de nuestro Gustavo Adolfo Bécquer,

volumen que consiguió el I premio María Pacheco), Nieves Fernández, Paco Gómez Escribano, Ángel Bienayas, Miguel Ángel Cánovas (autor de un espléndido libro sobre las leyendas toledanas ordenadas de forma cronológica), Mariano Martín Rodríguez (rescatador de textos en el extranjero gracias a su manejo de tantos idiomas), Almudena María Puebla, Javi Caboblanco, Federico Dilla, Juanjo Fernández Delgado, Ventura Leblic (que publicará en breve una historia muy breve de Toledo) y los historiadores recientemente fallecidos (que permanecerán siempre en nuestra memoria) Paco García Martín y Antonio Casado.

El elenco de autores que ha publicado con él, al que en primicia puedo decir que se incorporará en breve el gran Fernando Martínez Gil, es espectacular. Que me perdonen los que se quedan en el tintero, que son muchos (mearé mi culpa).

¡Menudo equipazo! Me emociona mucho figurar en un póster con este equipo de championlí, aunque sea agachadito o en un lateral en el que solo se me vea media carita.

8. ¿Y cómo es él?

No se lo he dicho nunca a Jesús, pero una de las experiencias más gratificantes que me ha dado la literatura ha sido conocerlo. He aprendido mucho de él. Forma parte de mi cercano círculo de amistades.

Jesús es un hombre que desprende tranquilidad o calma chicha,

calvete y protegido con una gorrilla holmesiana y con seudónimos, muy culto, gran conversador, deportista (hace futin y practica el bádminton), con una paciencia increíble (que puse a prueba de bomba cuando nos tiramos en su casa ¡casi cuatro horas! corrigiendo las pruebas de imprenta de una de mis novelas y él sin inmutarse, como Buda debajo del árbol Bodhi buscando la iluminación), un defensor a ultranza de la libertad (que tanto escasea ahora, en la que abundan los profesionales de la tijera o los censuradores de lo políticamente correcto), un apasionado de la filología, un amante de viajar.

Tiene un aire estoico, pues es una persona muy moderada, sin vicios (ni bebe ni fuma), con un discurso en el que no están presentes las palabrotas ni los exabruptos, ni despotrica contra los que no piensan como él, como pasa ahora con el enfrentamiento al que nos llevan las ideologías, en el que si no eres de los míos te conviertes desgraciadamente en un enemigo. Es un hombre zen, diría "zen -trado", "zen-sato", "zen-sible". Es un maestro en el mejor sentido de la palabra.

Hace dos años pasó por el golpe terrible ("Hay golpes en la vida, tan fuertes... ¡Yo no sé!" que diría César Vallejo) de vivir la muerte de su esposa Gloria. Y ahí sigue, al cuidado de sus hijos (Elena e Ismael, ya metidos en sus primeras experiencias laborales después de finalizar sus estudios universitarios) y de sus padres, ya mayores y con achaques de salud, agarrándose a la palabra como luz y brújula, suelo y horizonte, rodeado de tantísimos amigos.

Su labor editorial ha pasado por diferentes etapas. Diría que de una tentativa de aperturismo, buscando incluso libros de autores de fuera de Toledo, al final se ha ido centrando en un ámbito más cercano, dedicándose a los autores que conoce y a los que

les une un vínculo de amistad, con los que quiere trabajar. También es verdad que debe dedicar tiempo a su familia y los libros de su autoría, de modo que dispone de menos tiempo.

Esa es otra cosa: no podemos constreñir la labor de Jesús solo a la de editor, pues tiene importantes libros publicados (¡que pasarán de treinta!), tanto en el ámbito de la historia, la filología y la literatura. Solo por citar algunos títulos, por ejemplo *La única y verdadera ruta de don Quijote* (en la que expone y justifica una curiosa fecha para el comienzo de las aventuras de don Quijote: el 29 de julio de 1588), *El asedio del Alcázar de Toledo* (firmado con el seudónimo de Salustanquidio Orox), *Interpretación política de la figura del pastor en la literatura española* (1451-1588) -que fue su tesis doctoral, dirigida por Francisco López Estrada-, *Nuevas fuentes*

para la génesis del Quijote, *Aquellos malditos días del coronavirus* y *De cuyo nombre no quiero acordarme* (donde propone a Quero como el pueblo toledano del que Cervantes no quiere acordarse).

Uno de los últimos es el delicioso *Leyenda de Atalo, héroe de Toledo* y *cuatro relatos por añadidura* (2023), editado en un formato mini, que forma parte de una colección de libros en el que el tamaño importa, pues son volúmenes que caben en un bolsillo. Y me consta que anda ultimando una novela en la que lleva varios años trabajando.

9. Elogio de ir campo a través

Termino. Lamentablemente hoy día se hace muy poco por la cultura desde los poderes públicos. Si echamos un vistazo a los medios de comunicación, constatamos que casi todas las noticias son un corta y pega de aquí y de allí, sin colaboradores que nos ayuden a comprender la realidad. Y no hace falta ser un experto en Gadamer para ver que lo que interesa es la política y dar cuenta de nuestra afición por estar, como el cuadro de Goya, a garrotazos los unos y los otros (los hunos y los hotros, que diría Unamuno, porque somos muy dados al vandalismo, a la barbarie).

Se publica solo aquello que complace a determinados políticos (lo de siempre: el que tiene la sartén por el mando es el que paga), de modo que es el triunfo de la publicidad y la manipulación por encima de la cultura del saber.

Frente a todo esto nos queda alzar la voz de la libertad, que está por encima del partidismo político. Nos queda ser moscas, pero no normalitas o corrientes, sino cojoneras.

Era a Sócrates al que apodaron tábano o moscardón porque trataba de cuestionar las ideas dominantes y los prejuicios de aquella sociedad griega, con el ánimo de someterlos a crítica. Sócrates fue condenado, por decirlo de forma resumida, por delincuencia ideológica y pudo cambiar la pena de muerte por otra que le permitiese vivir, por ejemplo por una simple multa, pero debía retractarse (donde dije digo dije trigo o Diego o amigo o higo o abrigo) y cambiar su modo de vida. ¡Hasta aquí podíamos llegar! Y él, sin embargo, tiró por la calle de en medio, contestó como el gran Fernando Fernán Gómez cuando espetó a un admirador pesadito, inoportuno y tontinaca que no sabía comportarse: "¡Váyase usted a la mierda, a la mieeeerda!"

Sócrates, el hijo de un cantero y de una comadrona, prefirió obedecer su conciencia y ser fiel a su dignidad, seguir filosofando porque con ello hacía un gran servicio público a la ciudad que tanto amaba. San Sócrates bendito, ruega por nosotros.

Ahí está la clave: con dos cojones por banda y viento en popa a toda vela. Jesús Muñoz con Ledoria nos ha enseñado que el amor a la cultura es un servicio público que debe hacerse desde la libertad más radical y absoluta, donde uno debe ser dueño y señor de sí mismo. Y lo digo claramente: yo no dudo ni un segundo en subirme a su barco pirata y cantar aquello de "que es mi Dios la libertad" con una jarrita de cerveza en la mano.

Tal como está el patio no me extraña que se cumpla lo que dijo aquel profeta barbudo al que están tardando en dar el premio Cervantes, por eso yo ya se lo he concedido en *Cristobalón*, mi última novela, la quinta de la serie protagonizada por ese detective privado un poco torrentiano o golferas llamado Augusto Alpesto. Era un escritor un poco atufado porque, según dijo, había mezclado algunos medicamentos con ese licor anisado llamado chinchón: "El milenariiiiismo va a llegaaaaarrrr". Pues eso. Da igual lo que sea esa palabreja o cómo se diga. Que Arrabal nos proteja para seguir siendo inconformistas, incomprendidos y groseramente libros, digo libres.

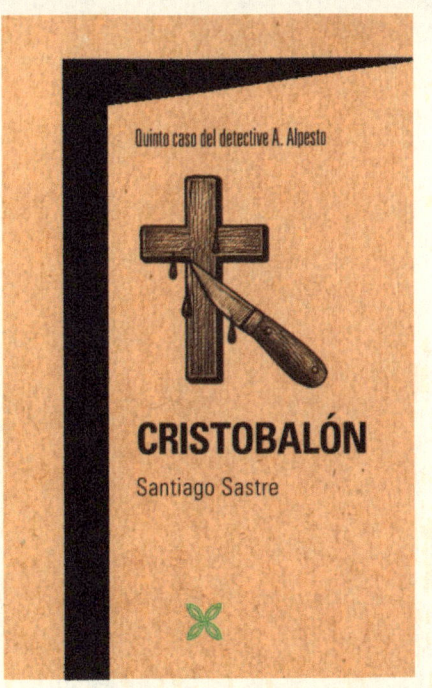

Quinto caso del detective A. Alpesto

CRISTOBALÓN

Santiago Sastre

Santiago Sastre, escritor.

CONTRACUBIERTA

Porque la imaginación ni se crea ni
se destruye, solo se transforma